AF369796

ENCYCLOPÉDIE-RORET.

NOUVEAU MANUEL

DU

VÉTÉRINAIRE.

AVIS.

—

Le mérite des ouvrages de l'*Encyclopédie-Roret* leur a valu les honneurs de la traduction, de l'imitation et de la contrefaçon. Pour distinguer ce volume, il portera, à l'avenir, la *véritable* signature de l'éditeur.

MANUELS-RORET.

NOUVEAU MANUEL

DU

VÉTÉRINAIRE,

CONTENANT

La Connaissance générale des Chevaux, la Manière de les élever, de les dresser et de les conduire ; la Description de leurs Maladies et les meilleurs Modes de Traitement ; les Préceptes sur le Ferrage, etc., etc.

PAR M. LEBEAUD,

ET PAR UN ANCIEN PROFESSEUR DE L'ÉCOLE VÉTÉRINAIRE D'ALFORT.

NOUVELLE ÉDITION,

REVUE, CORRIGÉE ET CONSIDÉRABLEMENT AUGMENTÉE.

Ouvrage orné de figures.

PARIS,

A LA LIBRAIRIE ENCYCLOPÉDIQUE DE RORET,
RUE HAUTEFEUILLE, N° 10 BIS,

1836.

INTRODUCTION.

—

Le cheval est un animal herbivore, rangé par les naturalistes parmi les mammifères ongulés à sabot, dont le pied est terminé par un seul doigt. Originaire de la haute Asie, au dire des écrivains qui se sont le plus occupés de son histoire, ce précieux animal s'est répandu successivement dans toutes les contrées du globe, et les régions froides et humides sont les seules où il ne prospère pas. Il est très bien acclimaté en Tartarie, en Arabie, dans les vastes déserts voisins de la mer Caspienne, ainsi que dans plusieurs contrées de l'Amérique méridionale, où on le rencontre encore à l'état de nature.

Les chevaux sauvages sont généralement d'une taille médiocre, et dépourvus des formes gracieuses et élégantes que l'on admire dans ceux que la main de l'homme a façonnés, mais d'une vélocité incroyable et d'une vigueur peu commune. Ils vivent en troupes séparées qui ne se confondent point, et conduites chacune par un chef qui est l'étalon le plus vigoureux de la bande. Ils paissent sur une seule ligne, et n'abandonnent ordinairement un canton que quand ils n'y trouvent plus de nourriture.

Lorsqu'un ennemi se présente, ils se jettent sur lui et le font périr sous leurs coups ; mais si le danger est imminent et que l'on ne puisse s'y soustraire par la fuite, les petits sont aussitôt placés au centre de la troupe ; les mâles se serrent en cercle de manière à ne présenter que la croupe, et se défendent à grands coups de ruade ; il est bien rare qu'ils ne mettent pas en fuite même les lions et les tigres. Mais la saison des amours ne manque jamais de mettre la discorde dans la troupe ; les mâles se battent à outrance pour la possession des femelles, et le vaincu s'enfuit jusqu'à ce qu'il trouve à son tour l'occasion de venger sa défaite.

Quoique la civilisation ait singulièrement altéré et modifié le caractère primitif de ce noble animal, elle ne lui fait perdre aucune de ses bonnes qualités : le cheval domestique sait allier l'obéissance et la fidélité à sa fierté naturelle : il est sensible à l'aiguillon de la gloire, et conserve le souvenir des bons et mauvais traitemens ; s'attache à son maître, le sert avec zèle et dévoûment ; comprend au moindre signe ce que l'on exige de lui, et l'exécute aussitôt.

Les avantages physiques dont la nature l'a doué secondent parfaitement son bon naturel ; il joint à un haut degré l'élégance des formes à la vigueur ; il est d'une force musculaire très grande, dur à la fatigue, léger à la course, éminemment propre aux travaux qui exigent de la vigueur ; de la persévérance, de la célérité ; supporte pendant long-tems les travaux auxquels les besoins de l'homme l'ont consacré ; et n'exige, en retour des services indispensables qu'il lui rend, que quelques soins et de bons traitemens. Il a la démarche noble et fière, les mouvemens prompts, les reins forts, le jarret élastique et nerveux : on connaît la vélocité presque incroyable des chevaux arabes, à qui l'on fait faire parfois vingt à trente lieues en un jour, presque sans se reposer, sans autre nourriture bien souvent que quelques poignées de dattes ou de grains.

Le cheval a, comme les autres animaux, des sensations, des passions et des besoins. Les sensations sont perçues par les sens et exprimées par des signes extérieurs.

Le sens de l'ouïe paraît être le plus perfectionné chez les chevaux ; ils portent leurs oreilles en avant quand ils marchent, et se retournent avec vivacité aussitôt qu'ils entendent quelque bruit. Le sens de la vue est le meilleur chez eux après celui de l'ouïe, ils sont à cet égard supérieurs à l'homme la nuit comme le jour. L'habitude qu'ils ont de flairer tout ce qu'on leur présente avant d'y toucher, et la distance presqu'incroyable à laquelle ils sentent les femelles en chaleur, dénotent encore beaucoup de finesse dans le sens de l'odorat. Quant au goût et au toucher, ces deux sens sont loin d'être comparables à ceux de l'homme ; cependant le cheval est d'une grande susceptibilité pour la nourriture, et très sensible aux impressions extérieures.

On nomme *hennissement*, la voix du cheval ; il le modifie de cinq manières différentes, exprimant autant de passions : le hennissement d'allégresse, celui du désir et de l'amour, celui de la colère, celui de la crainte ou de l'inquiétude ; enfin, celui de la douleur. Ces diverses inflexions de voix sont accompagnées d'autant de démonstrations extérieures qui les rendent plus expressives. Les chevaux qui hennissent fréquemment d'allégresse ou de désir, passent pour les meilleurs et les plus généreux; les chevaux entiers ont la voix plus forte que les hongres et les jumens.

Le cheval est, sans contredit, le plus utile des animaux domestiques, et l'immortel Buffon le proclame *la plus belle conquête de l'homme.*

La possession de ce précieux animal est d'un avantage immense pour l'agriculture, le commerce, l'industrie, l'art de la guerre; c'est lui qui partage avec le bœuf la tâche de tracer nos sillons; qui, sur tous les points du globe, est occupé à transporter les produits du commerce et de l'industrie partout où le besoin s'en fait sentir; qui, au moyen de communications rapides et faciles, rapproche les distances les plus éloignées; qui fait mouvoir la plupart des machines créées par le génie de l'homme pour centupler ses forces; qui décide presque toujours du destin des combats. C'est encore lui que l'on voit dans nos paisibles cités entraîner avec rapidité le léger tilbury, ou promener gravement le char de l'opulence; enfin, combien de femmes délicates, de faibles convalescens retrouvent la santé dans les mouvemens doux et cadencés du cheval!

Parlerons-nous de la rare intelligence, de l'instinct surnaturel de ce noble animal? Voyez ce cheval d'escadron qui semble attendre le commandement; avec quelle promptitude, quelle régularité il suit tous les mouvemens de la manœuvre! Bientôt on le verra s'animer au son de la trompette, joindre ses hennissemens au bruit de la mêlée, blanchir le mors d'ecume, et obéir à regret à la main qui contient son ardeur impatiente. Mais, aussitôt que cette main, par un mouvement presque imperceptible, donne le signal du départ, il s'élance avec la rapidité de l'éclair à travers les rangs ennemis, les ouvre, les renverse par l'impétuosité de son choc, semble s'enivrer de carnage et de gloire, et partage avec son maître les douceurs de la victoire.

Mais la chance des combats a-t-elle trahi ses efforts, on le voit revenir à pas lents, la tête basse, la crinière pendante; le son de la trompette ne lui cause plus d'émotion, il retourne tristement auprès des siens, ou erre sur le champ de bataille, cherchant parmi les morts celui dont il fut le compagnon, dont il partagea les travaux et les périls.

Si nous voulions tracer ici le tableau de toutes les qualités morales qui distinguent si éminemment ce quadrupède, sans nous attacher à recueillir cette foule d'anecdotes plus ou moins fabuleuses dont tant de livres sont remplis, nous trouverions dans les fastes de notre gloire militaire des exemples nombreux de guerriers qui n'ont dû la liberté ou la vie, qu'au courage, à l'intelligence ou à la force de leur coursier : les prodiges opérés sous nos yeux par les écuyers Franconi nous fourniraient d'ailleurs des faits non moins frappans ; mais une pareille tâche nous entraînerait trop loin.

Les peuples de la Thrace et de la Médie paraissent avoir les premiers connu l'art de dompter les chevaux. Les Grecs s'en servirent de tems immémorial dans leurs guerres et leurs jeux ; les fiers Gaulois s'adonnèrent à leur éducation, et en firent connaître l'usage aux conquérans du Monde.

L'histoire nous apprend le cas que les peuples de la haute antiquité faisaient de leurs chevaux. Admis sous la tente de leurs maîtres, ces animaux n'étaient point abandonnés à l'insouciante négligence des valets ; des mains royales ne dédaignaient pas de leur présenter la nourriture, de tresser et d'oindre leurs crins. De tous tems, les chefs des nations ont chercher les moyens de favoriser la propagation et l'amélioration des races ; mais à mesure que la civilisation a propagé le goût de la mollesse et l'habitude de la frivolité ; le cheval, réputé désormais indigne d'occuper la pensée de son maître, a été abandonné entièrement aux soins des palfreniers.

Cependant l'éducation du cheval commence à reprendre faveur parmi nous ; des personnages éminens à plus d'un titre, ne rougissent pas de faire d'un sujet aussi important en lui-même l'objet de leurs méditations ; et si nos petits-maîtres ne pansent pas leurs coursiers comme le faisaient les héros d'Homère, ils daignent du moins entrer quelquefois dans l'écurie, et surveiller par eux-mêmes les soins qu'y reçoivent ces animaux.

La médecine vétérinaire elle-même, abandonnée pendant long-tems à la routine de l'ignorance et des préjugés, a été élevée, je dirai presque à la hauteur des sciences exactes, par les travaux des élèves sortis des écoles vétérinaires.

Enseigner aux personnes les plus étrangères à cet art à connaître parfaitement le cheval, à multiplier et améliorer les races, à l'élever, le soigner, le nourrir, le dresser selon les usages auxquels on le destine ; à conserver sa santé ; à le soigner dans ses maladies ; tels sont, en peu de mots, le but et l'objet de ce Manuel. La première partie traite de la connaissance extérieure et anatomique du cheval, de sa propagation, de son éducation, de l'hygiène générale et du ferrage. La deuxième, relative au cheval malade, renferme une courte description de ses maladies les plus fréquentes, de leur traitement, et des aperçus de matière médicale et de pharmacie vétérinaires. La troisième et dernière partie, terminée par un vocabulaire des termes d'hippiatrique et d'équitation, est consacrée aux principes élémentaires de l'art du manège.

NOUVEAU MANUEL

DU

VÉTÉRINAIRE.

PREMIÈRE PARTIE.

CHAPITRE PREMIER.

CONFORMATION EXTÉRIEURE DU CHEVAL.

Description des parties externes du cheval.

Pour faciliter l'étude de la conformation extérieure du cheval, on le divise le plus communément en avant-main, corps et arrière-main. Cette division, admise par les écuyers, ne peut concerner que le cheval de selle. Nous le diviserons en tête, corps et extrémités. (Voyez planche première.)

La Tête.

La tête comprend la nuque (11), le toupet (10), les oreilles, le front (9), les salières (8), les yeux, les larmiers, le chanfrein (7), les naseaux (2), le nez (1), la bouche, le menton (3), la barbe (4), les joues, la ganache (6), et l'auge.

La partie de la tête située derrière les oreilles se nomme la *nuque.* On nomme *toupet* cette touffe de crins qui est entre les deux oreilles; *salières*, le renfoncement que l'on remarque au-dessus des yeux, la *ganache* est la partie des joues formée par les deux branches de la mâchoire inférieure; la barbe est la partie où porte la gourmette.

La bouche présente à l'extérieur les lèvres; à l'intérieur, on trouve la langue, le canal, le palais, les barres, les gen-

cives et les dents. Les naseaux sont les ouvertures par lesquelles l'animal respire ; et le bout du nez , la légère saillie
située entre les deux naseaux.

Le *canal* est le creux de la mâchoire inférieure où se trouve
logée la langue ; *les barres* sont l'endroit des gencives qui se
trouve à chaque extrémité de la mâchoire inférieure , et où
doit se faire sentir le mors ; les dents demandent une description particulière.

Le Corps.

Le corps comprend la crinière (12), l'encolure (13), le poitrail (17), les ars antérieurs (19), le garrot (14) , le dos (30),
les reins (31), les côtes (33), le passage des sangles, le ventre
(34), les flancs (35) , les ars postérieurs, la croupe (32), la
queue, les hanches (36), les fesses (37), enfin les organes de
la génération , soit du mâle , soit de la femelle (38,39).

L'*encolure* est la seconde des parties principales de l'a-
vant-main ; elle commence à la nuque et finit au garrot. La
crinière est formée par les crins qui bordent la crête de l'encolure dans toute sa longueur ; le conduit du gosier occupe
la partie antérieure de l'encolure ; il commence entre les
deux os de la ganache, et finit au poitrail.

Le *poitrail* est la partie antérieure de la poitrine , ren-
fermée entre les deux épaules et la partie inférieure de l'encolure.

Le *garrot* est cette partie saillante placée au bas de la crinière au-dessus des épaules.

Le dos est la partie supérieure du cheval, depuis le garrot
jusqu'aux reins ; c'est l'espace que couvre la selle.

Les *reins* ou *rognons* sont la partie qui se rapproche le plus
de la croupe : les *côtes* n'ont pas besoin de définition.

Le *ventre* est la partie opposée au dos : les *flancs* sont sous
les reins, depuis la dernière des fausses côtes jusqu'aux hanches. Les organes génitaux du mâle se trouvent à la partie
postérieure et inférieure du ventre, à peu près entre les
membres de derrière. C'est aussi en cette place que se trouvent les mamelles, qui sont au nombre de deux.

La *croupe* est la partie supérieure de l'arrière-main , au-
dessus des hanches.

Les *fesses* prennent depuis la naissance de la queue et descendent jusqu'au pli formé par le haut de la jambe.

Les *hanches* forment les deux côtés de la croupe.

Extrémités.

Les extrémités se divisent en antérieures et postérieures ; chacune des antérieures comprend l'épaule (16), le bras (20), le coude (18), l'avant-bras, la châteigne (21), les genoux (22), le canon (23), le boulet (25), le paturon (27), la couronne, (28), le sabot (29).

Les *épaules* forment l'articulation des extrémités de devant avec le corps ; elles commencent au garrot et finissent au haut de l'avant-bras.

Le *bras* et l'*avant-bras*, sont la partie du haut du membre qui commence à l'épaule et finit au genou : le *coude* est l'os du haut de la jambe qui se trouve auprès des côtes. On trouve au-devant et en dedans du *bras*, une veine très apparente qui porte le nom d'*ars*.

La *châteigne* est une place dégarnie de poils et recouverte d'une sorte de corne tendre, qui se remarque au-dessus du genou, en dedans, et aux jambes de derrière, au-dessous des jarrets, aussi en dedans.

Le *genou* est la jointure du milieu de la jambe, qui unit le bras au canon.

Le *canon* est la seconde moitié de la jambe ; il commence au genou et finit au boulet. Derrière cette partie est un tendon en manière de corde, très apparent, et dont l'état de force et de souplesse contribue beaucoup à la bonté de la jambe.

Le *boulet* est la jointure du canon avec le paturon ; derrière le boulet est une protubérance d'une sorte de corne tendre, connue sous le nom d'*ergot* ; la touffe de poil qui l'entoure s'appelle le *fanon*.

Le *paturon* est l'espace court qui se trouve entre le boulet et la couronne.

La *couronne* est une rangée de poil qui borde le haut du pied à la naissance du sabot.

Le *pied* se compose de la muraille, des quartiers, de la

pince et des talons ; on trouvera d'ailleurs au chapitre du ferrage, la description anatomique de cette partie.

La *muraille* est toute cette portion de corne qui forme le tour du pied ; les *quartiers* sont les deux côtés du sabot, l'un en dedans, l'autre en dehors.

La *pince* est le bout de la corne qui forme le devant du pied ; le *talon* est la partie opposée à la pince.

En dessous du pied, on trouve la fourchette et la sole. (Voyez description du pied.)

Chaque extrémité postérieure comprend la cuisse (41), le grasset ou rotule (40), la jambe, le jarret (42) ; et comme dans les extrémités antérieures, le canon (23), le boulet (25), le paturon (27), la couronne (28), et le sabot (29).

Les cuisses s'étendent depuis les hanches jusqu'aux jambes ; elles sont formées du fémur et de très gros muscles.

Les *jambes* viennent après les cuisses ; elles répondent à l'avant-bras dans les extrémités antérieures ; elles ont pour base le tibia et le péroné.

Le *grasset* est cette partie arrondie qui se remarque à l'articulation de la cuisse avec la jambe, auprès du flanc.

Le *jarret* est l'articulation qui assemble le bas de la jambe avec le canon de derrière.

Des beautés et défectuosités des parties externes.

La bonne conformation des diverses parties du cheval n'influe pas moins sur la nature des services que l'on peut attendre de cet utile animal que sur la beauté de ses formes. L'examen de ses qualités physiques est donc aussi essentiel sous le rapport de l'utilité que sous celui de l'agrément : il n'est pas moins nécessaire de connaître les supercheries que les maquignons emploient pour déguiser les défauts, même les plus essentiels.

On estime une tête sèche, dont les veines se laissent apercevoir à travers la peau. Une tête trop volumineuse dépare un cheval et le rend pesant à la main ; il en est de même d'une tête trop longue qu'on nomme *tête de vieille* ; une tête trop charnue annonce une prédisposition aux maux d'yeux et à la perte de la vue. Enfin la tête doit être bien attachée, c'est-à-dire parfaitement distincte de l'encolure et non comme

plaquée contre cette partie. Dans ce cas, le cheval se bride
ordinairement bien : on dit qu'il porte au vent lorsqu'il tend
le nez, et qu'il s'encapuchonne ou s'arme, lorsqu'il rapproche trop le menton du poitrail; l'un est l'autre de ces
défauts est grave puisqu'il empêche l'action du mors sur
les barres.

Les *oreilles* doivent être bien plantées, petites, droites,
peu chargées de poils. Les pointes des oreilles portées en
avant, annoncent ordinairement de la fierté; une pointe en
avant, et l'autre en arrière, qu'il y a projet de quelque défense; toutes deux couchées, en arrière, de la colère et de
la méchanceté. On nomme *oreillards* les chevaux qui ont les
oreilles volumineuses et presque pendantes; c'est un défaut
dans les chevaux de luxe : *oreilles de cochon*, celles qui ont
un mouvement de haut en bas et de bas en haut lorsque
l'animal marche. Les maquignons façonnent les oreilles trop
longues, ruse qui n'a aucun inconvénient quand l'opération
est faite comme il faut. On nomme l'animal *moineau* ou
craps lorsque cette opération n'a pas laissé aux oreilles la
longueur qu'elles auraient dû avoir naturellement. Ils parviennent aussi à les rapprocher quand elles s'écartent trop,
en faisant une incision à la peau qui les sépare de la nuque,
et en la recousant; c'est pourquoi il est bon d'examiner soigneusement cette partie quand l'on soupçonne quelque manœuvre frauduleuse.

Le *toupet* sert quelquefois aux maquignons à recouvrir
une fistule, une plaie plus ou moins grave; il est bon de
s'en assurer avant d'acheter.

La *nuque* des chevaux communs est sujette à cette tumeur
connue sous le nom de *taupe* : cette maladie est grave, aussi
doit-on y faire attention.

Les *yeux* doivent être grands (les petits sont nommés *yeux
de cochon*), égaux, vifs, clairs et animés; pour les observer
plus à l'aise, il faut placer soi-même le cheval au grand
jour, mais de manière à ce que les rayons lumineux ne fassent point de reflet sur la *vitre* : si cette partie n'était pas
claire, transparente, et la prunelle nette et sans aucune né-
bulosité, l'animal pourrait être considéré comme malade,
ou ayant une mauvaise vue. Beaucoup de personnes ne connaissent pas d'autre expédient que de passer la main près
des yeux d'un cheval ou de leur présenter une paille, pour

s'assurer de leur bonté ; le maquignon, en pareil cas , ne manque pas de saisir le moment favorable pour piquer légèrement le cheval, ce qui lui fait faire un mouvement de tête d'après lequel bien des chevaux aveugles ou à peu près sont journellement achetés pour bons. Le meilleur moyen de n'être pas trompé est de placer le cheval de manière qu'il présente les yeux au grand jour et la croupe à l'obscurité : si ses yeux sont bons, la prunelle, d'abord resserrée par l'éclat de la lumière, s'élargira à mesure que l'on reculera lentement l'animal vers l'obscurité, et réciproquement se rétrécira lorsque vous le ramenerez vers le grand jour : les yeux dont l'iris est blanc en totalité ou en partie sont dits *vairons;* il n'est pas plus vrai qu'un cheval vairon est aveugle ou borgne, qu'il ne l'est que sa vue soit meilleure.

Les *salières* : c'est une erreur de croire que les salières creuses sont toujours un signe de vieillesse du sujet ou de celle du père ; mais comme cette conformation choque la vue, les maquignons y insufflent de l'air, ce qu'il est facile de reconnaître par la tumeur qui en est le produit , et par la crépitation qui se fait entendre quand on les presse.

La *ganache* doit être sèche , écartée sans l'être trop , bien creuse, ne présenter ni glandes volumineuses, ni aucun gonflement : leur présence dans l'âge auquel le cheval jette sa gourme, ferait présumer qu'elle n'a pas encore eu lieu ; et ce serait plus tard un signe probable de morve si la partie était adhérente : pour ne pas confondre avec une glande l'os qui sert à attacher la langue, lorsqu'on n'a pas l'habitude de tâter la ganache d'un cheval , il est bon de prendre d'une main la langue de l'animal et de s'assurer ainsi que ce que l'on croit une glande ne suit pas le mouvement de la langue.

L'ouverture de la *bouche* est très essentielle à examiner dans un cheval de selle : une bouche trop fendue expose le cavalier à de graves accidens, parce que le mors, au lieu de porter bien exactement sur les barres, se rapproche trop des dents mâchelières ; si elle est trop petite , le mors ne peut appuyer sur l'endroit indiqué qu'en tirant les lèvres en haut, ce qui leur fait faire une grimace désagréable et les meurtrit. On fait cas d'un cheval qui *goûte bien le mors* et dont la bouche se couvre d'une écume blanche. Il ne faut jamais acheter un cheval de prix sans l'avoir fait débrider, afin de pouvoir examiner sa bouche plus à l'aise.

Les *naseaux* sont quelquefois le siége de chancres (1) ou d'autres maladies locales que l'on n'a point à craindre lorsqu'ils sont bien vermeils, convenablement humectés, et qu'il ne s'y fait aucun écoulement surnaturel ; des naseaux larges et bien ouverts contribuent également à la beauté du cheval, en même tems qu'ils rendent la respiration plus libre. Les maquignons introduisent assez souvent du poivre ou autres drogues irritantes dans les narines d'un cheval pour faire croire qu'il se *mouche bien*, ce que l'on peut soupçonner si ce mouchement est trop fréquemment répété. Ils trouvent aussi quelquefois le moyen de faire disparaître les jetages, même ceux de morves, pour quelques instans, en faisant dans les narines des injections astringentes ; c'est un motif de plus pour bien s'assurer qu'il n'y a point de glandes dans les parties de la mâchoire inférieure.

La *langue* doit être assez petite pour être logée en entier dans le canal sans le déborder, sans quoi elle gênerait l'action du mors ; si elle est trop longue, elle est sujette à sortir en dehors, ce qui produit un effet très désagréable : elle est dite alors *pendante* ; on la nomme *serpentine* lorsqu'elle sort et rentre fréquemment dans la bouche. Il faut, en faisant l'examen de cette partie, regarder si elle n'aurait pas été raccourcie accidentellement, ou entamée dans une plus ou moins grande partie de son épaisseur.

Les *barres* méritent toute l'attention d'un écuyer, puisque c'est de leur bonne ou mauvaise conformation que dépend en grande partie l'obéissance du cheval : trop charnues, elles rendent presque nulle l'action du mors ; trop sèches, au contraire, elles rendraient le cheval sujet à battre à la main. Le marchand qui veut vendre un cheval dont les *barres* sont trop épaisses, le fait monter avec un simple bridon, afin de pouvoir s'en prendre à la négligence de son palfrenier et au manque d'aides, si l'animal, ne sentant pas le mors, vient à s'emporter ; il emploie le même moyen envers celui qui est trop sensible, afin qu'il reste plus tranquille.

Une belle *encolure* est l'une des premières perfections d'un cheval de main : trop alongée ou trop ramassée, elle nuit également à la beauté de l'animal, et donne lieu, dans l'un comme dans l'autre cas, à plusieurs inconvéniens graves.

---

(1) Il ne faut pas confondre avec les chancres l'orifice du canal lacrymal, qui s'ouvre dans l'intérieur de la narine.

Un *garrot* sec et saillant dénote que les épaules sont bien libres, et les garantit d'ailleurs des frottemens de la selle; trop charnu et trop rond, il serait exposé lui-même à des blessures difficiles à guérir.

Les *épaules* sont sujettes à trois grands défauts qui nuisent singulièrement à la beauté d'un cheval, à être chargées en chair, serrées ou chevillées. Le cheval *chargé d'épaules* est lourd, sujet à broncher, peu propre à la selle; celui dont les épaules sont trop rapprochées, n'a pas la liberté nécessaire dans ses mouvemens, se coupe, se croise fréquemment; il est plus exposé que tous les autres à tomber : les épaules chevillées restent presque immobiles quand le cheval marche; tous les mouvemens paraissent partir alors du bras, au lieu de venir des épaules comme cela doit être. Enfin, les chevaux dont les épaules ne sont pas libres ne rendent en général qu'un mauvais service, surtout pour la selle, et sont promptement ruinés des jambes : il est des claudications qui viennent des épaules, elles sont dites à froid lorsqu'elles font boîter avant l'exercice, et à chaud lorsqu'elles le font après le travail.

Un beau *poitrail* est large, bien à son aise entre les deux épaules, de manière que les deux jambes de devant ne soient pas trop rapprochées par en haut : on dit alors que le cheval *est bien ouvert du devant*. Un poitrail trop avancé est un grand défaut pour un cheval de selle.

Les *jambes* (1), pour être bonnes, doivent être d'une hauteur proportionnée à celle de l'animal : un cheval trop haut sur jambes est ordinairement sans force; s'il est trop bas, il fatigue beaucoup des épaules, et se trouve souvent blessé au garrot par la selle, défaut assez fréquent chez les jumens. Un cheval qui marche bien, doit poser le pied à plat (ceux qui posent le talon le premier sont assez souvent des chevaux fourbus : en tout cas, il est toujours bon de s'en méfier); si au contraire, il est sujet à marcher de la pince, ce qui se reconnaît aisément, soit en le faisant manœuvrer, soit à l'inspection des fers, qui sont alors plus usés dans cette partie, il sera sujet à broncher et dangereux à monter par cette raison.

Rien de ce qui concerne les jambes ne doit être indifférent

(1) C'est une faute de désigner ainsi les membres antérieurs; mais l'habitude, l'usage, dans le langage vétérinaire, est de désigner ainsi et les membres postérieurs et les membres antérieurs. On dit tous les jours les *jambes* de devant, les *jambes* de derrière.

quand il s'agit de choisir un cheval, quel que soit le service auquel on le destine : il faut donc, après avoir jeté un coup d'œil général sur l'ensemble de cette partie, entrer dans un examen approfondi de ces divers détails.

Il faut, par exemple, que le *coude* ne soit pas trop serré, ce qui ferait porter les jambes trop en dehors, ni trop ouvert, ce qui les porterait en dedans : que le *bras* soit large et musculeux, ce qui annonce de la force et de la vigueur : que le *genou* soit maigre, large, plat et très souple ; le *canon* large, uni, un peu aplati ; le *nerf* ou *tendon*, fort, sec, bien détaché du canon ; le *boulet* gros, sec, nerveux, etc.

Un bras grêle et plat est un signe de grande faiblesse ; le bras long annonce un cheval propre à la grande fatigue, mais il donne peu de grâce à un cheval de luxe. On dit qu'un cheval est *couronné* quand il a le genou en partie pelé ou garni de poils blancs, signes qui annoncent souvent que ses jambes sont usées et qu'il est sujet à tomber sur les genoux. On doit aussi craindre beaucoup d'un cheval dont les jambes plient sous lui, ou tremblent après quelques instans de marche.

On doit passer avec soin la main le long des jambes du cheval que l'on examine, afin de s'assurer que le canon ne présente aucune de ces grosseurs connues sous le nom de *suros*, *fusées*, *osselets* ; que le tendon est bon, qu'il n'offre ni engorgement, ni aucune autre défectuosité ; que le boulet n'est pas *couronné*, c'est-à-dire, entouré d'une espèce de cercle saillant, ce qui dénoterait encore un cheval usé des jambes. C'est encore un grand défaut pour un cheval, que d'avoir les jambes raides ; aussi le maquignon ne manque pas, en pareil cas, d'échauffer un peu l'animal pour lui délier les jambes, avant de le présenter à l'acheteur ; mais il suffit de le faire reposer quelque tems pour découvrir la fourberie.

L'ensemble du pied doit être proportionné à la taille du cheval : les grands pieds sont sujets à se déferrer ; les petits, à être encastelés ou douloureux. La corne du sabot doit être de préférence noire ou brune, unie, luisante ; ne présenter ni inégalités, ni fentes ni gerçures. Les maquignons s'entendent assez bien à cacher ces défauts si l'on n'y prend garde. Le sabot lui-même doit être arrondi en avant, un peu plus large du bas que du haut.

La *sole* doit être forte ; la corne qui la compose, ainsi que celle de la fourchette, liante, sans être ni trop molle ni trop sèche. On nomme *pied comble* celui dont la sole forme une convexité ; *pied plat*, celui dont les quartiers sont trop écartés, et la sole au niveau du bord inférieur de la muraille ; et pied *encastelé*, celui dont les quartiers sont au contraire trop rapprochés. Les chevaux qui se trouvent dans le premier cas ne peuvent marcher sur le pavé sans éprouver, par suite de la compression de la sole, une douleur plus ou moins vive. Les pieds plats ont en général les quartiers et les talons faibles, et sont sujets à boîter. Le même effet résulte de la compression de l'os du petit pied dans ceux qui sont encastelés ; ce vice de conformation donne encore lieu aux *bleimes* et *seimes*.

La conformation du corps contribue encore beaucoup à la bonté comme à la beauté d'un cheval. Il faut commencer d'abord par promener plusieurs fois la main le long de l'épine du dos, depuis le garrot jusqu'à la croupe, en la tâtant alternativement, pour voir s'il n'y a pas quelque partie faible ou douloureuse. Un léger sillon accompagnant l'épine du dos dans toute sa longueur, est regardé comme un signe de vigueur.

Le *dos* doit être en général large, uni, courbé en arc du garrot à la croupe. On dit qu'un cheval est *ensellé* lorsque cette courbure est trop profonde, disposition qui offre plus d'un inconvénient, notamment celui d'ôter beaucoup de la force et de rendre le cheval difficile à seller. On nomme dos de mulet celui qui est voûté en contre-haut ; cette conformation annonce la force, en même tems que des réactions dures. Enfin, la partie des reins en particulier est sujette à diverses maladies et défectuosités, que les maquignons tâchent de cacher du mieux qu'ils peuvent quand on n'y prend garde.

Le *ventre* doit être arrondi, ni trop plein ni flasque : cependant un gros ventre, loin d'être un défaut dans un cheval de fatigue, annonce qu'il se nourrit bien et qu'il est fort mais paresseux. Les ventres de lévrier ont ordinairement beaucoup de feu, mais ils mangent peu : ce sont de jolis chevaux de main. On remarque que ceux qui ont le ventre plus gros que leur taille ne le comporte, ou *ventres de vache*, sont disposés à devenir poussifs.

Les *flancs* ne doivent être ni trop pleins ni trop affaissés. Lorsqu'on les voit agités d'un mouvement plus fort et moins régulier qu'à l'ordinaire, le cheval étant en repos, on peut craindre qu'il soit *poussif* ou affecté de maladie de poitrine.

Une *croupe* large et pleine est un signe de vigueur en même tems qu'une beauté : la croupe étroite et pointue se nomme croupe de mulet ; elle nuit beaucoup à la beauté des hanches : elle est dite *avalée* lorsqu'elle descend trop brusquement.

Les *cuisses* et les *fesses* doivent être bien ouvertes du dedans, charnues et musculeuses. On dit qu'un cheval est *mal gigoté* quand il a les fesses trop serrées.

La *queue* doit être placée à la naissance des fesses ; on dit qu'une queue trop basse annonce la faiblesse. Le tronçon en doit être rond, fort, bien fourni de crins. Toutes les fois que l'on examine un cheval, il faut regarder s'il n'a pas quelque plaie sous la queue, et porter cet examen jusqu'à la marge de l'anus, cette partie étant sujette à plusieurs maladies locales.

Les *jarrets* sont exposés à plusieurs défauts essentiels, notamment à être trop rapprochés l'un contre l'autre, ce qui cause presque toujours de la faiblesse dans cette partie ; ou à être tournés trop en dehors, ce qui ôte à l'animal beaucoup d'assurance dans les hanches. De bons jarrets doivent être grands, larges, secs et nerveux ; les jarrets grêles et minces sont presque toujours faibles ; les jarrets gras sont très exposés aux engorgemens, courbes, vessigons et plusieurs autres maladies locales. Comme plusieurs de ces affections disparaissent momentanément par l'exercice, les maquignons ne manquent pas de faire trotter le cheval qui en est atteint avant de le présenter à l'acheteur ; mais il suffit de lui rafraîchir un peu les jambes ou de le laisser reposer quelques instans, pour savoir à quoi s'en tenir. Il est cependant plusieurs de ces défectuosités qui ne paraissent qu'après quelques jours de repos. Les autres parties des jambes de derrière doivent avoir les mêmes qualités que celles de devant. Après la visite des diverses parties du cheval, que l'on termine ordinairement par l'examen des *bourses,* du *fourreau* et du *vagin*, qui peuvent être le siége de divers engorgemens, de chancres et de fics, il convient de jeter un coup d'œil sur l'ensemble de l'animal, pour en reconnaître les proportions et les aplombs (1).

(1) Lorsque l'on veut acheter un cheval, il ne suffit pas de l'examiner au repos, il faut encore le voir dans l'exercice : c'est surtout dans cet examen, qu'une longue habitude est d'une grande ressource : le pas, le trot et le galop sont les allures naturelles du cheval.

Le pas doit être régulier, franc, et faire entendre quatre battues dis-

De la Taille et des principales Proportions du cheval.

Les proportions s'entendent des rapports des diverses parties du corps du cheval, les unes avec les autres. Leur recherche a pour objet non seulement de reconnaître et de constater la beauté du cheval, mais encore de s'assurer si la structure de son corps comporte les conditions générales de solidité et de résistance nécessaires aux efforts de différens genres auxquels cet animal est exposé. Plusieurs auteurs ont assigné des proportions fixes pour le cheval ; quelques autres qui en ont admis la nécessité, ont négligé de les déterminer. Quelques écuyers ont proposé, pour type proportionnel, le cheval d'escadron ou le cheval de manège ; d'autres voudraient, soit le cheval d'Espagne, soit celui de l'Angleterre ou de l'Arabie : système vicieux, dès qu'il s'agit de cheval en général. Bourgelat seul, en fixant les proportions, en établit d'applicables à tous les chevaux, à ceux de toutes les contrées, de toutes les tailles et de tous les genres de service.

La longeur de la tête est la mesure que l'on prend pour point de comparaison des autres dimensions. Dans un cheval bien conformé, cette longueur égale celle de l'encolure, la hauteur des épaules, l'épaisseur et la largeur du corps ; cette même longueur moins la fente de la bouche, la longueur, la largeur et la hauteur de la croupe, la longueur latérale des jambes postérieures, la hauteur perpendiculaire de l'articulation du tibia à terre et la distance du sommet du garrot à l'insertion de l'encolure dans le poitrail. Deux tiers de la longueur de la tête égalent la largeur du poitrail ; un tiers de la

tinctes et à égales distances ; autrement il y aurait claudication, ce dont on s'apercevra bien plus facilement au trot, qui doit être ferme et prompt ; le jeu des membres doit être libre, sans que pour cela ils soient levés trop haut, ce qui occasionerait une ruine prochaine ; il ne doit point y avoir de bercement ; le terrain doit être embrassé également ; l'animal doit trotter devant lui, sans forger, s'entre-tailler ni billarder ; enfin il faut qu'il y ait de la légèreté dans la marche, et que le derrière chasse le devant avec franchise. Lorsque ces conditions seront remplies, on peut être à peu près sûr que le galop aura lieu avec aisance, vigueur, célérité et souplesse, qualités essentielles, surtout pour le cheval de selle. Au reste, quand même un jeune animal n'exécuterait point cette allure avec toute l'aisance que l'on désirerait, il ne faudrait pas pour cela le rejeter, mais le dresser au manège.

Il n'est point non plus hors de propos de voir si le cheval recule bien ; la difficulté ou l'impossibilité où sont quelques-uns d'exécuter ce mouvement est un grand défaut. (Voyez l'article *Allures.*)

longueur est égal à la largeur de la tête et à la largeur latérale
de l'avant-bras. Les deux neuvièmes de la tête entière donnent l'élévation perpendiculaire de la pointe du coude au-
dessus du niveau de la pointe du sternum, la hauteur du
milieu de la courbure du dos au niveau de la pointe du garrot, la largeur latérale des jambes postérieures, la distance
des avant-bras d'un ars à l'autre : un sixième de la longueur
de la tête égale l'épaisseur de l'avant-bras, le diamètre de
la couronne des pieds de devant, la largeur de la couronne
et des boulets des pieds de derrière, celle des genoux, l'épaisseur des jarrets. Un douzième donne l'épaisseur du canon de
devant; la distance du coude au pli du genou, égale celle de
ce pli à terre, celle de la rotule au pli du jarret, et celle de
ce pli à la couronne. Le sixième égale la largeur du canon
de l'avant-main vu latéralement, et celle du boulet vu de
face. Le tiers de cette mesure est à peu près la largeur du
jarret; le quart, la longueur et la largeur du genou.

L'intervalle des yeux, d'un grand angle à l'autre, égale
la largeur latérale de la jambe de derrière; la moitié de cette
mesure, la largeur latérale du canon de derrière, la largeur
latérale des boulets de devant, enfin, la différence de hauteur de la croupe relativement au sommet du garrot. Trois
longueurs de tête égalent la hauteur totale du cheval, du
toupet à terre; deux longueurs et demie, cette hauteur prise
du sommet du garrot, la longueur du corps de la pointe du
bras à celle de la fesse.

Il ne faut pas croire cependant que ces proportions soient
toujours exactes, ni que leur appréciation soit purement oi-
seuse : le fait est qu'elles influent beaucoup sur la bonté de
l'animal. La longueur excessive de la tête ou de l'encolure a
fort mauvaise grace, rend en outre le cheval lourd à la main,
et le fait porter bas. Celui dont le corps est trop court, a les
mouvemens rudes, les reins raides, le trot peu alongé, la
bouche ordinairement dure, et tourne difficilement. Quand,
au contraire, le corps est trop long, les reins sont faibles, le
cheval ensellé, le bercement très prononcé, les efforts de
reins fréquens. Le cheval bas sur son devant, surchargé par
la chasse du train de derrière, ne peut se détacher du terrain, butte facilement, fatigue la main du cavalier sans cesse
obligé de le soutenir, et le met à chaque instant en péril de
tomber. Si le train de devant est plus haut que celui de derrière, le cheval trotte sous lui, fait peu de chemin; la trop

grande facilité qu'il a à enlever le train de devant tandis que celui de derrière a de la peine à quitter le terrain, l'oblige à se défendre, se cabrer, et le rend sujet à tomber à la renverse. Les jambes trop chargées ou trop grêles ont aussi de nombreux inconvéniens.

Tels sont les principaux rapports qui doivent exister entre les proportions d'un cheval bien conformé. On ne peut pas espérer, sans doute, de les trouver tous réunis chez le même individu ; mais, quand on rencontre, sinon la totalité, au moins les plus essentiels de ces rapports il est rare que le cheval ne joigne pas la bonté à la beauté. Un peu d'habitude suffit pour mesurer les proportions à vue d'œil sans le secours d'instrument.

Ce n'est pas assez qu'un cheval soit beau et bien fait, il faut encore qu'il soit d'une taille qui le rende propre au service auquel on le destine; et que les proportions respectives des diverses parties de son corps soient en rapport avec sa taille, sans quoi on ne pourra trouver dans ses mouvemens l'harmonie et l'aplomb qu'ils doivent avoir.

Un cheval de selle ordinaire doit avoir quatre pieds sept à huit pouces, mesurés perpendiculairement de la pointe du garrot à terre: les chevaux de troupe doivent avoir environ sept pouces dans les hussards; huit à neuf dans les dragons; dix à onze dans la grosse cavalerie; ceux de carrosse, de cette dernière taille à cinq pieds trois ou quatre pouces. On tient peu de compte de la longueur; cependant il faut qu'elle soit en rapport avec les autres dimensions, et que la longueur de la selle remplisse la courbure du dos. La jument doit être un peu plus longue que le cheval.

Des aplombs du cheval.

On dit qu'un cheval a ses aplombs réguliers quand les rayons de ses membres ont une direction telle que, placés de la manière la plus favorable au support de l'animal en état d'immobilité, ils soient aussi le mieux préparés à opérer son transport par la répartition la plus égale possible de la masse sur eux. Les aplombs importent essentiellement à la sûreté, ainsi qu'à la durée de service du cheval, dont les extrémités sont la base fondamentale.

Le cheval étant *placé* ou *rassemblé*, si on voit les membres de profil, une verticale supposée tomber de la pointe de l'é-

paule à terre, répondra directement à l'extrémité de la pince.
Une seconde ligne verticale, tirée de la sommité du garrot à
terre, passera sur la pointe du coude, tandis qu'une troisième verticale, conduite du tiers postérieur de la sommité
de l'avant-bras au sol, partagera également la largeur du canon, le boulet y compris jusqu'au paturon.

Une verticale abaissée sur la terre, depuis le grasset, répondra précisément à la pince.

Si on examine les membres de face, on verra que, quoique le contour ou la partie latérale externe des avant-bras
rentre plus en dedans à mesure qu'ils descendent près du genou, que le contour intérieur ne se rapproche de cette même
partie latérale. Une verticale menée de leur portion la plus
étroite jusqu'au sol, diviserait également la largeur de toutes les pièces formant le reste de ces extrémités. Pour ce qui
concerne les membre postérieurs, on voit : 1° que le contour
extérieur des jambes rentre plus en dedans, à mesure qu'elles
approchent des jarrets, que celui des avant-bras à mesure
qu'ils atteignent les genoux ; 2° que leur contour intérieur
tombe presque verticalement ; 3° qu'une verticale qui les
conduit du milieu de la largeur du jarret sur le sol, parta-
gerait également la largeur de toutes les parties qui les composent.

Ces directions ne sont que trop souvent interverties, soit
dans la totalité du membre, soit dans quelques-unes de ses
portions; elles constituent des défauts d'aplombs, et de fausses directions des membres, qui font que le cheval peut-être
sous lui, *campé*, *bas jointé*, *droit jointé*, *brassicourt*, *genou
creux*, *trop ouvert*, *serré du devant ou du derrière*, *panard*,
cagneux, *genoux de bœuf*, *clos du derrière*, etc. Ils nuisent
plus ou moins à la solidité et à la durée du cheval. Des des-
sins représentant ces divers défauts, pouvant les mieux faire
connaître que les meilleures descriptions, nous renvoyons
le lecteur à la planche deuxième.

Des allures naturelles et défectueuses.

On entend par le mot *allures* les divers mouvemens des
membres qu'un cheval exécute en marchant. On peut les distinguer en naturelles ou artificielles, et les premières en
vraies et défectueuses.

Les allures vraies sont le pas, le trot et le galop : les défectueuses sont l'amble, l'entre-pas et l'aubin.

Le pas est l'allure la plus posée, la plus grave ; celle qui in permet le plus au cheval de se montrer avec grâce, et qui iu donne en même tems plus de facilité pour découvrir ses défauts.

Dans ce mouvement, qui s'exécute avec lenteur et mesure, le cheval lève une des jambes de devant que suit immédiatement la jambe de derrière du côté opposé, les deux autres partent à leur tour, dès que les premières posent à terre, en sorte que l'on peut remarquer quatre tems dans le pas, séparés par des intervalles presque imperceptibles. Quand on examine la marche d'un cheval au pas, il faut le faire venir droit à soi, et observer attentivement s'il lève les jambes avec assurance et facilité sans se croiser ; lorsqu'il lève la jambe très haut, marche avec crainte et paraît prêter l'oreille, c'est un signe presque certain qu'il est aveugle.

Le trot se fait par le même mouvement de jambes que le pas, avec cette différence que les deux jambes opposées se lèvent au même instant, ce qui fait que le trot n'a que deux tems au lieu de quatre ; une autre différence plus essentielle, c'est que le mouvement du trot est plus précipité, plus prompt et moins terre-à-terre que le pas ; il a, si l'on peut le dire, quelque chose de désuni qui fatigue beaucoup les personnes qui n'en ont pas l'habitude.

Un bon cheval doit trotter avec assurance sans bercer les reins à droite et à gauche ; mouvoir ses membres avec force, aisance et liberté ; porter la tête haute et droite. Ceux qui ne trottent pas franchement, qui bercent les reins ou précipitent trop leurs mouvemens, sont d'un mauvais usage.

Le galop est un saut en deux tems, dans lequel les deux jambes de devant se lèvent ensemble et sont suivies immédiatement par celles de derrière : en sorte que pendant un instant, très court à la vérité, les quatre jambes se trouvent en l'air. Un cheval galope de la main droite, ou sur le pied droit, lorsque c'est la jambe de ce côté qui entame le chemin et avance la première ; et de la main gauche ou sur le pied gauche, dans le cas contraire : dans le premier cas, les deux jambes de devant étant levées, la droite est posée à terre un peu plus loin que la gauche, et la jambe droite de derrière suit le même mouvement ; dans le second cas, au contraire, ce sont les deux jambes gauches qui avancent davantage. Le galop est une sorte d'allure forcée, moins souvent usitée que les deux précédentes ; mais comme elle est très essentielle dans un cheval de guerre ou de chasse, on ne doit pas acheter un cheval destiné à l'un ou l'autre de ces usages sans s'assurer qu'il galope juste, que son départ est franc, et ses mouvemens bien cadencés, ce qui prouve qu'il a les reins bons et les jarrets forts. Les chevaux qui galopent le *cul haut* c'est-à-dire la croupe plus élevée que l'arrière-main, ont d'ordinaire les hanches très faibles.

L'amble est une allure encore plus terre à terre que le pas, mais beaucoup plus alongée, dans laquelle les deux jambes d'un même côté partent ensemble et se posent en même tems ; celles de l'autre côté exécutent à leur tour le même mouvement. Cette allure ne peut se soutenir que sur les terrains plats, doux et unis ; c'est pourquoi les chevaux d'amble sont moins communs en France qu'en Angleterre. Mais, en général, l'amble étant le résultat d'un état de faiblesse habituelle des hanches, ces chevaux ne durent pas long-tems. Du reste, un bon cheval d'amble marche les hanches basses et pliées, et fait beaucoup de chemin en peu de tems. Les jeunes poulains et les vieux chevaux ruinés prennent assez souvent cette allure. Dans quelques parties de la Normandie et de la Bretagne, on dresse les jeunes chevaux à cette allure, en leur entravant les jambes par bipède latéral, et les obligeant à marcher ainsi.

L'entre-pas ou traquenard est une sorte de *tricotement* de jambes, vite et suivi, qui tient un peu de l'amble et du pas, et qu'adoptent d'ordinaire les chevaux faibles de reins, ceux qui commencent à avoir les jambes usées, et enfin les chevaux de charge qui n'ont plus la force de trotter.

L'aubin est une allure très défectueuse, dans laquelle un cheval faible de hanches et ruiné du train de derrière, galope des jambes de devant, tandis que celles de derrière vont l'amble ou le trot. C'est l'allure de la plupart des chevaux de poste et de tous ceux qui sont très fatigués.

Les allures artificielles sont des modifications des naturelles, imaginées par l'art pour faire briller la grâce d'un cheval et l'adresse de l'écuyer qui le monte. Elles se divisent en airs bas, c'est-à-dire dans lesquels le cheval manie près de terre, et en airs relevés : les uns et les autres appartenant spécialement à l'art du manège, il en sera question dans la troisième partie de ce Manuel.

Des différens poils et des marques particulières.

On se sert de la dénomination de *poil* ou de *robe*, pour désigner la couleur d'un cheval; ainsi, l'on dit qu'il est de tel poil, de telle robe, au lieu de dire qu'il est de telle couleur. On appelle *zains* les chevaux dont le poil n'offre qu'une seule et même couleur sans le moindre mélange; les autres sont *rubicans*.

Les nuances de poil les plus ordinaires sont:

Le noir franc, le mal teint.

Le noir jais ou jayet.

Le blanc proprement dit, le blanc mat et l'argenté.

Le soupe de lait, ou blanc tirant sur le jaune.

L'isabelle est un poil tirant beaucoup sur le jaune; on reconnaît le clair, le doré et le foncé, qui constituent autant de nuances différentes; les chevaux de cette couleur ont fréquemment la crinière noire et des marques du même ton.

Le café au lait ou tourterelle.

Le fauve ou louvet est un mélange d'isabelle clair et foncé, ordinairement accompagné d'une raie noire le long du dos; il en est à peu près de même du poil de cerf, si ce n'est qu'il est d'un fauve plus foncé.

Le pie noir, bai, alezan, etc., est un fond blanc, parsemé de grandes plaques de l'une ou l'autre de ces couleurs.

Le bai brun est un brun tirant sur le noir: les chevaux de cette robe, qui ont le bas des jambes, le nez ou le chanfrein d'une couleur rousse éclatante, sont *marqués de feu,* et *fesses lavées* si la nuance est comme éteinte et blanchâtre.

Le bai miroité est un poil bai parsemé de taches ondulées et luisantes.

Il y a encore le bai châtain, le doré, le clair, etc.

L'alezan ou alzan est une sorte de bai dont les extrémités ne sont pas noires. On nomme *alezan brûlé*, le plus foncé; *alezan clair* ou *doré*, le moins foncé de tous; il approche du blond: les chevaux alezans ont souvent la queue et la crinière blanches; ce sont ceux-là qui sont dits *poil de vache.*

Le gris offre un grand nombre de variétés qui constituent autant de robes différentes:

Le gris de souris n'a pas besoin de définition; il est très beau, surtout lorsqu'il est accompagné de raies ou de marques noires.

Le pommelé est parsemé de taches d'un gris de divers tons; ce poil est très estimé.

Le gris tisonné ou tigré est parsemé de grandes taches noires, particulièrement sur la croupe; le truité est un poil assez commun, dont le fond est blanc parsemé de petites taches alezanes; le moucheté est celui dont les taches sont noires.

Le gris étourneau est un fond noir, mélangé de quelques poils blancs.

Le grisâtre est un mélange de poils noirs et blancs. On fait cas des chevaux de cette robe qui ont les crins tout blancs.

Le gris argenté est un fond blanc très luisant, et mélangé de fort peu de noir.

Le gris porcelaine est un gris mêlé, parsemé de taches ardoisées semblables à celles que l'on remarque quelquefois sur les porcelaines, et très luisant. Les chevaux de cette robe sont rares et estimés.

Le rouan est formé d'un mélange de blanc, de noir et de bai; le *rouan vineux* est celui où prédomine le bai, et *le foncé* celui où prédomine le noir.

L'*auber* est un mélange de blanc et d'alezan; on le nomme aussi *fleur de pêcher*, parce qu'il ressemble à cette fleur.

Outre les variétés que présente la couleur dominante de leur robe, les chevaux sont sujets à porter sur diverses parties du corps des marques formées par des poils d'une couleur différente, marques auxquelles on donne des noms particuliers:

L'étoile ou pelote est une tache blanche placée sur le front au-dessus des yeux.

L'épi est une sorte de toupet de poils rebroussés à contre-sens, qui peut se trouver sur diverses parties du corps. On nomme *épée romaine* une marque de cette sorte, très alongée, que l'on remarque quelquefois le long de l'encolure, tantôt des deux côtés, tantôt d'un seul.

La balsane est une marque blanche dans une portion plus ou moins étendue de la jambe.

Le chanfrein est une grande plaque blanche qui occupe toute cette partie de la tête, c'est-à-dire le dessus de la mâchoire supérieure depuis les yeux jusque sur le nez. On dit que le cheval boit dans son blanc, lorsque cette marque descend jusqu'au bout de la lèvre. Le coup de lance est une cavité sans cicatrice, qui se trouve sur les parties latérales de l'encolure.

On nomme *taches de ladre* les portions de peau ayant une teinte rosée, qui sont recouvertes d'une espèce de duvet court; ces taches se remarquent particulièrement au pourtour des ouvertures naturelles.

La beauté d'un cheval dépend beaucoup de la nature de

sa robe : il n'en est pas de même de la bonté , malgré l'opinion de beaucoup de personnes qui croient pouvoir juger de la pureté des races et du degré de vigueur par la couleur du poil ou les marques particulières ; mais on peut supposer avec probabilité qu'un cheval souffre lorsqu'il n'a pas le poil frais, c'est-à-dire uni et luisant. On peut dire cependant avec vérité que les robes foncées sont très souvent compagnes d'une constitution robuste et de beaucoup de vigueur, tandis que c'est le contraire pour les nuances claires.

Des chevaux vicieux.

L'étude du caractère des chevaux est pour le moins aussi utile que l'examen de leurs formes extérieures, car un cheval de chétive apparence pourra bien être d'un très bon service, tandis qu'un cheval de très grand prix n'en peut quelquefois rendre aucun s'il a dans le caractère des défauts essentiels que l'on ne sache pas corriger.

De même qu'un sage instituteur parvient, à force de patience, à maîtriser l'écolier le plus indocile, de même aussi n'est-il point de cheval, tel vicieux qu'il soit, dont un habile écuyer ne puisse venir à bout. Mais il faut pour cela être homme de cheval, c'est à dire connaître à fond les mœurs, le caractère, l'instinct de cet animal; car un homme étranger à cette connaissance, loin de réussir à corriger le cheval le moins vicieux, finira par faire une rosse d'un cheval excellent.

Les défauts les plus ordinaires du cheval sont d'être paresseux , lâche, timide, colère, impatient, malin , ombrageux , rétif, ramingue, vicieux , etc.

La *paresse* provient souvent d'une constitution faible et molle , mais de grands coups de chambrière parviennent quelquefois à la dissiper. Les chevaux paresseux sont en général mélancoliques.

La *timidité* exige beaucoup de douceur de la part de l'écuyer.

La *poltronnerie* rend un cheval peu propre au manège et encore moins à la guerre ; ce défaut cède ordinairement aux moyens conseillés contre la paresse. Quant aux chevaux naturellement lâches, il est rare que l'on parvienne jamais à en tirer aucun parti.

L'impatience rend le cheval ardent, fougeux, prêt à tout entreprendre: ceux de ce caractère sont difficiles à manier; mais avec de la douceur et beaucoup de patience, on parvient à les maîtriser et à en faire de très bons chevaux. Il ne faut ni les brusquer ni les contrarier.

. Le *cheval colère* s'offense de la moindre correction, et en conserve la rancune pendant long tems. Il veut être conduit avec ménagement, mais avec fermeté, car si on lui cède et qu'il sente qu'on le craint, il deviendra intraitable.

Le *cheval ombrageux* est d'autant plus dangereux, qu'il fait des pirouettes et sauts de côté au moment où l'on s'y attend le moins. Il ne faut pas brusquer ces sortes de chevaux, mais les caresser, les flatter de la main en les rapprochant doucement de l'objet qui les effarouche : les chevaux que l'on brutalise sont pour la plupart ombrageux.

Le *cheval malin* est traître et rusé. Souvent il est très docile en apparence; mais lorsqu'il n'a plus la crainte du châtiment, il se révolte et se défend avec opiniâtreté : on voit des chevaux de cette sorte retenir leurs forces et refuser le service par pure mauvaise volonté. Ce défaut demande de vigoureuses corrections et des services compliqués qui, forçant le cheval à prêter sans cesse attention, ne lui laissent pas le tems de combiner ses malices.

Le *cheval rétif* s'obstine à ne pas bouger de place quand il est dans ses momens de caprice, et n'obéit ni à la bride ni aux éperons. C'est ici qu'il faut redoubler de patience et de fermeté: ce vice est très fréquent chez les chevaux à qui l'on a passé trop de fantaisies, ou qui ont été battus sans raison ni discernement.

Le *cheval vicieux* n'a aucun attachement pour celui qui le soigne, rue et mord toutes les fois qu'il en trouve l'occasion. Ce n'est qu'avec beaucoup de peine et avec des punitions appliquées à propos, qu'on parvient quelquefois à corriger les chevaux vicieux ; du reste, ce défaut est souvent le résultat des mauvais traitemens plus que l'effet d'un caractère naturellement mauvais.

On ne saurait trop rappeler aux amateurs et propriétaires de chevaux, que l'éducation de ce précieux animal demande beaucoup de douceur, de patience, d'habitude, mais en même tems de fermeté; qu'un cheval a assez d'intelligence pour conserver le souvenir des bons comme des mauvais traitemens ; qu'une punition injuste, trop sévère, ou appliquée mal à propos, produit un effet tout différent de celui qu'on en attend ; enfin, que les meilleurs chevaux se perdent promptement, et que ceux qui sont naturellement vicieux le deviennent davantage s'ils sont brutalisés, forcés de travail, ou confiés à des gens incapables de les gouverner.

CHAPITRE II.

CONFORMATION ORGANIQUE DU CHEVAL.

De l'Anatomie et de la Physiologie.

On ne peut bien distinguer les beautés et les imperfections extérieures du cheval ; on ne peut bien connaître les causes qui peuvent influer d'une manière quelconque sur la santé de cet animal et sur les services que l'on en retire, si l'on ne possède des notions d'anatomie et de physiologie.

L'anatomie est l'étude particulière des parties qui composent la machine animale : elle traite de leur structure, leur forme, leur situation, leurs usages, leurs rapports respectifs. La physiologie considère ces mêmes parties en action : elle recherche les causes des phénomènes de la vie, explique les lois en vertu desquelles ils s'exécutent, et décrit ces mêmes phénomènes.

Tous les animaux se composent de parties dures, de parties molles et de liquides. Les premières sont les os, les cartilages et la corne : les secondes comprennent la peau, le tissu cellulaire, les membranes, les muscles, les vaisseaux, les nerfs, les glandes et les viscères : les liquides sont, le sang, la lymphe, le chyle, la bile, le lait, la semence, l'urine, l'humeur de la transpiration, et quelques humeurs particulières qui jouent un rôle moins important. La totalité de ces liquides forme environ les huit neuvièmes de la masse ; mais cette proportion, plus grande encore dans l'enfance, décroît en avançant vers la vieillesse.

On donne le nom de *fibre* à la partie la plus déliée des solides : ce sont ces fibres élémentaires qui, réunies et agglomérées en forme de faisceaux plus ou moins serrés, composent, par la variété de leur arrangement, dé leurs disposi-

tions, de leur consistance, les divers tissus qui entrent dans
la composition de la machine animale.

L'anatomie se divise en plusieurs branches principales qui
sont : l'ostéologie, ou l'étude des os ; la myologie, ou l'é-
tude des muscles ; la névrologie, ou l'étude des nerfs ; l'an-
giologie, ou l'étude des vaisseaux ; la splanchnologie, ou
l'étude des viscères ; l'adénologie, ou l'étude des glandes ;
l'hygrologie, ou l'étude des liquides, etc., etc.

Les os forment la charpente de la machine animale : ils
en sont les leviers et les poulies, outre qu'ils servent de support et de point d'appui à toutes les autres parties ; rougeâtres et mous dans l'enfance, blancs et solides chez l'adulte,
ils deviennent secs et cassans dans la vieillesse.

Les muscles complètent l'ensemble de l'appareil locomo-
teur ; ce sont les cordes et ressorts qui meuvent les leviers,
et par suite toute la machine. Couchés autour des os, et iné-
galement répartis dans les diverses parties du corps, ils en
déterminent les contours, les formes variées, et complètent
avec la charpente osseuse les grandes cavités.

Les vaisseaux, les nerfs et les glandes, quoique jouant
aussi un grand rôle dans l'économie animale, frappent
moins l'attention parce qu'ils sont moins apparens que les
autres parties. Les vaisseaux sont des canaux qui reçoivent
et distribuent le sang et les autres fluides. Les nerfs sont
des cordons blanchâtres qui portent dans toutes les parties
du corps la faculté de sentir. Les glandes sont des organes
particuliers plus ou moins volumineux, composés de vaisseaux et de nerfs entrelacés et pelotonnés sur eux mêmes,
qui se trouvent répandus, soit dans les grandes cavités, soit
sous la peau, et dans le voisinage des articulations.

Leur principal usage est de séparer du sang certaines humeurs qui, après avoir été élaborées dans ces organes,
doivent être répandues dans la circulation, ou rejetées au-
dehors par les voies naturelles. Lorsque l'émission de ces
humeurs est ralentie par une cause quelconque, elles séjour-
nent dans les glandes et y occasionent des engorgemens
plus ou moins rebelles, ainsi qu'on le remarque dans une
foule de maladies.

Les glandes principales sont la lacrymale, les salivaires,
le foie, le pancréas, les reins, les testicules, les mamelles.
On désigne plus spécialement sous le nom de *follicules*, des
petits corps glandulaires répandus en grand nombre dans
la peau, les membranes, et préposés à la sécrétion des hu-

meurs destinées à lubréfier ces surfaces ; et sous celui de *ganglions*, une sorte de noyaux glanduleux flottant sous la peau, spécialement formés par les ramuscules lymphatiques, auxquelles ils servent de point de réunion. On les trouve en grand nombre le long du cou, dans le voisinage de la tête, entre les branches de la mâchoire postérieure, dans la région du gosier, dans le pli des principales articulations, aux aines, aux ars, dans le mésentère, le médiastin, le voisinage des bronches, etc.. etc.; ils s'engorgent dans la morve, le farcin, la gourme, certaines affections catarrhales, et acquièrent parfois un volume extraordinaire,

Les viscères sont des appareils compliqués renfermés dans les grandes cavités, la tête, la poitrine, le ventre ou abdomen, et chargés d'exécuter les grandes fonctions de la vie.

Après les viscères viennent plusieurs organes secondaires, qui sont le siège d'autant de sens particuliers: ce sont. l'œil, organe de la vue; la bouche, organe du goût ; l'oreille, organe de l'ouïe ; et la peau, organe du toucher.

Les liquides sont très nombreux, et leurs usages multipliés. Les uns, tels que le sang et la lymphe, servent à alimenter la circulation, à entretenir la chaleur et la vie; d'autres, tels que le chyle, sont préposés à réparer les pertes de ceux-là ; d'autres , tels que la salive, la bile, le suc pancréatique, servent à ramollir, délayer et dissoudre les substances alimentaires ; d'autres, tels que l'urine et l'humeur de la transpiration, rejettent au-dehors les humeurs inutiles ou nuisibles ; d'autres servent à entretenir la souplesse des surfaces qu'ils baignent, comme l'humeur des membranes séreuses, où à les garantir du contact des corps étrangers, comme l'humeur qui lubréfie les muqueuses de l'appareil respiratoire et des intestins.

Les diverses parties énumérées ci-dessus forment plusieurs groupes principaux qui composent autant d'organes ou appareils chargés de fonctions propres à chacun d'eux. Les fonctions se rapportent à trois chefs principaux : 1° les fonctions de relations ; 2° les fonctions nutritives; 3° enfin les fonctions génératrices. Dans la première série on range les sensations internes et externes , la voix, la prosopose et les mouvemens de locomotion. Parmi les fonctions nutritives, se trouvent la digestion , la respiration, la circulation, les sécrétions, la nutrition et l'absorption. Les fonctions génératrices comprennent cinq grandes opérations, qui sont la copulation, la fécondation, la gestation, le part et la lactation. L'ensemble de ces diverses fonctions constitue la vie, et les dérangemens que l'une ou plusieurs peuvent éprouver, constituent la maladie.

Telles sont, en peu de mots, les principales généralités de l'anatomie et de la physiologie. Une étude détaillée de ces sciences sortirait entièrement du cadre d'un livre plus spécialement destiné aux amateurs et propriétaires de chevaux, qu'aux élèves d'hippiatrique; mais une courte description des organes chargés des fonctions animales les plus importantes ne sera pas inutile pour compléter l'ensemble des connaissances nécessaires à un homme de cheval.

ORGANES DE LA LOCOMOTION.

Ce premier appareil se compose de deux genres de parties très différentes; les unes dures, sont les organes passifs de la locomotion, et forment la squeletologie; les autres, molles et agens essentiels de la fonction, constituent la myologie.

De la Squeletologie.

L'étude des os doit envisager principalement leur structure, leur consistance, leur volume, leurs formes, leur situation, leurs usages et leurs connexions.

Sous le rapport de leur structure, on voit qu'ils sont essentiellement composés de deux substances distinctes, dont l'une, lamelleuse, lisse et dure, qui en forme la surface externe; l'autre, spongieuse et moins consistante, qui en forme la partie centrale. On y remarque, en outre, des cavités intérieures, dont les unes renferment la moëlle et le suc médullaire; les autres, des vaisseaux et des filets nerveux. Leur surface est recouverte d'une membrane mince et serrée fortement adhérente, qu'on nomme le *périoste*.

Il y a des os grands, moyens et petits; de longs, courts, plats, cylindriques, ronds, carrés, triangulaires; de réguliers et irréguliers, etc. : on distingue dans les longs un corps et deux extrémités; des faces et des bords s'ils sont aplatis, une circonférence s'ils sont cylindriques; dans leur intérieur, un canal qui renferme la moëlle : les os plats offrent également des faces, des bords, des angles, etc., etc.

On nomme *éminences* des inégalités plus ou moins saillantes qui se remarquent, soit aux extrémités, soit sur di-

vers points de la surface des os ; et cavités, des renfonce-
mens plus ou moins profonds. Les éminences reçoivent, selon leurs formes, les noms de *tête*, d'*apophyse*, *épiphyse*,
arête, etc.

La tête est une protubérance arrondie qui s'emboîte dans
la cavité articulaire d'un os voisin ; l'épiphyse est une sorte
d'appendice soudée par un cartilage qui s'ossifie avec l'âge ;
l'apophyse fait partie de l'os, et reçoit différens noms selon
sa forme, ses usages, sa situation.

Les cavités sont très nombreuses, et reçoivent, selon leur
forme, les noms de *fosses*, de *sinus*, de *gouttière*, de *canal* ;
elles servent à plusieurs usages. Les plus essentielles sont
celles qui concourent à former des articulations.

Quant aux connexions des os, elles formeront, sous le
nom d'*articulations*, un article particulier.

L'ensemble de la charpente osseuse constitue le squelette ; il se divise en trois parties : la tête, le tronc et les extrémités. (Voyez planche 3.)

La tête du cheval se divise en mâchoire supérieure ou antérieure, et en mâchoire inférieure ou postérieure. La première comprend le crâne et la face : le crâne est la boîte
osseuse qui renferme le cerveau ; il se compose de sept os,
qui sont le frontal, le pariétal, les deux temporaux, l'occipital, le sphénoïde et l'ethmoïde. La face est composée de
dix-neuf os, qui sont deux grands et deux petits sus-maxil-
laires, deux sus-nasaux, deux lacrymaux, deux zygomati-
ques, deux palatins, deux ptérygoidiens, un vomer et quatre cornets. Toutes ces pièces, et celles du crâne, se soudent avec le tems, en sorte que toute la mâchoire supérieure
paraît formée d'un seul os chez le cheval fait.

La mâchoire inférieure se compose d'un seul os chez le
cheval, de deux chez le poulain ; elle est unie aux temporaux
par une articulation qui lui permet des mouvemens étendus
et variés. Chaque mâchoire porte dix-huit à vingt ou vingt-
deux dents.

Le corps comprend l'épine, le sternum, les côtes et le
bassin.

L'épine s'étend de la partie postérieure de la tête à la
naissance de la queue ; elle se compose d'une rangée de
trente-un petits os ou *vertèbres*, dont sept appartiennent au
col, dix-huit au dos et dix à la région lombaire. Elle est hé-
rissée d'arêtes nombreuses et saillantes, et percée dans
toute sa longueur par un canal qui renferme la moëlle épi-

nière. On remarque aussi sur les côtés les trous par où les nerfs sortent de ce canal.

Le sternum est un os plat, alongé, situé à la partie inférieure de la poitrine, et sur les bords duquel viennent se souder les cartilages des vraies côtes.

Les côtes, au nombre de trente-six, forment les parois latérales du coffre. On nomme *vraies* celles qui forment la poitrine, et dont l'extrémité inférieure s'appuie sur le sternum; et *fausses* celles qui forment le ventre et se réunissent par leur bord cartilagineux.

Le bassin est formé par le sacrum, les deux os des hanches ou coxaux, et par l'arcade du pubis.

Le sacrum est un os aplati, presque triangulaire, qui lie les vertèbres lombaires avec les os de la queue. Les coxaux sont deux très grands os aplatis, bombés, qui forment le sommet de la croupe, la base de la hanche, la pointe de la fesse, et viennent se réunir en dessous, par leurs branches, pour former cette espèce d'arcade osseuse connue sous le nom de *pubis*. On y remarque une forte cavité dans laquelle vient s'emboîter la tête du fémur.

La queue ou coccyx, fait suite au sacrum, et se compose de quatorze ou quinze petits os soudés ensemble par une substance fibro-cartilagineuse peu serrée.

Les extrémités sont au nombre de quatre; celles de derrière comprennent la hanche, la cuisse, la jambe, le jarret, le canon et le pied.

La hanche est formée de l'extrémité du coxal; la cuisse, d'un os très long et très fort, nommé le *fémur*, incliné de devant en arrière, et pourvu de grosses éminences articulaires à ses extrémités.

La jambe se compose du tibia, du péroné et de la rotule. Le premier, long et fort, forme le corps de la jambe; le second, grêle et beaucoup plus court, est appliqué contre le précédent, et ne se prolonge jusqu'au jarret que par un ligament. La rotule ou os du grasset, est plate, irrégulière, appliquée contre l'articulation du tibia avec le fémur.

On appelle jarret ou *tarse* l'articulation de la jambe avec le canon; il se compose de deux os principaux, le *calcanéum* qui en forme la pointe, *l'astragale* ou poulie, et de cinq autres plus petits.

Le canon ou *métatarse* se compose d'un os alongé, de forme cylindrique, appelé *os du canon*, et de deux os grêles, appliqués contre celui-là, et nommés styloïdes ou *péronnés*.

Ces deux os se soudent quelquefois avec le précédent chez les vieux chevaux, disposition qui nuit à la liberté des mouvemens.

Le paturon est formé d'un gros os arrondi en avant, plat en arrière; la couronne, d'un seul os de forme à peu près carrée, aplatie, et présentant plusieurs surfaces articulaires.

Les extrémités antérieures comprennent l'épaule, le bras, l'avant-bras, le genou, et les autres parties comme aux jambes de derrière.

L'épaule, centre des mouvemens de l'avant-main, a pour base l'omoplate ou *palcron*.

Le bras correspond à la cuisse et a pour base un os long, presque cylindrique, incliné en sens inverse de l'épaule, et connu sous le nom d'*humérus*.

L'avant-bras se compose, chez les jeunes chevaux, de deux os qui se soudent pour n'en former qu'un seul sous le nom de *cubitus*. L'une des apophyses de cet os se nomme l'*olécrâne*, et forme une saillie très remarquable à l'articulation du coude.

Le genou correspond au jarret, et se compose de sept os peu volumineux, connus sous le nom collectif d'*os carpiens*.

Le reste des extrémités antérieures se compose comme celles de derrière; les pieds sont décrits particulièrement au chapitre de la ferrure.

Description des Articulations.

Les os sont liés entre eux par des articulations de divers genres, dont les unes permettent à deux os de se mouvoir l'un sur l'autre, avec plus ou moins de liberté, et les autres se refusent à tout mouvement : les premières constituent la *dyarthrose*, et les secondes, la *synarthrose*.

La dyarthrose ou articulation mobile a lieu de diverses manières : par *genou*, quand une tête est reçue dans une cavité, disposition qui permet des mouvemens en tous sens : par *charnière*, quand les parties saillantes et rentrantes des surfaces articulaires s'emboîtent réciproquement; le mouvement est borné dans ce cas, à la flexion et à l'extension : par *pivot*, quand une éminence s'enfonce dans une cavité de manière à ne permettre qu'un mouvement de rotation plus ou moins étendu; par *coulisse*, quand deux surfaces planes glissent l'une sur l'autre; par *continuité* (*amphiarthrose*), quand les surfaces articulaires ne se touchent pas immédiatement, mais sont réunies par une substance fibro-cartilagineuse interposée entre elles.

La synarthrose comprend la *suture*, la *gomphose*, l'*harmonie* ou *juxta-position*.

Les surfaces articulaires sont recouvertes d'une couche cartilagineuse, lisse et polie, qui adoucit les frottemens ; et abreuvées d'une liqueur visqueuse semblable à du blanc d'œuf, et connue sous le nom de *synovie*, qui est destinée à en prévenir le dessèchement, et dont la surabondance ou la rareté deviennent la source d'affections locales plus ou moins graves. Enfin, les articulations sont fortifiées par des ligamens membraneux ou tendineux, qui les enveloppent et ne permettent pas aux surfaces articulaires de s'écarter ni de se déplacer. L'âge épaissit la synovie ; dessèche les cartilages, raccornit les tendons, et l'articulation devient d'autant moins libre ; le même effet peut être produit par des affections locales.

La nature et la liberté des mouvemens dépendant presque entièrement de la forme et du bon état des articulations, il ne sera pas inutile de jeter ici un coup d'œil superficiel sur les principales connexions des membres du cheval.

La tête est attachée au tronc par une articulation ligamenteuse, une sorte de charnière imparfaite, qui permet des mouvemens libres et étendus en tous sens.

Les vertèbres s'articulent entre elles et avec le sacrum par une amphiarthrose que consolident des ligamens forts et nombreux.

L'épaule ou l'omoplate est attachée aux côtés de la poitrine par ses propres muscles, ce qui rend les mouvemens de cette partie très libres, mais l'expose à des écarts fréquens.

Le bras se lie à l'épaule au moyen d'une articulation par genou, qui lui permet des mouvemens libres en tous sens.

Le coude lie l'avant-bras au bras par une charnière renforcée de trois forts ligamens, dont les mouvemens se bornent à la flexion et à l'extension. L'apophyse *olécrâne*, qui forme la pointe du coude, limite le mouvement d'extension de l'avant-bras sur le bras.

L'articulation du genou, qui lie l'avant-bras au canon, est composée de six petits os placés en deux rangées, avec un septième hors de rang, situé par derrière, et connu sous le nom d'*os crochu*. Tous ces os sont liés entre eux, ainsi qu'avec ceux de l'avant-bras et du canon, par des ligamens

forts et nombreux qui ne permettent que les mouvemens de
flexion en arrière et d'extension en avant.

Le canon s'articule en charnière avec le paturon : cette
articulation se nomme le *boulet*; elle est sujette aux efforts et
à des engorgemens connus sous le nom de *loupes*.

Enfin, l'os de la couronne est lié au précédent et à ceux
du pied, par des ligamens qui lui laissent peu de mouvemens, et sont sujets à être tiraillés par des efforts sur cette
partie.

La cuisse s'articule par genou avec l'os de la hanche, au
moyen de la grosse tête du fémur, qui est reçue dans la cavité cotyloïde. Cette articulation, solidement raffermie par
des ligamens, jouit de mouvemens libres et variés en tous
sens.

Le grasset unit la jambe à la cuisse par une articulation
très compliquée, à laquelle concourent le fémur, le tibia,
la rotule, ainsi que les ligamens forts et nombreux. Les
mouvemens de cette articulation sont bornés à la flexion et
à l'extension : les coups sur la rotule sont souvent suivis de
suites graves.

Le jarret se compose, comme le genou, de plusieurs petits os fortement liés entre eux et avec les os voisins par des
ligamens forts et nombreux; il unit le bas de la jambe avec
le canon par une charnière très compliquée, qui permet les
mêmes mouvemens que le genou, en sens inverse. On ne
saurait apporter, dans le choix d'un cheval, trop d'attention à cette partie, dont l'intégrité influe beaucoup sur la
bonté de l'animal; elle est souvent le siége de courbes, vessigons, capelets, éparvins, et de plusieurs autres affections
locales.

De la Myologie.

La *myologie* a pour objet la connaissance des organes actifs de la locomotion.

Les *muscles* sont des masses charnues, fibreuses, élastiques, susceptibles d'alongement et de raccourcissement,
couchées les unes auprès des autres autour de la charpente
osseuse, très différentes de forme ainsi que de volume. Leur
principal usage est d'imprimer le mouvement aux os : pour
cela, ils ont un point fixe attaché à la partie qui doit leur
servir de point d'appui, et un point mobile attaché à celle
qu'ils doivent mettre en mouvement. Ils se terminent par
un prolongement blanchâtre d'un tissu très compacte et très

fort, qui prend le nom de *tendon* (improprement *nerf*);
quand il s'alonge en manière de corde, et d'*aponévrose*
quand il s'épanouit en une sorte de membrane large et
mince. Des muscles pleins et forts, des tendons gros et serrés, sont la principale source de la vigueur d'un animal.
Les lésions de la substance charnue des muscles sont généralement peu dangereuses; mais celles des tendons sont
toujours graves.

Les muscles reçoivent différens noms d'après leur position
et leurs usages. On nomme *sous-cutanés*, ceux qui se trouvent
immédiatement sous la peau et servent à lui imprimer le
mouvement dont il a été parlé ci-dessus; *intercostaux*, ceux
qui sont situés entre les bords des côtes; *congénères*, ceux
qui agissent dans le même sens; *antagonistes*, ceux qui agissent en sens inverse; *simples*, ceux qui forment une masse
continue; *composés*, ceux qui sont interrompus par des portions tendineuses; *fléchisseurs* ou *extenseurs*; *abducteurs* ou
adducteurs; *releveurs* ou *abaisseurs*; *dilatateurs* ou *constric-
teurs*, ceux qui sont chargés de fléchir ou de tendre, d'é-
carter ou de ramener, d'élever ou d'abaisser, de dilater ou
de resserrer, etc., etc.

Les propriétés des muscles se distinguent en physiques et
en vitales : la plus remarquable, la plus importante, celle
qui établit le caractère essentiel de l'organe, est la faculté
contractile dont il jouit. Cette contraction s'exécute avec
promptitude, énergie, et devient ainsi la cause déterminante
des mouvemens qui ont lieu dans le corps de l'animal; elle
n'est pour ainsi dire que momentanée, ne dure, ne se soutient que pendant un tems très court; elle est suivie d'un
relâchement d'autant plus grand, qu'elle a été elle-même
plus forte et plus prolongée. Cet état de relâchement, nécessaire, indispensable pour la réparation des forces épui-
sées, laisse au muscle la liberté de s'alonger; tandis que la
contraction en produit le raccourcissement et déplace les
parties les moins résistantes auxquelles il est attaché.

Les muscles sont si nombreux, qu'il serait impossible de
les faire connaître ici en particulier, sans dépasser les bornes
de ce chapitre. Nous nous contenterons de les considérer
d'une manière générale dans les principales régions du corps
du cheval, en renvoyant le lecteur, pour la plupart de chacun d'eux, à la planche iv de cet ouvrage.

4

Les *muscles sous-cutanés*, au nombre de trois, constituent des expansions membraniformes, qui adhèrent fortement à la peau, et agissent sur elle d'une manière plus ou moins spéciale. Le *sous-cutané du thorax* (panicule charnu) fait trémousser la peau, la débarrasse des insectes qui l'incommodent ; il concourt à augmenter la force des muscles, sur lesquels il exerce une pression un peu forte. Le *sous-cutané de l'encolure* (le peaucier) soutient et augmente l'action des muscles qu'il enveloppe. Enfin, le *sous-cutané de la face* agit sur la peau des joues et du chanfrein, mais plus particulièrement sur la commissure des lèvres, à la coloration de laquelle il contribue.

Les *muscles de l'encolure* sont nombreux. Ceux qui sont placés entre chaque vertèbre sont nommés intervertébraux. Ils sont courts, fixent les vertèbres entr'elles, afin qu'elles deviennent des points d'appui solides pour les mouvemens de la tête et des membres, et les font mouvoir les unes sur les autres. L'atloïdo-mastoïdien et l'axoïdo-atloïdien remplacent les intervertébraux entre la tête et la première vertèbre, ainsi qu'entre celle-ci et la seconde (*pl.* iv, 17, 18). Les muscles qui recouvrent les précédens sont plus longs, disposés par couches successives, et composent de chaque côté de l'encolure une masse charnue, épaisse, qui produit des mouvemens étendus très variés, et se trouve séparée de la masse opposée, par le ligament cervical. Ce ligament jaune, élastique et formé de deux portions symétriques, constitue une grande cloison longitudinale qui s'étend dans le plan médian du cou, depuis le garrot jusqu'à la tête, et contribue spécialement au soutien de la tête et de l'encolure. Ces muscles déterminent les divers mouvemens d'élévation, d'abaissement et de flexion latérale. Ceux qui concourent à élever la tête et l'encolure, sont les mêmes que ceux qui les portent d'un côté ou de l'autre, excepté qu'ils agissent d'une manière congénère dans le premier cas, et qu'ils sont antagonistes dans le second (16, 19, 20). Les abaisseurs sont peu nombreux ; ils partent du sternum et des côtes pour se porter à la tête. Peu d'entre eux peuvent être vus sur l'écorché (22, 23). L'encolure offre à ses parties latérales, entre les releveurs et les abaisseurs, un muscle remarquable, le *mastoïdo huméral* (21). Il s'attache, d'une part, au temporal et à chacune des premières vertèbres de l'encolure, et d'autre part à l'humérus. Il a la double fonction de porter le membre en avant, quand son origine est à la tête et aux vertèbres, et de diriger l'encolure et la tête d'un côté ou de l'autre, lorsque, le membre posant par terre, le point fixe du muscle est au bras. Il en est d'autres qui servent aussi à fixer le membre au thorax et à lui faire exécuter quelques mouvemens (24, 25, 26).

Les *muscles du dos et des reins* se distinguent en ceux de la région spinale et ceux de la région sous-lombaire. Les premiers sont superposés et composent deux séries; les uns disposés en travers ou obliquement, s'insèrent à l'épaule ou au bras, et forment une première couche essentiellement aponévrotique. Au-dessous de cette couche se trouve un second ordre de muscles longitudinaux, spécialement préposés à l'exécution des mouvemens du dos et des lombes. Le principal de ces muscles est *l'ilio-spinal*. Très long, très tendineux, gros, épais, c'est un des plus forts et des plus composés du corps; il occupe l'espace triangulaire qui se trouve sur le côté de l'épine dorsale, se propage depuis la crête de l'ilium, sur les lombes, le dos, jusqu'aux dernières vertèbres de l'encolure. Ce muscle dont l'action énergique est en raison de sa masse et de ses attaches, plie le dos et les lombes en plusieurs sens; il élève le devant du corps sur le derrière, ou celui-ci sur le devant; ses usages sont si variés et si étendus, qu'il peut être considéré comme l'agent central de la progression. Toutes les fois que l'animal veut exécuter un grand mouvement pour projeter le corps, soit en avant, soit en arrière, la force musculaire se concentre dans le rachis; le muscle ilio-spinal prend des points d'appui convenables, se contracte avec efficacité, donne au rachis l'attitude nécessaire, favorise et soutient ainsi la contraction des autres puissances dont l'action combinée produit le déplacement suscité par sa volonté; on ne peut voir ce muscle sur l'écorché, parce qu'il est caché par l'aponévrose du *dorso huméral* (29). Les *muscles de la région sous-lombaire* diffèrent, tant par leur position, leur forme et leur grandeur, que par leurs usages : les uns fléchissent la cuisse sur le bassin, et concourent à maintenir le corps élevé sur les membres postérieurs; les autres tirent le bassin en haut et en avant, ou contribuent à plier de côté la région lombaire. Le *sous-lomboïlial (psoas des lombes)* est l'antagoniste de *l'ilio spinal*.

Les *muscles du thorax et de l'abdomen* concourent particulièrement à la formation et aux mouvemens des parois de ces cavités. Ceux de la *région sterno-costale du thorax*, déterminent les formes particulières de l'ars, s'insèrent au membre antérieur (29, 30, 31), lui font exécuter divers mouvemens, et contribuent à le fixer au thorax. La *région costale* est occupée par une série de muscles différens entre eux par leur forme, leur disposition, et surtout par leur usage ; les uns concourent à former les parois de la cavité thoracique ; le plus considérable, le costo sous-scapulaire (grand dentelé) (27) fixe le membre au thorax ; tous contribuent au mouvement des côtes, et plusieurs servent à l'inspiration. Parmi eux se remarquent les intercostaux (33) ; placés entre les côtes, ils les portent en avant et en haut lorsque leur effet commence à la première vraie côte ; ils les dirigent dans un sens inverse lorsque leur contraction a son origine à la première fausse côte. La *région diaphragmatique* est formée par un muscle impair et aplati (le diaphragme). Celui-ci forme une grande cloison qui sépare la cavité thoracique de l'abdomen, et offre deux parties ; l'une centrale aponévrotique, connue plus généralement sous le nom de *centre nerveux* du diaphragme ; l'autre charnue, située à la circonférence, est fixée au corps des vertèbres lombaires, au cercle cartilagineux des côtes et au sternum. Sa face antérieure est tapissée par la plèvre et supporte la base des poumons. Sa face postérieure est tapissée par le péritoine, pose contre l'estomac, l'intestin, le foie, l'épiploon et la rate. Cette cloison musculeuse présente trois ouvertures principales qui donnent passage à la veine cave postérieure, à l'œsophage et à l'aorte postérieure. La *région abdominale* comprend quatre grands muscles qui, par leur étendue et leur position respective, composent les parois inférieures de l'abdomen, dont ils augmentent ou diminuent la capacité, suivant qu'ils se contractent ou qu'ils se relâchent. Les seuls visibles dans l'écorché, sont le *grand oblique* (34) et *le petit oblique* (35).

Les *muscles de la tête* sont nombreux ; les principaux sont ceux des oreilles, des yeux, des paupières, des lèvres, des mâchoires et de l'intérieur de la bouche. Ceux qui peuvent être vus sur l'écorché sont : (5, 6, 7, 8, 9, 10). Les lèvres et la langue ont chacun un muscle particulier qui a leur forme et qui détermine leurs mouvemens sur elles-mêmes. Ceux des lèvres existent autour des os des mâchoires et forment, sur les côtés, la partie bombée des joues. Le muscle *labial* de la mâchoire inférieure constitue la houpe du menton (5).

Les muscles de la mâchoire sont courts et tendineux : deux d'entre eux sont apparens sur l'écorché, le zygomato maxillaire (masseter) (11), qui forme la partie aplatie des joues ; le temporo maxillaire (crotaphite) (2), qui remplit la fosse temporale et répond à la partie antérieure et arrondie du front.

Les *muscles du bassin* comprennent deux régions : la *coccygienne* et la *périnéale*. Les *muscles coccygiens* concourent à la formation de la queue, et lui font exécuter des mouvemens très étendus et en tout sens. Ce sont le sacro coccygien supérieur, le sacro-coccygien inférieur, le sacro coccygien latéral et l'ischio coccygien. Le premier élève directement la queue ou la porte en haut et de côté, suivant qu'il se contracte simultanément avec son congénère ou indépendamment de lui ; le second est l'antagoniste du précédent ; le troisième coopère aux mouvemens latéraux de la queue, et contribue spécialement à l'élévation de cette partie ; enfin le quatrième abaisse la queue et la rapproche de l'anus. La *région périnéale* comprend les muscles de l'anus et des organes génitaux, dans la description desquels nous ne pouvons entrer.

Les *muscles des membres postérieurs* se distinguent en ceux de la croupe, ceux de la cuisse, ceux de la jambe et ceux du pied. Les *muscles de la croupe*, au nombre de trois, composent une masse d'un volume considérable, qui occupe toute la surface externe de l'ilium, et détermine les formes particulières de la croupe. *Le moyen ilio trochantérien* (37), contribue à l'extension de la cuisse ; *le grand ilio trochantérien* (38), étend la cuisse ; produit le port en arrière de tout le membre, et détermine la ruade, ou il concourt à élever le tronc sur les membres postérieurs et aide l'animal à se cabrer, suivant que son point fixe est antérieur ou postérieur. *Le petit ilio trochantérien* est le congénère des précédens.

Les *muscles de la région antérieure ou rotulienne de la cuisse* sont au nombre de 4. L'un d'eux (l'ilio aponévrotique) essentiellement aponévrotique et le plus extérieur, compose une vaste enveloppe, qui descend jusqu'à la jambe et à la pointe du jarret. Les autres, unis ensemble, constituent une grosse masse charnue, fixée sur toute la surface antérieure du fémur (41, 42, 43). *La région postérieure ou poplitée de la cuisse* est occupée par quatre muscles, dont trois volumineux (38, 39, 40), alongés, formant une masse considérable qui provient de l'angle de la fesse, descend jusqu'à la jambe, dont elle entoure environ la moitié supérieure. Les principaux sont les extenseurs du jarret (46, 47). *Les muscles de la région interne ou sous pelvienne de la cuisse* sont disposés par couches. Les plus grands s'insèrent à la jambe; les petits sont situés autour de l'articulation coxo fémorale. Le seul visible sur l'écorché est le sous-pubio tibial (44).

Les muscles de la jambe sont au nombre de neuf, savoir : trois à la région antérieure ou prétibial, et six à la région postérieure ou calcanienne. Les premiers sont recouverts par une sorte de gaine qui les maintient en place et rend leur contraction plus énergique; deux d'entre eux s'insèrent au pied, dont ils produisent l'extension (51, 52); le troisième se termine aux os du canon et produit la flexion de cette région (45). Parmi les derniers, trois s'attachent à l'extrémité supérieure du calcanéum, et fournissent la corde tendineuse du jarret (ce sont le bifémoro calcanien (46), le péronéo calcanien (47), et le fémoro tibial oblique). Trois autres descendent jusqu'au pied, où ils se terminent et qu'ils fléchissent, (ce sont le tibio phalangien (50), le péronéo phalangien (48), et le fémoro phalangien (51).

La surface antérieure du pied postérieur considérée depuis le jarret jusqu'à terre, est occupée principalement par les tendons qui proviennent des muscles situés à la face prétibiale, et s'insèrent soit aux os du canon soit à ceux de la région digitée; elle ne comprend qu'un petit muscle, *le tarso préphalangien grêle. La région postérieure* présente deux ordres de parties musculaires, parfaitement distinctes; le premier se compose de trois forts tendons superposés, dont les deux premiers sont des dépendances des muscles fléchisseurs du pied; le deuxième forme le *ligament* ou *muscle suspenseur du boulet* (53). Dans le second ordre, on range les *quatre petits muscles lombricaux.*

Les *muscles des membres antérieurs* sont presque tous extenseurs et fléchisseurs, puisque, à l'exception du mouvement de rotation ou demi-circonduction de l'articulation par genou du scapulum avec l'humérus, toutes les autres jointures sont réunies par des charnières. Les muscles de l'épaule recouvrent les faces externe et interne du scapulum; ils communiquent le mouvement au bras et à l'avant-bras. Ceux qui vont au bras remplissent les deux fosses que sépare l'accromion, et produisent l'extension et la flexion (55,56). Parmi eux, le *grand scapulo huméral et le petit scapulo huméral* (54, 57), déterminent des mouvemens légers de rotation du bras sur l'épaule. Les autres muscles de l'épaule qui vont à l'avant-bras occupent le bord postérieur du scapulum, remplissent l'angle articulaire de ces os avec l'humérus, et se terminent à l'olécrane ; ils sont extenseurs de l'avant bras (58, 59, 60). Leur antagoniste principal est *le coraco cubital.* C'est lui surtout qui donne de la solidité à l'articulation de l'épaule avec le bras.

Les muscles *du bras et de l'avant-bras* se confondent, parce que la plupart d'entre eux prennent leur origine au bras, près de l'avant-bras qu'ils entourent. Généralement musculeux dans leur partie supérieure, ils deviennent tandineux depuis le genou jusqu'au bas de l'extrémité, où ils vont déterminer les mouvemens que les articulations y permettent. Leur action se porte d'abord sur le canon ; ils le fléchissent (61, 62, 63), ou l'étendent (65, 66).

Les *extenseurs et fléchisseurs du pied* apparaissent sur l'avant-bras, près de ceux du canon : ils sont au nombre de quatre. Les deux fléchisseurs sont : 1º le sublime ou perforé (66), qui de la face interne de l'humérus, descend derrière le cubitus, devient tout-à-fait tendineux au genou, passe dans la coulisse de l'os crochu, continue son trajet entre les péronés, le long du canon, passe par dessus les sesamoïdes, et se termine à l'os de la couronne. 2º Le *profond ou perforant* (67), qui du pourtour de l'olécrane, descend vers le genou, pénètre au milieu du perforé, le quitte à la couronne et va, en s'applatissant, se fixer à la face plantaire de l'os du pied, en glissant sur l'os naviculaire. *Le suspenseur du boulet* (70), est situé derrière les os du canon et du paturon, dont il empêche le rapprochement de terre. Les *extenseurs du pied* (68, 69), au nombre de deux, ont leur origine autour de l'articulation de l'humérus et du cubitus. Ils se portent en avant du genou, sur lequel leurs tendons sont maintenus par des bandes ligamenteuses. Ils descendent de là sur le canon ; l'un va se fixer au premier phalangien, et l'autre à la face antérieure de l'os du pied.

Organes de la digestion.

Ces organes, fort nombreux, très complexes et contenus en grande partie dans la cavité abdominale, sont la bouche, le pharynx, l'œsophage, l'estomac, l'intestin, le mésentère, le foie, le pancréas, la rate, l'épiploon. Plusieurs creux et continus, les uns à la suite des autres, composent un long canal nomme *conduit alimentaire*, et qui se prolonge depuis l'ouverture de la bouche jusqu'à l'anus. Les autres organes, que l'on peut considérer comme des annexes de ce conduit, coopèrent de différentes manières à la digestion ; l'office de la plus grande partie consiste à sécréter des humeurs qui, en pénétrant les substances alimentaires, servent à les fluidifier, à les animaliser.

La bouche est cette cavité comprise entre le bord des lèvres et la première vertèbre du cou. On la divise en bouche proprement dite, et en arrière-bouche ; ces deux cavités sont séparées par le voile du palais. La bouche antérieure renferme la langue, les gencives et les dents, les barres, les conduits excréteurs des glandes salivaires et le palais : on remarque au fond de l'arrière-bouche, l'ouverture du larynx et du pharynx. Tout l'intérieur de la bouche est tapissé par la membrane muqueuse, qui, du bord interne des lèvres, se propage et s'étend dans toutes les cavités digestives.

La langue est un corps charnu formé de fibres musculaires enveloppées dans plusieurs membranes, et parsemé d'une grande quantité de houppes nerveuses, logé entre les branches de la mâchoire inférieure, et attaché par sa base à l'os hyoïde. Elle est le principal organe du goût, et sert soit à humer les liquides, soit à rassembler les alimens pendant la mastification, et à les pousser dans le gosier ; elle est mue par plusieurs muscles, et jouit d'une grande sensibilité.

Les gencives sont un prolongement de la membrane muqueuse de la bouche, qui recouvre les arcades dentaires dans toute leur étendue. Les joues sont formées par des muscles recouverts de la même membrane ; elles forment les parois latérales de la bouche, et aident la mastication. Les parois supérieures de la bouche forment la région palatine ; il descend du sommet de cette voûte sur les côtés de la bouche un repli membraneux, flasque et épais, qui sépare la bouche antérieure de l'arrière-bouche ; c'est le *voile du palais*.

Les *glandes salivaires* sont au nombre de trois de chaque côté, savoir : la maxillaire, la sous-linguale et la parotide : cette dernière, la plus volumineuse des trois, se remarque de chaque côté de la jonction de la tête avec le cou ; elle s'étend depuis la base de l'oreille jusqu'au niveau du larynx, et fournit un long canal excréteur, qui s'ouvre dans la bouche au niveau de la troisième dent molaire supérieure. Ces glandes sont destinées à la sécrétion de la salive, humeur qui pénètre les alimens, les ramollit, leur imprime les premiers caractères d'animalisation, et les dispose à l'acte important de la digestion.

Le *pharynx* ou arrière-bouche, est une cavité très irrégulière, située sous le crâne, à la suite de la bouche, dont elle n'est séparée que par le voile du palais. Il forme une excavation infundibuliforme, qui sert en quelque sorte de vestibule, dans lequel aboutissent les conduits gutturaux de la cavité tympanique, l'ouverture commune des deux cavités nasales, celle du larynx, celle de l'œsophage. Sa composition résulte de la superposition de deux couches membraneuses, l'une charnue l'autre muqueuse. Par sa mobilité, il aide la déglutition.

L'œsophage est un long canal qui se continue depuis le pharynx jusqu'à l'estomac. Il passe derrière la trachée, puis dans la cavité de la poitrine et à travers le diaphragme. Il transmet les alimens du pharynx dans l'estomac.

Les organes de la digestion, contenus dans l'abdomen, composent la majeure partie de l'appareil digestif.

L'abdomen ou ventre est cette vaste cavité circonscrite par le diaphragme, les fausses côtes, les vertèbres lombaires, les os des hanches et les muscles du bas-ventre. On le divise en quatre régions principales, savoir: une région antérieure ou diaphragmatique; une région postérieure ou pelvienne; une région supérieure ou sous-lombaire, s'étendant du point d'insertion de l'œsophage dans le diaphragme jusqu'au commencement du bassin; enfin une région inférieure, qui comprend toutes les parois inférieures de l'abdomen, et se subdivise à son tour en plusieurs autres régions.

Le ventre renferme, entre autres parties essentielles, le péritoine, l'appareil digestif, l'appareil urinaire et l'appareil génital.

Le péritoine est une membrane mince, séreuse, qui tapisse tout l'intérieur de la cavité et forme un grand nombre de replis, dans lesquels les viscères sont enveloppés et suspendus.

L'estomac ou ventricule fait suite à l'œsophage; c'est un sac à la fois musculeux et membraneux, de forme un peu

alongée , et placé presque horizontalement dans la région
antérieure du bas-ventre près du diaphragme ; on y considère une partie antérieure concave appelée *la petite cour-*
bure, une partie postérieure arrondie appelée *grande cour-*
bure, et deux parties latérales ou *culs-de-sac*, dont le plus
vaste est à gauche ; enfin deux ouvertures, l'une d'entrée,
appelée *orifice cardiaque*, et l'autre de sortie appelée *pylore*,
situées toutes deux dans la petite courbure.

L'orifice cardiaque forme le point d'insertion de l'œsophage dans l'estomac. Il présente chez le cheval une disposition fort remarquable, c'est un bourrelet circulaire de fibres charnues qui le tient fermé de bas en haut , de telle
sorte que les matières contenues dans l'estomac ne pouvant
remonter dans l'œsophage, le vomissement est impossible ,
à moins de circonstances toutes particulières et fort rares.

Le pylore est une espèce d'entonnoir, qui se termine par
un tuyau d'une longueur prodigieuse pelotonné en tous sens
sur lui-même, et qui forme les intestins ou boyaux (1).

Quoique les intestins soient d'une seule pièce, on nomme
intestins grêles la première partie de ce conduit, et *gros in-*
testins la portion qui aboutit à l'anus ; la première partie se
subdivise en plusieurs autres qui reçoivent des noms particuliers. On nomme *mésentère* l'ensemble des expansions
ligamenteuses de la membrane péritonéale , qui suspendent
et soutiennent les intestins.

L'estomac et les intestins sont composés de plusieurs membranes superposées, dont la plus interne a une apparence veloutée, et renferme diverses humeurs, dont les unes concourent à l'élaboration des alimens , et les autres servent à
lubréfier les parties, afin de les maintenir dans l'état de souplesse nécessaire. On y trouve aussi beaucoup de glandes,
de nerfs , de vaisseaux sanguins, et de lymphatiques.

Le foie est un viscère glanduleux appliqué contre le diaphragme en avant de l'estomac et un peu à droite, d'une
substance parenchymateuse abreuvée d'une quantité de

----

(1) La longueur totale de l'intestin est évaluée de dix-huit à dix-neuf fois
la hauteur de l'animal , prise du garrot à terre ; son diamètre est loin d'être
uniforme , il présente par fois des renflemens considérables ou des resserre-
mens cylindriques et étroits. D'ailleurs son ampleur générale varie selon le
genre de nourriture et les dispositions naturelles du sujet : on voit des animaux *étroits* ou *larges* de boyaux.

sang veineux, et traversé par un grand nombre de vaisseaux de divers calibres et usages. Les fonctions du foie sont de recevoir le sang de la veine-porte pour en extraire la bile, qui est ensuite versée dans la portion de l'intestin appelée *duodénum*.

Auprès du foie se trouvent le pancréas et la rate: le premier de ces deux corps est une glande de forme alongée, qui sécrète et verse dans l'intestin une humeur analogue à la salive et connue sous le nom de *suc pancréatique* : les usages de la rate ne sont pas encore bien connus. On donne le nom d'*épiploon* à des prolongemens membraneux et graisseux du péritoine qui viennent se replier autour des parties ci-dessus décrites et les lient ensemble.

La digestion.

Cette fonction se compose de l'ensemble des phénomènes au moyen desquels les alimens introduits dans l'organe digestif y subissent une série d'élaborations successives, qui les décomposent au point de les assimiler à la nature animale et de les rendre propres à réparer les pertes continuelles qu'éprouve l'économie. Les principaux actes dont elle se compose sont, la mastication et l'insalivation, la déglutition, la digestion proprement dite et l'excrétion.

Le premier travail de la digestion se fait dans la bouche. Les alimens broyés par les dents sont convertis, à l'aide de la salive dont ils s'imbibent, en une sorte de pelote qui est poussée par la langue dans l'arrière-bouche, franchit le pharinx en même tems que sa présence force le conduit aérien à se fermer afin qu'elle n'y tombe pas, et arrive dans l'estomac par l'œsophage. Jusque-là le bol alimentaire n'a subi aucune décomposition ; mais, arrivé dans l'estomac, où il se mêle avec le suc gastrique, il subit une sorte de coction qui le divise et le convertit en une bouillie molle qui prend le nom de *chyme*. A mesure que le phénomène s'opère, cette matière est poussée vers le pylore et finit par sortir de l'estomac.

Arrivé dans la première portion de l'intestin, et toujours poussé en avant par l'action intestinale, le chyme se mêle avec la bile et le suc pancréatique, devient plus liquide, plus homogène, s'animalise de plus en plus, et passe à l'état de *chyle*. A mesure que celui-ci avance dans l'intestin,

la partie la plus fluide , pompée par les *pores* absorbans, subit encore plusieurs changemens successifs , fournit à la réparation de toutes les autres humeurs, et finit par se confondre tout-à-fait avec elles. Tandis que la portion fibreuse
des alimens, totalement épuisée des principes nutritifs et
n'ayant pu être convertie en chyle , est poussée dans le gros
intestin, où sa présence ne tarde pas à produire un sentiment de gêne qui le force à se contracter pour l'expulser.

Les divers phénomènes qui se passent pendant l'acte de la
digestion sont sollicités et favorisés tant par la chaleur animale, que la pression ondulatoire que les parois intestinales
exercent sur leur contenu.

Le travail de la digestion est d'autant plus facile qu'il
s'exerce sur une moindre masse d'alimens; que ceux-ci contiennent plus de principes solubles; qu'ils ont été mieux
broyés et pénétrés de salive dans la bouche; que l'estomac
se trouvait mieux disposé par le sentiment de l'appétit : enfin, qu'aucune cause étrangère n'est venue troubler et déranger l'appareil digestif dans ses fonctions.

C'est pourquoi il convient de ne pas surcharger l'estomac,
de préférer autant que possible les alimens qui contiennent
le plus de principes nutritifs sous un moindre volume; d'é-
viter surtout ceux qui sont de nature à se gonfler dans l'estomac ; d'approprier autant que possible le choix des alimens à l'état des voies digestives, nourrissant de préférence
au foin les chevaux étroits de boyaux , et à la paille ceux qui
présentent la disposition contraire; de ne pas inquiéter ni
tourmenter les chevaux pendant qu'ils mangent ; de ne pas
les faire travailler ni les faire exposer au froid immédiatement après avoir mangé , etc.

Lorsqu'une trop grande quantité d'alimens arrive à la fois
dans l'estomac, ils ne peuvent se pénétrer suffisamment des
sucs digestifs ni être convenablement élaborés, et ils passent en grande partie dans le gros intestin sans avoir été di-
gérés : l'estomac, de son côté, distendu outre mesure, ne
conserve pas la force nécessaire à leur expulsion; il ne s'en
débarrasse qu'avec la plus grande peine. acquiert un volume
énorme qui, comprimant tous les viscères voisins , refoule
le diaphragme au point de gêner plus ou moins la respiration,
fait refluer le sang vers la tête ou le cœur, en comprimant
les vaisseaux sanguins; et comme il ne peut se débarrasser

par le vomissement, ses parois courent risque de se rompre, accident surtout à craindre quand les alimens avalés sont de nature à se gonfler considérablement.

Organes de la respiration.

Les organes de la respiration composent un long conduit, dans lequel s'introduit l'air, qui en est expulsé après avoir subi diverses altérations. Ils composent un appareil qui comprend les *cavités nasales*, le *larynx*, la *trachée*, les *bronches*; enfin, les *poumons*, principaux agens de la fonction, renfermés dans la poitrine et séparés l'un de l'autre par le médiastin. La poitrine, deuxième cavité splanchnique et la moyenne en grandeur, est formée par les vraies côtes, les vertèbres dorsales et le sternum; elle renferme la plèvre, le médiastin, les bronches, le poumon, le péricarde et le cœur.

La plèvre est une membrane séreuse qui, après avoir tapissé l'intérieur de la poitrine, vient se replier entre les deux lobes du poumon et former cette cloison membraneuse nommée *médiastin*, qui partage pour ainsi dire en deux la cavité thoracique.

Les cavités nasales sont des cavités spacieuses, très anfractueuses, qui recèlent l'air que respire l'animal, servent au goût et concourent à la perfection de la voix. Elles forment de chaque côté deux parties distinctes, la narine et les sinus. La narine d'un côté est séparée de celle du côté opposé par une cloison cartilagineuse médiane; elle communique au dehors par une ouverture qui constitue l'*entrée du naseau*, postérieurement dans la cavité gutturale, et latéralement avec les sinus. Ces derniers résultent de l'écartement des lames de certains os de la tête; ils communiquent avec les narines, et recèlent une partie de l'air qui sert à la respiration.

Le *larynx*, situé dans l'arrière-bouche, forme l'extrémité supérieure du grand canal aérien. Il résulte de l'assemblage de cinq cartilages articulés entr'eux, de manière à former une ouverture oblongue, mobile, et appelée la glotte, il sert à la production de la voix.

La *trachée artère* est le conduit intermédiaire entre le larynx et les bronches; c'est un grand canal ferme, dur, flexible, formé d'une série de cerceaux cartilagineux. Il s'étend

le long de la face inférieure de l'encolure, se continue anté-
rieurement avec le larynx, et se termine dans la poitrine,
en formant deux grandes divisions d'où résultent les bronches.

Les bronches sont deux conduits aériens résultant de la bi-
furcation de la trachée artère à son entrée dans la poitrine.
Elles se subdivisent elles-mêmes en une infinité de ramifications dans l'intérieur du poumon.

Le poumon est un corps très spongieux, léger, élastique,
d'un rouge pâle, enveloppé de toutes parts par la plèvre et
partagé en deux par le médiastin, suspendu par les bronches
dans la cavité de la poitrine qu'il remplit en entier. On remarque dans son intérieur une multitude de vaisseaux aériens provenant des ramifications des bronches, et deux ordres de vaisseaux sanguins dont les plus importans, nommés *vaisseaux pulmonaires*, font passer dans les poumons
toute la masse du sang, ainsi qu'on le verra bientôt.

Les poumons et leur dépendance composent l'organe de
la respiration, de cette double action par laquelle l'air est alternativement reçu dans la poitrine, et chassé au dehors,
après y avoir subi certaines modifications. Le mécanisme de
cette fonction peut être comparé au jeu d'un soufflet, et
se partage en deux tems, un d'*inspiration*, l'autre d'*expiration*.

Dans l'inspiration, les parois de la poitrine, dilatées par
l'action simultanée du diaphragme et des muscles inspira-
teurs, permettent au poumon de se développer à son tour
pour recevoir l'air, qui, s'introduisant dans le larynx par les
fosses nasales et l'arrière-bouche, traverse la trachée-artère,
les bronches, se répand jusque dans leurs dernières ramuscules, et pénètre ainsi toute la substance du poumon. Se
trouvant alors en contact avec le sang apporté par les vaisseaux pulmonaires, il est décomposé ainsi qu'on le verra
quand il sera question de la circulation, et devient bientôt
un corps étranger d'autant plus incommode, que l'accroissement de température qu'il acquiert pendant le trajet qu'il
parcourt, le dilate au point de ne pouvoir plus être contenu
dans les cellules pulmonaires.

C'est alors que le second tems, celui d'expiration a lieu ;
les mêmes agens qui ont occasioné la dilatation du thorax,
réagissent en sens contraire : les parois de cette cavité se res-

serrent sur le poumon, le pressent, et en expriment l'air,
qui est bientôt remplacé de nouveau par celui du dehors.
Cette action alternative de dilatation et de resserrement se
continue sans interruption depuis le moment de la naissance
jusqu'à la mort.

La respiration se fait ordinairement d'une manière uniforme, régulière et peu prononcée; mais dès qu'une cause
accidentelle, telle qu'un exercice rapide ou une disposition
maladive vient déranger l'ordre de la nature, les mouvemens
deviennent plus précipités, plus grands, plus prolongés, et
interrompus le plus souvent par des intervalles inégaux.

Organes de la circulation.

L'appareil de la circulation se compose du cœur enveloppé
dans son péricarde, des artères, des veines, et des lymphatiques.

Le péricarde est une poche membraneuse, séreuse, qui
tient le cœur suspendu un peu obliquement entre les feuillets du médiastin, de manière que sa base correspond à peu
près à la cinq ou sixième vertèbre du dos, dont elle se
trouve peu éloignée, et la pointe, à la jonction des dernières côtes avec le sternum; il est maintenu dans cette position par des replis membraneux qui s'attachent soit au diaphragme, soit au sternum.

Le cœur est considéré comme un muscle creux, d'une texture très serrée; il est partagé en quatre cavités inégales,
portant les noms d'*oreillettes* et de *ventricules*, et disposées
de manière que l'oreillette droite corresponde avec le ventricule droit, et de même pour les cavités de l'autre
côté.

Les artères et les veines sont les vaisseaux chargés de la
circulation du sang; les premières le reçoivent à sa sortie des
ventricules pour le distribuer dans toute l'économie animale; les secondes le prennent dans les dernières ramifications des artères, pour le rapporter au cœur par les oreillettes.

Les artères sont au nombre de deux principales, l'artère
pulmonaire et l'aorte; la première prend naissance au ventricule droit; porte le sang au poumon et s'y termine; la seconde part du ventricule gauche et se propage dans toutes
les autres parties du corps. Ces deux troncs primitifs se par-

tagent, chemin faisant, en plusieurs branches principales qui se divisent et se subdivisent à leur tour en une infinité de rameaux et de ramuscules, dont les extrémités capillaires s'abouchent avec celles des veines, tandis que d'autres, encore plus déliées, se terminent par des pores qui ouvrent à la surface des membranes et y exhalent une vapeur aqueuse.

Les veines naissent de la circonférence par des ramuscules non moins déliées que celles qui terminent les artères, lesquelles se réunissent et se confondent les unes dans les autres pour former successivement à mesure qu'elles approchent du centre, des ramuscules, des rameaux, des branches, puis enfin des troncs principaux qui ouvrent dans les oreillettes.

L'ensemble des veines forme trois systèmes principaux : celui des veines pulmonaires, qui, correspondant aux artères de ce nom, rapportent le sang du poumon par quatre ou cinq branches qui viennent se dégorger dans l'oreillette gauche ; la veine porte, dont les ramifications nombreuses partent des divers points des organes digestifs pour venir se perdre dans la substance du foie ; enfin les veines-caves, qui versent dans l'oreillette droite, par deux troncs principaux, le sang qu'elles rapportent de toutes les autres parties du corps. Ces trois appareils veineux constituent deux ordres de vaisseaux, dont les uns accompagnent partout les artères ; et les autres moins profonds, marchent isolément et rampent à la superficie des organes, où ils forment un réseau sanguin très délié.

Les artères distribuent le sang du centre à la circonférence par un mouvement alternatif de *diastole* ou de dilatation, et de *sistole* ou contraction, mouvement dont l'existence est marquée par les pulsations ou battemens des vaisseaux en question ; elles s'enfoncent profondément dans l'épaisseur des chairs, et dans le voisinage des os, il y en a peu d'apparentes ; le sang artériel est rouge vif, écumeux. Les veines, au contraire, rapportent le sang de la circonférence au centre ; elles sont dépourvues de la faculté de se contracter, ne se dilatent que par suite de l'action mécanique du liquide qui y afflue, et n'ont, par conséquent point de battemens ; celles qui n'accompagnent pas les artères sont plus superficielles et se laissent apercevoir à travers la peau : leur calibre est plus fort que celui des artères, et leurs parois plus laches ; enfin, le sang veineux est noir et épais.

Les lymphatiques sont des vaisseaux blancs, minces, très

nombreux, contractiles, qui naissent des surfaces du corps par des ramuscules très déliées, pompent par des suçoirs presque imperceptibles une partie des fluides qui s'y répandent, suivent le trajet des veines, et se réunissent successivement de proche en proche en plusieurs faisceaux formant eux-mêmes des branches et des troncs principaux, qui viennent verser dans les grosses veines l'humidité nécessaire pour remplacer celle que le sang a perdue. Ces vaisseaux forment, par la diversité de leurs entrelacemens, des réseaux très compliqués que l'on retrouve dans toutes les parties du corps.

Telle est en peu de mots, la structure de l'appareil circulatoire, appareil dans lequel le cœur est le centre d'où partent les artères, où aboutissent les veines, vers lequel convergent les lymphatiques. Jetons maintenant un coup d'œil rapide sur le mécanisme de la circulation, de cette opération en vertu de laquelle les liquides sont tenus dans un mouvement continuel qui commence et finit avec la vie.

Le sang apporté par les veines passe des oreillettes dans les ventricules : les parois de ces cavités, sollicitées par le poids du liquide, peut-être aussi par un stimulant particulier, se contractent sur elles-mêmes, et le forcent à passer dans les artères, qui, cédant aux mêmes impulsions, se contractent à leur tour pour le pousser de proche en proche jusqu'à ce qu'il soit parvenu dans les extrémités capillaires : là, celui qui n'a pas été distrait pour fournir aux diverses sécrétions, est pompé par les ramuscules veineuses, et ramené successivement par les oreillettes pour être versé de nouveau dans le torrent de la circulation. Chaque mouvement de contraction de la part du cœur et des artères est immédiatement suivi d'un mouvement contraire qui permet l'admission d'une nouvelle quantité de sang.

Pendant le trajet que parcourt le sang, il se dépouille de divers principes qui se répandent dans l'économie animale pour être appliqués à divers usages, et devient noir et épais. Poussé alors dans l'artère pulmonaire, il se répand dans les poumons où il se trouve en contact avec l'air fourni par la respiration ; là il subit une élaboration qui lui rend ses premières propriétés, et il est rapporté en cet état par les veines pulmonaires, qui le versent dans l'oreillette gauche, d'où il passe dans le ventricule du même côté pour être lancé dans l'aorte et de là distribué dans toutes les parties du corps.

On donne le nom de *circulation capillaire* à celle qui a spécialement lieu dans les ramuscules les plus déliées des vaisseaux sanguins.

Quand la circulation éprouve quelque entrave, ou se trouve
au contraire accélérée d'une manière extraordinaire dans
une partie quelconque du corps, l'accumulation du sang
dans les capillaires de cette partie produit l'inflammation,
et l'extravasion si ces vaisseaux sont rompus. L'accumulation de la lymphe produit aussi des engorgemens d'une autre
nature.

L'activité de la circulation se mesure par le *pouls*, c'est-à-
dire par les battemens des artères. Le pouls d'un cheval
donne environ trente-cinq pulsations par minute, terme
moyen ; elles sont plus fréquentes chez le poulain et plus
rares dans la vieillesse.

Organes de la sensibilité.

Les organes de la sensibilité comprennent le cerveau, les
nerfs et les organes des sens.

Le cerveau, centre général de la faculté sensitive et origine des nerfs, est un corps de consistance pulpeuse et médullaire, logé dans la cavité du crâne ; il est partagé en deux
portions latérales ou *lobes*, et en une troisième moins volumineuse, située en arrière dans la cavité occipitale, connue
sous le nom de *cervelet*. La moëlle épinière est un prolongement de la substance du cerveau, qui, sortant du crâne par
le trou occipital, parcourt toute la longueur du canal verté-
bral, et se termine au sacrum.

On donne le nom de *méninges* aux enveloppes du cerveau;
ce sont deux membranes superposées, dont l'une externe,
plus épaisse que la seconde, est connue sous le nom de *dure-
mère* ou *méninge*, et l'autre, sous celui de *pie-mère* ou *mé-
ningine*. Ces membranes et l'organe qu'elles recouvrent sont
parsemés de vaisseaux nombreux; il arrive souvent que le
sang s'y portant avec trop de violence, le cerveau éprouve
une compression qui occasione toujours des désordres plus
ou moins graves, ainsi qu'on le remarque dans le vertige et
même dans le simple mal de tête. Les méninges, après
avoir enveloppé le cerveau dans tous ses contours, fournissent des gaînes à la moëlle alongée et aux nerfs.

Les *nerfs* sont des cordons blanchâtres, qui partent du cerveau et de la moëlle épinière ; ils s'échappent par paires au nombre de cinquante-trois ou cinquante-quatre de chaque côté, à travers les trous de la base du crâne et ceux de la colonne vertébrale, et se divisent en une infinité de branches et de ramuscules, qui portent dans toutes les parties du corps la faculté de sentir. Leur lésion est extrêmement grave et occasione fréquemment le tétanos.

Les *organes des sens* sont disposés à la surface du corps, de manière à recevoir des corps extérieurs certaines impressions, qu'ils transmettent au centre commun, le cerveau. On les divise, d'après leurs usages, en organes de la vision, de l'audition, de la taction, de l'odoration et de la gustation.

Les parties propres à l'exercice de la vision sont l'œil, organe immédiat de cette fonction, et les paupières, la conjonctive, la glande lacrymale, la caroncule lacrymale, les points, le réservoir et le canal du même nom qui en sont les accessoires. L'œil constitue une coque membraneuse, sphéroïde, attachée dans l'orbite par sept muscles, qui servent à l'exécution de ses mouvemens. Sa face antérieure présente dans le milieu une petite portion d'une sphère elliptique, transparente, nommé *la vitre de l'œil*, qui se continue en arrière avec le segment d'une autre sphère plus grande et qui concourt à former le *blanc de l'œil*, Il est formé de cinq membranes, la *sclerotique*, la *cornée*, la *choroïde*, l'*iris* et la *rétine*. Il contient trois sortes d'humeurs différentes par leur densité et destinés à faire converger les rayons lumineux et à les rassembler sur le tapis de la choroïde, de manière à ce qu'ils représentent l'image des objets dont ils emportent la conscience ; ce sont l'*humeur aqueuse*, le *corps vitré* et le *crystallin*. Les paupières se prolongent sur le bulbe de l'œil, l'essuient, le préservent d'une action trop vive de la lumière, et le garantissent de l'abord des corps capables de l'offenser. Elles sont au nombre de trois, la paupière supérieure, la paupière inférieure, et le corps clignotant. On nomme *cils* les petits crins presque toujours noirs, implantés dans le bord libre des paupières proprement dites. La *conjonctive* est la membrane qui lie ce globe avec les paupières. La *glande lacrymale* placée sous l'arcade orbitaire sécrète les larmes ; elle fournit les canaux hygrophtalmiques qui versent à la face interne de la conjonctive l'humeur qui forme les larmes, qui se répand sur le devant du bulbe de l'œil, et coule continuelle ment vers l'angle nasal, d'où elle s'échappe par les points lacrymaux ou bien au dehors. La *caroncule lacrymale* favorise le passage des larmes par les points lacrymaux. Ces derniers, ainsi que le réservoir et le canal lacrymal donnent issue aux larmes par une ouverture située dans la peau, proche de sa réunion avec la membrane nasale.

La vision est la sensation par laquelle le cheval perçoit l'image des corps qui l'environnent, par l'intermédiaire de la lumière, fluide extrêmement subtil, très élastique, qui émane du soleil ou de tout autre corps lumineux, diverge dans l'espace, et produit dans l'œil qu'elle frappe, l'idée de la couleur, de la forme et de la distance des objets d'où elle provient ou desquels elle est renvoyée, pour exciter la vision. Les rayons lumineux partent de l'objet qui fixe les regards du cheval, arrivent à la surface du globe oculaire, divergent, traversent le globe en convergeant, et parviennent dans le fond de l'intérieur de l'œil, sur le tapis de la choroïde, où ils retracent une petite image curviligne et renversée, mais parfaitement semblable à l'objet visuel ; l'impression de cette image sur la rétine est, au moyen du nerf optique, immédiatement transmise au cerveau où elle est perçue et combinée.

L'*audition* s'exerce à l'aide des oreilles, dans lesquelles on reconnaît trois parties : l'*oreille externe*, le *tympan* et le *labyrinthe*. L'*oreille externe* comprend la *conque* et le *conduit auditif*. Le *tympan* est une cavité irrégulière située dans l'épaisseur du temporal, qui communique avec l'arrière bouche et renferme une chaîne d'osselets (le marteau, l'enclume, l'os lenticulaire et l'étrier) destinés à la transmission du sang dans le labyrinthe ; ce dernier, que l'on nomme aussi l'*oreille interne*, occupe l'intérieur de la partie pétrée, et présente trois parties différentes, le *vestibule*, le *limaçon*, et les *canaux demi-circulaires*.

L'audition s'exerce par le moyen de l'air, qui transmet le mouvement vibratoire du corps depuis sa formation jusqu'à l'oreille externe. Celle-ci rassemble les rayons sonores, en augmente l'intensité et les dirige sur la membrane du tympan qui, maintenue entre deux airs est facilement ébranlée, transmet son mouvement vibratoire au manche du marteau. Ce mouvement se propage, au moyen de la chaîne d'osselets, à la membrane tympanique, et produit des vibrations qui se propagent en différens sens, ébranlent de toute part l'humeur contenue dans les cavités labyrinthiques, et titillent l'expansion pulpeuse du *nerf auditif*.

La *peau* est le principal organe du toucher, dans le cheval. Elle constitue l'enveloppe générale du corps. C'est une expansion membraneuse, d'un tissu dense et serré, souple, élastique, qui s'étend sur toute la surface du corps. Forte et épaisse dans les endroits couverts de poils longs et forts, elle est plus mince dans les environs des ouvertures naturelles, et dans les parties qui, comme le dessous du ventre et l'intérieur des cuisses, sont moins exposées à l'action des objets extérieurs.

Elle se compose de deux feuillets superposés ; le plus extérieur, connu sous le nom d'*épiderme* est très mince, coriace, dépourvu de sensibilité ; l'autre, situé en dessous du précédent, se nomme le *derme* : c'est la peau proprement dite.

La peau défend les parties qu'elle recouvre ; les mouvemens ondulatoires que lui impriment les muscles sous-cutanés, permettent aussi à l'animal de se servir de son moyen pour chasser les mouches qui l'importunent ; mais ce ne sont pas là ses seuls usages. Parsemée d'une multitude innombrable de houppes nerveuses, et criblée de pores formés par les extrémités des vaisseaux exhalans et absorbans, elle devient le siége et l'organe de trois fonctions importantes ; le tact, l'exhalation et l'absorption.

Comme organe du tact, la peau perçoit la première l'impression des objets extérieurs, et avertit l'animal de leur action. La délicatesse du tact est en raison inverse de la peau ; aussi les chevaux sont d'autant plus sensibles aux aides, qu'ils l'ont plus mince. Comme organe exhalant, elle rejette au-dehors, par la transpiration, une masse énorme d'humeurs inutiles ou nuisibles ; et cette excrétion, la plus copieuse de toutes, ne peut être dérangée sans de graves inconvéniens. D'un autre côté, les pores absorbans ayant la propriété d'aspirer les fluides avec lesquels la peau se trouve en contact, deviennent la voie par laquelle s'introduisent, dans l'économie animale, des germes nombreux de maladies, comme aussi les principes les plus subtils des substances médicamenteuses appliquées à l'extérieur.

L'impression subite du froid, l'abus des corps gras et des astringens, en obstruant ou resserrant les pores de la peau, deviennent la source de toutes les maladies que peuvent engendrer les arrêts de transpiration.

On trouve en dessous de la peau le *tissu cellullaire*, tissu lâche, spongieux, blanchâtre, plus ou moins infiltré de graisse, qui enveloppe les muscles, remplit leurs interstices, et s'insinue jusque dans les organes les plus profonds. Il devient quelquefois le siége d'infiltrations morbifiques.

Le sens de l'*odorat* paraît résider essentiellement dans les membranes de l'ethmoïde et des cornets, qui reçoivent directement du cerveau un nerf appelé *olfactif*, au moyen duquel les corps odorans, dont l'air est l'excipient, lui sont transmis. Ce sens est médiocrement développé dans le cheval.

La *langue* et le *palais* sont les principaux organes du *goût*, au moyen des nerfs disséminés en couches très fines dans les tissus exposés au contact des alimens.

Organes urinaires et génitaux.

Les reins, les uretères et la vessie composent l'appareil urinaire. Les *reins* ou *rognons* sont deux glandes couchées à côté des vertèbres lombaires en dehors du péritoine : on remarque dans leur intérieur une *cavité* ou *bassinet*, d'où partent les deux conduits nommés *uretères* pour se rendre dans la vessie. Celle-ci est une poche membraneuse et circulaire couchée dans le bassin au-dessus des os pubis, de manière que son fond est tourné vers le bas-ventre et son col vers l'anus. L'urine sécrétée dans le bassinet est transportée par les uretères dans la vessie, où elle tombe goutte à goutte et s'y amasse jusqu'à ce que les contractions de ce viscère la forcent à s'échapper par le col.

Les organes urinaires sont sujets à plusieurs maladies et renferment quelquefois des pierres plus ou moins grosses.

Les parties au moyen desquelles le cheval communique avec les jumens pour procréer un individu semblable à eux, sont dans le premier, le *membre*, les *testicules* et leurs annexes ; et dans la femelle, le *vagin*, la *matrice*, les *ovaires* et leurs annexes.

CHAPITRE III.

ÉDUCATION GÉNÉRALE ET REPRODUCTION DES CHEVAUX.

Des races et des croisemens.

Les pâturages gras fournissent des races de chevaux d'une grande taille, mais lourds et épais, chargés de tête et d'encolure, forts en épaules. Les terrains humides et marécageux ont en outre l'inconvénient d'attendrir la corne, de produire des pieds plats et combles, de grosses jambes. On doit conclure de là, et l'expérience le confirme tous les jours, que les chevaux nourris dans les pâturages secs et même arides des pays méridionaux seront petits de taille, nerveux, peu chargés de chair, pleins d'ardeur et de feu; que ceux qui sortiront d'un terrain ni trop sec ni trop gras réuniront la taille à la vigueur; enfin, que ceux des pays marécageux sont grossiers et mous.

C'est dans l'Arabie que l'on doit chercher le type et la souche des plus belles races. Les chevaux de ce pays passent à juste titre pour les plus parfaits de tous (1), et sont très recherchés pour le service des haras; aussi se paient-ils extrêmement cher. Les provinces barbaresques produisent de très bons chevaux de chasse et de manège.

L'Espagne est plus renommée pour ses belles mules que pour ses chevaux. Cependant les andalous sont très estimés pour la beauté des formes et les autres qualités que l'on recherche dans les chevaux fins.

On trouve en Italie, et surtout dans le royaume de Naples, quelques races estimées, surtout pour le carrosse. L'île de Corse, qui n'en est pas éloignée, fournit des chevaux très bien faits; pleins de vivacité et durs à la fatigue; mais la petitesse de leur taille les rend propres à un très petit nombre d'usages.

(1) Ceci doit s'entendre de la bonté, car les chevaux arabes n'ont pas de belles formes, mais ils sont d'une vigueur et d'une solidité dont rien n'approche.

Les chevaux anglais ont de l'haleine , ils sont généralement nerveux, légers et excellens coureurs , très propres à
la chasse ou à disputer le prix dans les courses. Mais ceux qui
possèdent toutes ces qualités ne sont pas indigènes ; ils proviennent pour la plupart de chevaux barbes. On connaît
d'ailleurs le soin extrême avec lequel les Anglais s'attachent
au perfectionnement et à la conservation des races.

Enfin, plusieurs contrées d'Allemagne, notamment le
Mecklembourg, le Holstein, fournissent beaucoup de chevaux estimés pour le carrosse et la grosse cavalerie.

L'éducation des chevaux avait été fort négligée en France
pendant long-tems ; aussi ne sommes-nous pas aussi riches
en ce genre que nous le devrions, eu égard aux autres avantages dont la nature de notre sol et de notre climat nous a
favorisés. Cependant le gouvernement a adopté quelques
mesures qui, tout imparfaites qu'elles sont, ne peuvent
manquer de produire tôt ou tard d'heureux effets en répan-
dant une salutaire émulation parmi les propriétaires de chevaux. En attendant, nous tirons annuellement des pays voisins plusieurs milliers de ces animaux , soit pour les usages
domestiques ou pour ceux de la guerre.

Les chevaux normands sont grands et robustes ; on les emploie communément au carrosse et pour la grosse cavalerie
concurremment avec ceux d'Allemagne : il en vient aussi
quelques-uns du Poitou et de l'Auvergne.

La race limousine, quoiqu'altérée par des mésalliances,
est aussi distinguée sous le rapport de la figure que sous celui de la finesse et de la légèreté ; il faut les attendre cinq,
six et même sept ans, mais ils durent souvent jusqu'à vingt-
cinq ou trente.

La Bretagne fournit à la Normandie un grand nombre de
chevaux, qui sont ensuite vendus comme normands, et ré-
sistent mieux au travail que ceux-ci, quoique moins beaux.
Les doubles bidets du Morbihan sont très recherchés pour
le service des postes, et ne suffisent pas aux besoins de ce
genre de service.

Le Poitou, l'Aunis, l'Angoumois, l'Anjou, la Saintonge,
produisent beaucoup de bons chevaux, qui vont s'engraisser
dans les pâturages de la Normandie avant d'être livrés au
commerce.

Le Perche, la Touraine, élèvent beaucoup de chevaux propres au trait et à la cavalerie légère, ceux des bords de la Sarthe sont les plus renommés.

La Guienne, le Bearn, le Roussillon et quelques autres provinces méridionales, fournissent une excellente race de chevaux qui se ressent de son origine espagnole. Les navarreins jouissent surtout d'une grande réputation pour le manège et la guerre.

La Bourgogne, le Bourbonnais et le Nivernais élèvent un assez grand nombre de chevaux propres à divers usages.

Les ardennois sont nerveux, sobres, durs au travail et d'un excellent service.

Les bas-normands, ceux du Cotentin et les flamands sont excellens pour le carrosse ; les comtois et les bourbonnais, pour la charrette. Les flamands ont la tête grosse et les pieds plats.

Les meilleures races dégénèrent quelquefois dans leur propre pays, à plus forte raison dans les pays où elles se trouvent transplantées, si l'on n'a soin de les renouveler en les croisant avec des races supérieures ; ce moyen est aussi le plus efficace pour améliorer les races médiocres.

Quatre règles principales sont à observer dans le mélange des races ; la première, que les races du Midi améliorent celles du Nord ; la seconde, que les races se relèvent principalement par les étalons ; la troisième, que les races croisées se détériorent après plusieurs générations, et ont besoin d'être renouvelées par de nouveaux croisemens, et que l'accroissement progressif de taille n'est un signe réel d'amélioration qu'autant qu'il est accompagné de la perfection des formes ; la quatrième, que l'on ne doit employer pour le croisement que des races pures et non mélangées.

On doit conclure de ce qui précède que, pour conserver les belles races d'une contrée, il faut n'accoupler que les plus beaux individus de ces races ; que des races bâtardes, mélangées ensemble, ne feront que s'éloigner encore plus de leur origine ; enfin, que l'on doit toujours choisir, pour le croisement, un étalon provenant d'une contrée plus méridionale que celle de la jument ; et qu'ainsi l'arabe, le barbe, le persan, l'espagnol amélioreront nos races indigènes.

6,

De la monte et du part.

Un cheval fin ne devrait pas faire le service d'étalon avant l'âge de six ans révolus, et il pourrait durer alors jusqu'à dix-huit, vingt, et même vingt-cinq ans. Il ne faut pas s'attendre néanmoins qu'il donne, dans cet âge avancé, d'aussi beaux rejetons que dans sa jeunesse. Les chevaux communs acquérant plus promptement que les autres la vigueur nécessaire, peuvent être employés à cet usage un an ou deux plus tôt, mais ils durent aussi beaucoup moins. Quant aux jumens, on peut les faire saillir dès l'âge de quatre ou cinq ans jusqu'à quinze ou seize.

Les poulains participant essentiellement des qualités de leurs pères et mères, les personnes jalouses de faire de beaux élèves ne peuvent apporter trop de soins dans le choix des individus destinés à produire race.

On fait cas d'un étalon dans la force de l'âge, d'une belle encolure, bien ouvert entre les bras et les jarrets, réunissant l'élégance des formes à la vigueur : on rejette ceux qui auraient quelques défauts essentiels de conformation, quelque maladie réputée héréditaire, telle que la disposition aux fluxions, les yeux faibles ou lunatiques, les éparvins ou la pousse. Outre qu'un cheval ramingue, ombrageux, malin ou attaqué de quelque autre vice de même genre serait dangereux dans un haras, il serait à craindre que sa progéniture ne s'en ressentît. Ces défauts suffiraient donc pour faire rejeter un étalon qui réunirait d'ailleurs toutes les qualités physiques requises.

Quoique la nature du poil n'influe en rien sur la bonté intrinsèque d'un cheval, on ne doit pourtant pas dédaigner dans un étalon fin la beauté de la robe. Les plus estimés sont le noir ou le gris, le bai et l'alezan ; en général les couleurs franches, et non celles qui sont lavées ou mal teintes.

Quoique le poulain emprunte ordinairement plus des formes du père que celles de la mère, il ne faut pas s'attendre à voir sortir d'une jument grossière ce que produira celle qui descend d'une race distinguée. On obtiendra au contraire de très beaux produits si l'on appareille un étalon de race pure avec une jument de race déjà croisée.

Une bonne poulinière doit avoir le coffre et la croupe

larges : celles qui ont les côtes aplaties et par conséquent le ventre resserré, mettent le plus souvent au monde des poulains chétifs et grêles ; il faut de plus qu'elle soit bonne nourrice, et qu'elle ait un bel avant-main, parce que quand elle prête quelque chose de sa figure à son fruit, c'est plus particulièrement cette partie. Les jumens anglaises, allemandes et normandes, de bonne race, sont réputées les meilleures, et donnent de très beaux produits si elles sont convenablement accouplées.

Les jumens entrant communément en chaleur vers la fin de mars ou le commencement d'avril, la saison de la monte commence à la même époque, et dure deux à trois mois ; mais il ne faut pas attendre qu'elle soit trop avancée, parce qu'il est bon que les jumens soient couvertes plusieurs fois à quelques jours d'intervalles, ce qui ne pourrait plus avoir lieu si on laissait passer leurs premières chaleurs sans les présenter à l'étalon.

Il ne conviendrait pas de faire couvrir celles qui entreraient en chaleur avant ou après la saison, parce que, dans le premier cas, le poulain viendrait au monde pendant les froids et avant la saison des herbes ; et que, dans le second, il aurait trop à souffrir de la chaleur, des mouches, et n'aurait pas le tems d'acquérir les forces nécessaires pour résister à l'hiver. Il est cependant beaucoup de poulains, venus dans l'arrière-saison, c'est-à-dire vers novembre ou décembre, qui n'en réussissent pas moins bien, et qui font de bons et beaux chevaux. On reconnaît qu'une jument est au point convenable pour être couverte, à l'émission par la vulve, de cette humeur visqueuse connue sous le nom d'*hippomanes*, et aux signes qu'elle donne à la vue d'un mâle. On a, dans les haras, un étalon d'essai ou *boute en train*, qui est un mauvais cheval ayant l'habitude d'hennir fréquemment, et que l'on présente souvent aux jumens que l'on veut essayer (1).

Outre les qualités générales que l'on doit rechercher dans les individus destinés à la reproduction de leur race, il en est de particulières et de relatives au produit que l'on veut obtenir, qui mettent dans la nécessité de combiner en conséquence l'accouplement des races et celui des figures, de manière à produire, dans le rejeton qui doit en résulter, les

(1) C'est un moyen qu'on ne met plus que rarement en usage.

proportions que l'on désire, en évitant les contrastes trop prononcés, qui ne donneraient que des produits difformes.

Toutes les pratiques indiquées et recommandées par quelques auteurs pour provoquer la chaleur de la jument et assurer la fécondité de l'étalon sont inutiles, quelquefois même nuisibles. Lorsque le moment de la monte approche, il suffit de donner à celui-ci une nourriture meilleure et plus abondante : de la bonne avoine, quelques féveroles, peu d'orge, de la bonne paille, et de le promener tous les jours. On peut leur donner quelques jointées de froment outre leur ration habituelle, mais rien qui puisse les échauffer d'une manière surnaturelle ; les jumens demandent à peu près le même régime.

La monte se pratique de deux manières, en liberté ou à la main. Dans la première, on lâche l'étalon dans un enclos avec toutes les jumens qu'il doit saillir, et il les sert autant de fois qu'il veut ; ou bien on lui en donne un certain nombre tous les jours, ce qui le fatigue beaucoup moins.

Dans la monte à la main, deux hommes tenant chacun une longe attachée au caveçon, conduisent l'étalon à la jument : celle-ci est tenue par un troisième qui a soin de lui parler et de la tranquilliser si elle s'agite. Les hommes employés à ce service connaissent les moyens de s'opposer aux mouvemens désordonnés que l'étalon ou la jument peuvent faire dans cette circonstance ; mais afin d'éviter que ces animaux ne se blessent, il est bon de les déferrer de derrière (1).

Aussitôt que l'étalon a fini sa fonction, on le rentre promptement à l'écurie pour lui abattre la sueur et le bouchonner ; on le couvre et on le laisse tranquille pendant deux ou trois heures, après lui avoir donné un peu d'avoine. Quoiqu'il puisse saillir tous les jours, on fera bien de le laisser reposer un jour sur deux ou trois, et il sera bon de ne pas l'excéder de travail pendant toute la saison de la monte.

A l'égard des jumens, aussitôt qu'elles ont été couvertes, on les reconduit à la prairie ou à l'écurie. Quelques person-

____

(1) Il vaut encore beaucoup mieux entraver les pieds de derrière avec des entravons qui seront attachés à l'aide de cordes, à une bricole que l'on passe au cou de la jument. Comme la queue peut aussi mettre obstacle à la copulation, on l'attachera par le tronçon avec une corde qui sera fortement fixée à la bricole ; si malgré ces moyens, la jument ne restait pas tranquille, on lui placerait un torche-nez.

nes sont dans l'usage de les promener l'espace d'un quart
d'heure, afin de les faire *retenir*; d'autres leur jettent un
sceau d'eau froide sous la queue, dans le même but; mais
ces moyens sont plus préjudiciables qu'utiles. Ce que l'on
a de mieux à faire est de les laisser parfaitement tranquilles
pendant quelques heures, et d'éviter même de les bouchonner, dans la crainte de les chatouiller.

Il est assez difficile de reconnaître à des signes certains
qu'une jument est pleine, avant que son fruit commence à
remuer : cependant on remarque assez généralement que
celles qui ont retenu, refusent de recevoir le mâle de nouveau, et se maintiennent plus grasses que les autres : on
peut aussi faire trotter pendant quelques instans celles que
l'on soupçonne pleines; alors, si après les avoir fait boire
et manger, on applique la main sous le ventre, on sentira
plus tôt les mouvemens en question; mais il est évident que
ce signe ne peut servir qu'au bout de quelques mois.

La jument porte onze mois et quelques jours, et met bas
un seul poulain, très rarement deux. Elle redevient en chaleur, peut être présentée de nouveau à l'étalon dès le neu-
vième jour, ce que l'on renouvelle de neuf en neuf jours,
jusqu'à ce qu'elle s'y refuse : c'est ainsi qu'en usent les personnes qui tiennent plus au nombre qu'à la beauté des produits (1).

Les jumens pleines demandent à être ménagées, surtout
pendant les deux mois qui précèdent le moment du part;
celles que l'on tient habituellement à l'écurie ne donnent
pas des poulains aussi forts, et sont moins bonnes nourrices
que celles qui sont habituées au grand air et aux herbages :
aussi est-il convenable que les poulinières pâturent en liberté pendant la belle saison, et ne rentrent à l'écurie
qu'aux approches de l'hiver. Elles redoutent plus les pluies
froides que les fortes gelées.

On évalue à vingt ou trente, et même au-delà, le nombre de jumens qu'un bon étalon peut servir pendant la durée d'une monte; mais l'on conçoit facilement que ce nom-

(1) C'est une pratique très mauvaise que de faire saillir les cavales neuf
jours après qu'elles ont mis bas, sous prétexte qu'elles retiennent plus aisément; en effet, il est facile de s'apercevoir que, dans ce cas, la mère doit
fournir difficilement à la nourriture de deux individus, et par conséquent
s'épuise bien plus que lorsqu'on attend à l'année suivante pour lui donner
l'étalon; au reste, il est prouvé par l'expérience que, dans ce dernier cas,
elle conçoit plus facilement.

bre doit dépendre essentiellement de l'âge de l'animal, de
sa vigueur naturelle, de la nature de sa race, et du genre
de vie auquel il est soumis ; et qu'il conservera d'ailleurs
ses facultés génératrices d'autant plus long-tems qu'on le
ménagera davantage.

Il ne faut pas croire du reste que les étalons nourris à l'é-
curie soient plus féconds que ceux que l'on fait travailler,
l'expérience prouve tous les jours le contraire : il suffit qu'ils
soient habituellement bien nourris et bien soignés. La même
observation est applicable aux jumens pleines.

Les étalons et les jumens doivent être déferrés des quatre
pieds, dans la monte en liberté. Dans la monte à la main,
il suffira de déferrer ceux-là par devant, et celles-ci du derrière.

Des soins à donner aux jumens en travail.

Bien que les jumens mettent ordinairement bas sans avoir
besoin d'aucun secours étrangers ; il est des circonstances
où la main de l'homme devient nécessaire ; d'ailleurs, la
mère et son fruit demandent des soins particuliers aussitôt
après le part.

Aux approches du terme, le ventre tombe, les flancs se
creusent, les mamelles sont gonflées et laissent échapper
un lait séreux ; la jument, mal assurée sur ses jambes, et
tourmentée par intervalles de douleurs aiguës, marche avec
peine, se couche et se lève fréquemment, fait des efforts
violens pour se débarrasser du fardeau qui la tourmente ; le
vagin s'élargit considérablement et les eaux ne tardent pas
à percer.

Dans l'ordre naturel, le poulain se présente par la tête,
posée sur les deux membres antérieurs, la nuque en haut et
le nez en bas ; viennent ensuite le corps et l'arrière-faix ; le
cordon se rompt ordinairement de lui-même.

Si les choses ne se passent pas aussi naturellement, et
que l'on ait lieu de craindre pour la mère ou son fruit, il faut
de suite réclamer les secours d'un homme de l'art ; mais en
attendant son arrivée, voici ce que l'on doit faire :

Si la jument fait des efforts infructueux pour se délivrer,
et que ses forces paraissent succomber, on peut lui faire
avaler une bouteille de vin chaud si elle est vieille, faible et
maigre ; mais une saignée conviendrait mieux si elle est
jeune et vigoureuse.

Si le poulain est mort, ce que l'on reconnaît, lorsqu'à la suite d'un accident quelconque on a cessé de le sentir remuer en appliquant le plat de la main sur le ventre, il faut, après s'être frotté d'huile tout l'avant-bras, l'introduire dans le ventre pour retirer le fœtus mort.

Si, quoique vivant, il ne peut sortir parce qu'il se présente mal, c'est-à-dire dans une position autre que celle ci-dessus décrite, il faut employer la main, comme il vient d'être dit, pour le ranger convenablement.

Si une jument pleine éprouve un accident qui fasse craindre qu'elle n'avorte, il faut de suite lui tirer un peu de sang, la laisser libre dans l'écurie avec une bonne litière, la mettre à l'eau blanche et à la diète, jusqu'à ce que le danger soit dissipé.

Si, malgré ces précautions, on ne peut prévenir l'avortement, il faut la garantir soigneusement du froid, et la mettre à la diète pour prévenir des accidens qui pourraient devenir très graves.

Lorsque le moment du part approche, on enferme la jument, libre et sans licol, dans une écurie séparée, à l'abri du froid et de l'humidité ; on lui fait une bonne litière, et l'on ne laisse autour d'elle personne d'inutile, parce que beaucoup de jumens sont gênées par la présence de trop de monde.

Les jumens mettent bas debout ou couchées ; dans l'un et l'autre cas, le cordon se rompt de lui-même, sinon la mère le coupe avec les dents ; elle lèche ensuite son poulain pour le débarrasser de l'enduit visqueux qui le recouvre, après quoi le poulain va chercher les mamelles, et il faut quelquefois l'aider à les trouver ; souvent aussi on est obligé de tenir la mère afin de la forcer à se laisser téter si elle met bas pour la première fois.

S'il a souffert en naissant ou refuse de téter, on peut lui faire boire un peu d'eau et de vin tiède, ou traire la mère et lui en faire boire le lait. Il faudra le tenir chaudement couché auprès d'elle, et surtout ne le point tourmenter.

Quant à la mère, il faut, aussitôt après la mise bas, la bouchonner, lui donner de l'eau blanche tiède, la couvrir et la laisser parfaitement tranquille pendant quelques heures.

Beaucoup de personnes prétendant que le premier lait, qui est liquide et un peu purgatif, peut donner des tranchées, conseillent de le traire, ou d'éloigner le poulain de sa mère pendant quelques heures. C'est une erreur fondée sur l'ignorance des véritables propriétés de ce lait : loin d'être malfaisant, il est très utile, en ce qu'il facilite l'évacuation de cette humeur noire et visqueuse qui remplit le tube digestif des jeunes animaux, et qui leur cause souvent elle-même les coliques et les tranchées que l'on attribue improprement au lait.

Il arrive quelquefois que, sans causes connues, la mère refuse obstinément de se laisser téter par le nouveau né, et qu'elle cherche même à le mordre ; dans ces circonstances, qui ont lieu fréquemment lorsque la jument voit son premier poulain, on doit, par des caresses et des soins assidus, la forcer à se laisser approcher par lui.

On est obligé d'employer le même moyen lorsqu'un poulin ayant perdu sa mère, on est obligé de lui donner une nourrice, qui ne manquera pas de le mal accueillir dans les commencemens. Si, au contraire, on veut donner un second nourrisson à la jument qui vient de mettre bas, ou en substituer un autre au sien, il faut frotter l'étranger avec l'arrière-faix du nouveau né, et elle le nourrira sans difficulté.

Les jumens nouvellement délivrées doivent être renfermées à part avec leurs petits pendant dix ou quinze jours, selon la saison, et nourries avec du très bon foin, un ou deux picotins d'avoine et d'orge mélangés, et de l'eau blanche. Au bout de ce tems, les jeunes poulains étant assez forts pour sortir, on les laissera suivre leur mère, soit au travail, soit à la prairie, si le tems le permet. Cet exercice leur fera beaucoup de bien ; mais il faut les garantir avec soin, pendant les premiers jours, du froid, de l'humidité et surtout de la grêle.

D'anciens auteurs, fort recommandables d'ailleurs, donnent maintes recettes plus ou moins ridicules pour empêcher, disent ils, les jumens d'avorter. Les soins et les ménagemens sont le seul moyen qui ait quelque efficacité, et c'est le seul que l'on doive mettre en usage. Il faut aussi se garder d'administrer sans nécessité aucun breuvage ni remède excitant au moment du part, ni surtout le provoquer en perçant les membranes.

Du soin et de l'éducation des poulains.

Les poulains commencent à manger vers l'âge de deux

mois, et l'on doit leur fournir, dès cette époque, des alimens appropriés à leur âge ; mais on ne les sèvrera que vers l'âge de six à sept mois, plus tôt ou plus tard, selon les circonstances; ceux que l'on fait téter trop long-tems, à moins qu'ils ne soient faibles et valétudinaires, prennent, il est vrai, plus de corps, mais deviennent souvent mous et paresseux.

Les jeunes poulains paraissent tristes, inquiets, dès qu'on les retire d'auprès de leur mère, et refusent quelquefois de manger ; mais ils ne tardent pas à l'oublier et reprennent leur vivacité naturelle. On leur donne pour nourriture de l'orge ou de l'avoine écrasée, ou ces deux grains mélangés, du foin bien tendre, de l'eau blanche, et on les conduit au pâturage aussitôt que le tems le permet. Il faut observer que l'herbe trop nouvelle leur lâche le ventre, les empêche de profiter, et leur cause quelquefois des tranchées : le son est une mauvaise nourriture pour eux.

On recommande de leur écraser le grain, parce que si on le leur donnait entier, ils en perdraient beaucoup, le mâcheraient avec peine et s'useraient les dents ; beaucoup de personnes sont même dans l'usage de ne donner que du son pendant les premiers mois. Le grain nous paraît préférable; surtout pendant l'usage des herbes tendres.

Les poulains en sevrage doivent être enfermés dans une écurie bien saine, très propre, point trop chaude, afin de ne pas les rendre frileux ; il faut que les mangeoires et rateliers soient assez bas pour qu'ils puissent y manger avec facilité. On renouvelle leur litière soir et matin ; et toutes les fois que le tems est beau, on les mène promener, en évitant autant que possible les terrains humides et ceux qui sont entrecoupés de fossés, ravins ou inégalités quelconques.

On leur tond la queue vers l'âge d'un an à dix-huit mois, afin qu'elle devienne plus fournie ; opération que l'on peut réitérer une ou deux fois, à cinq ou six mois d'intervalle. A dix-huit mois ou deux ans, on les sépare d'avec les pouliches, parce que, sentant déjà le premier aiguillon de l'amour, ils pourraient s'énerver sans retour.

A trente mois on peut commencer à leur donner un licol et à les panser à fond : jusque-là il convient de les laisser libres et de se borner à les brosser tous les jours, ou de deux jours l'un, et à les peigner de tems en tems.

Cet âge est aussi le plus propre à la castration, quoique l'on puisse la pratiquer plus tôt ou plus tard, selon les circonstances ; il est bien de remarquer que les poulains qui ont la croupe fournie et l'encolure effilée, doivent être hongrés plus tard que ceux chez qui on remarque la disposition contraire, le corps s'épaississant de plus en plus avant l'opération.

Les poulains nourris à l'herbe cessent d'aller au pâturage vers l'âge de trois ou quatre ans, afin de recevoir à l'écurie une nourriture plus substantielle et plus propre à fortifier leur constitution. Garsault et quelques autres conseillent de les tenir à cette occasion pendant une huitaine de jours à la paille, *pour les laisser vider leur vert; de* leur administrer quelques vermifuges, si la saison a été froide et humide; de les purger, de les saigner, etc. ; mais nous pensons qu'il vaut beaucoup mieux les faire passer graduellement du vert au sec, et ne les médicamenter qu'en cas de nécessité évidente.

Mais si la gourme se déclare, on emploie l'eau blanche miellée tiède, les fumigations et injections émollientes ; et, s'il y a lieu, les mastigadours ou billots adoucissans, les poudres de guimauve et de réglisse avec du miel. Enfin, les onctions avec l'onguent de laurier si les glandes de la ganache sont engorgées.

Les jeunes poulains sont sujets à avoir les jambes engorgées, particulièrement quand ils fréquentent des pâturages gras ou humides. Si le gonflement ne se dissipe pas de lui-même au bout de quelques jours, il faut frotter les parties avec de l'eau-de-vie camphrée ou avec du gros vin dans lequel on aura fait bouillir des herbes aromatiques. Ce remède est aussi très bon pour fortifier les jambes faibles et grêles.

Les poulains peuvent être montés à l'âge de quatre ans ; mais il vaut mieux attendre jusqu'à cinq, et même jusqu'à six quand on veut avoir de bons chevaux de manège. En général, les chevaux qui ont été ménagés pendant leur jeunesse, se conservent bien plus long-tems fins et vigoureux que ceux que l'on a mis au travail trop tôt. On les ferre quelques mois seulement avant de s'en servir.

Cependant il est essentiel de les dresser de très bonne heure, afin d'en venir plus facilement à bout. A cet effet, dès le milieu de la troisième année, on commence à les faire trotter tous les jours à la longe autour du pilier, jusqu'à ce qu'ils soient accoutumés à cette première leçon.

On les habituera petit à petit à supporter, tous les jours

pendant quelques heures , une selle dont la sangle ne fera d'abord que leur effleurer le ventre sans le serrer, ou un harnais léger avec une croupière un peu longue ; on leur mettra le bridon un peu plus tard. On les accoutumera en même tems à se laisser approcher sans difficulté , à donner le pied à volonté, etc.

Cela fait , et lorsque le cheval tournera facilement aux deux mains, qu'il ne s'effarouchera plus lorsque l'on voudra le toucher, on commencera à lui monter sur le dos, d'abord sans le faire marcher, puis pour lui faire faire quelques pas. Si on le destine au trait, on l'attélera avec un cheval fait, et on le conduira par la bride jusqu'à ce qu'il puisse s'en passer; on l'habituera ainsi à avancer, à reculer, tourner, etc., en lui donnant au besoin de petits coups de gaule, mais avec beaucoup de douceur et sans le brusquer.

Ces diverses leçons doivent être données petit à petit, lentement, de manière à ne pas fatiguer ou impatienter le cheval; et il ne faut le faire passer de l'une à l'autre que lorsqu'il est bien confirmé dans les précédentes. Il faut en même tems lui parler, le flatter, ne le châtier que le moins possible, corriger cependant les mauvaises habitudes qu'il peut contracter , et n'exiger rien qui soit encore au-dessus de ses forces ou de son intelligence. Les chevaux qui sont rudoyés dès leur tendre jeunesse, deviennent presque toujours rétifs, ramingues, et difficiles à gouverner ; tandis que ceux qui ont été traités avec les ménagemens nécessaires, ne donnent aucune peine à dresser.

L'âge auquel il convient de faire travailler les chevaux, dépend des races, des climats, de la manière dont ils ont été nourris depuis leur enfance, et du genre de service auquel ils sont destinés. L'époque de la cessation de la croissance est en général celle qui doit servir de base. Mais on gagne toujours plus à attendre qu'à se hâter ; les chevaux en sont plus forts, d'un meilleur service, et dureront plus long-tems. Les chevaux communs peuvent être mis au travail dès l'âge de trois ou quatre ans; mais les chevaux fins doivent être attendus cinq à six ans.

Les chevaux qui n'ont point été apprivoisés dès leur tendre jeunesse, restent assez souvent farouches au point de ne se laisser approcher que très difficilement. On parvient quelquefois à les adoucir à force de patience et de ménagemens ; mais lorsque ces moyens sont insuffisans, il n'y en a pas de plus sûr que de leur laisser endurer la soif et la faim.

De la Dentition et des moyens de reconnaître l'âge dans le cheval à toutes les époques de la vie.

On ne possédait encore de notions à peu près exactes sur l'âge du cheval, que jusqu'à huit ans, lorsque M. Girard, dont le nom se rattache à tant de travaux importans, publia, il y a quelques années, sous le titre d'hippékiologie, un traité de l'âge du cheval, depuis le moment de sa naissance jusqu'à la vieillesse la plus avancée.

C'est dans cet ouvrage où se trouvent énoncés avec la plus grande précision des principes dont l'observation a constaté et constate encore tous les jours l'exactitude, que nous avons puisé les matériaux de cet article, sur la connaissance de l'âge, à l'étude duquel nous allons préluder par quelques considérations anatomiques relatives aux dents.

Les dents sont des parties très dures enchâssées dans les os maxillaires, formant à chaque mâchoire une ligne courbe, interrompue vers le quart inférieur, nommée arcade dentaire.

Leur nombre est de quarante à quarante-quatre dans le cheval, et de trente-six à quarante dans la jument ; on les distingue en *incisives*, *crochets* et *molaires*.

Les unes, faisant leur éruption peu de tems après la naissance, sont nommées dents *de lait*, ou dents *caduques*, ce sont les incisives et les trois premières ou avant-molaires, tant supérieures qu'inférieures. D'autres, plus tardives dans leur développement et leur sortie, sont appelées persistantes, parce qu'une fois qu'elles ont paru, leur chute ne doit plus être considérée que comme le résultat d'un accident. Enfin, l'on désigne sous le nom de dents de *remplacement*, celles qui prennent la place des dents de lait, lorsque celles-ci sont tombées.

Les dents incisives, au nombre de six à chaque mâchoire, et ainsi nommées parce qu'elles servent à couper les alimens dont l'animal se nourrit, sont distinguées ainsi qu'il suit : les deux du milieu sont appelées *pinces* ; celles qui les touchent de chaque côté ont reçu le nom de *mitoyennes* ; enfin, les deux dernières, qui terminent le cercle décrit par les incisives, sont nommées *coins*. Toute dent incisive offre deux parties, une libre et l'autre enchâssée. A l'extrémité de la partie libre d'une dent incisive *vierge*, (c'est-à-dire, qui n'a point encore éprouvé d'usure), on remarque une cavité conoïde (Planche V, fig 1re A), qui se remplit bientôt d'une matière cimenteuse, noirâtre, vulgairement connue sous le nom de *germe de fève*. Cette cavité, qui marche dans l'épaisseur de la dent, en se rapprochant graduellement de sa face postérieure, est circonscrite à son entrée par deux bords d'inégale hauteur, dont l'usure parvenue à un certain degré, donne à cette extrémité de la dent, la forme d'une surface assez irrégulièrement plane, appelée, *table*.

La partie enchâssée que l'on nomme encore la racine de la dent, est courbée en arc. Dans les dents incisives vierges, cette partie est courte, arrondie et creusée d'une large cavité qui se prolonge jusque dans l'intérieur de la partie libre ; elle renferme la pulpe d'où émanent les sucs nourriciers de la dent. A mesure que le sujet avance en âge, la racine des dents s'alonge, devient anguleuse ; la cavité pulpeuse diminue à mesure que les changemens s'opèrent, et finit même par s'oblitérer complètement.

Quelque tems après leur éruption, les incisives n'affectent donc plus la même forme, dans toute leur étendue ; ainsi, à l'époque où elles commencent à user, leur surface de frottement est aplatie d'avant en arrière ; plus tard, cette surface devient successivement ovale, arrondie, ronde, triangulaire, et enfin aplatie d'un côté à l'autre. On peut rendre les différentes formes évidentes en coupant une incisive de remplacement de trois lignes en trois lignes à peu près, comme cela est représenté (fig. 5).

La disposition des deux cavités dentaires précédemment indiquées, est telle dans l'épaisseur de la dent qu'elles se croisent, et qu'à un certain âge elles apparaissent simultanément sur la table de la dent, l'externe sous la forme d'un petit cul-de-sac noirâtre, et l'interne sous l'aspect d'une tache jaunâtre, alongée ou arondie (fig. 4). Les incisives caduques, encore nommées dents de poulain, diffèrent un peu des dents de remplacement dont nous venons d'indiquer les caractères ; ainsi, leur partie libre généralement plus large, plus blanche et striée, est séparée de la partie enchâssée, par un étranglement qu'on ne remarque jamais dans les dents de remplacement (fig. 2).

Les dents molaires ou mâchelières, au nombre de douze à chaque mâchoire, le plus ordinairement, forment le côté des arcades dentaires, et sont séparées des incisives ou des crochets, lorsque ces dernières dents existent, par un intervalle nommé espace interdentaire.

Ces sortes de dents ne pouvant donner aucun indice certain sur l'âge du cheval, tant à cause de leur situation profonde que de l'irrégularité de leur surface de frottement, nous croyons inutile d'entrer dans de plus longs détails à leur égard: nous dirons seulement en terminant, qu'il existe quelquefois, en avant de la première molaire de chaque arcade, une petite dent que l'on désigne ordinairement sous le nom de molaire *supplémentaire*, ou dent de *loup*.

Les crochets ou dents angulaires, au nombre de deux à chaque mâchoire, sont situées dans l'intervalle qui sépare les incisives des molaires. Leur partie libre, conoïde et striée présente sur le milieu de son plan interne, une éminence alongée que circonscrivent deux sillons profonds. Les jumens sont ordinairement privées de ces sortes de dents; quelquefois néanmoins, elle portent des crochets rudimentaires qui sont toujours dépourvus de l'éminence et des cannelures que présentent ces dents considérées dans le mâle.

Les anciens hyppiatres supposaient stériles les jumens qui portent des crochets, de là le nom de bréhaignes qu'ils donnaient à ces femelles.

Les différentes espèces de dents sont formées de deux substances, l'une qui est appelée l'*émail*, l'autre l'*ivoire*. Cette dernière substance, tres consistance et de couleur jaunâtre, existe dans toute l'étendue de la dent, et forme à elle seule sa racine. L'émail, qui n'existe que dans la partie libre des dents, où il forme une espèce de croûte appliquée sur l'ivoire, est blanc, luisant et beaucoup plus dur encore que la substance éburnée. Après avoir recouvert les deux faces de la partie libre des incisives, l'émail se replie pour former les bords et les parois de la cavité dentaire extérieure que l'on désigne encore sous le nom de cornet dentaire extérieur (fig. 3, B), par opposition à la dénomination de cornet dentaire intérieur par laquelle on désigne la cavité pulpeuse ou radicale de la dent. Dès l'instant où les dents incisives frottent les unes contre les autres, les deux bords qui circonscrivent le cornet dentaire extérieur s'usent et se mettent de niveau. La table de la dent présente alors deux rubans d'émail, un extérieur nommé émail d'encadrement, l'autre intérieur, qui entoure le cornet dentaire extérieur : c'est l'émail central (Voy. fig. 4, sections O et O).

Toutes les dents se forment et se développent dans l'intérieur des os maxillaires. Elles ne constituent, dans le principe de leur formation, que de petites vésicules remplies d'une matière gélatiniforme, au sommet desquelles apparaissent ensuite plusieurs plaques de substance éburnée, qui augmentent d'épaisseur par l'addition de nouvelles couches. La dent prenant bientôt de la densité dans tous les sens, fait effort sur les parois de la cavité qui la renferme; elle ne tarde pas à percer la gencive et à se montrer dans l'intérieur de la bouche. Une fois que leur éruption est faite, les dents continuent à croître en longueur du côté de la racine, et cet accroissement est tel, que les portions usées par le frottement des tables les unes sur les autres, sont constamment remplacées par d'autres portions qui s'ajoutent à l'extrémité de la racine. L'usure de chaque dent incisive est évaluée à une ligne par an dans les chevaux de race distinguée, et à une ligne et demie dans les chevaux communs.

L'étude de l'âge du cheval par l'inspection des dents incisives, offre trois périodes distinctes.

La première est marquée par l'éruption et le rasement des dents caduques.

La seconde, par l'éruption et le rasement des dents de remplacement.

La troisième enfin, par les formes successives que prennent les dents, par l'apparition du cornet dentaire intérieur, et la disparition du cornet dentaire extérieur.

Ire PÉRIODE.

Éruption et rasement des dents caduques.

Les pinces font leur éruption de six à huit jours après la naissance. Le poulain les apporte quelquefois en naissant. (fig. 6).

Les mitoyennes sortent de trente à quarante jours. (fig. 7).

Les coins n'apparaissent que de six à dix mois. (fig. 8).

À cet âge, les pinces inférieures sont toujours rasées; à un an les mitoyennes; de quinze à vingt-quatre mois les coins.

À cette époque les pinces tant supérieures qu'inférieures sont très courtes, elles se déchaussent, prennent une couleur jaunâtre, s'ébranlent, et tombent pour faire place à

d'autres dents dont l'éruption et le rasement marquent la
2me période de l'âge du cheval.

IIme PÉRIODE.

Éruption et remplacement des dents de remplacement.

Les pinces de remplacement font leur éruption de deux
ans et demi à trois ans (fig. 9).

Les mitoyennes, de trois ans et demi à quatre ans (fig. 10).

Les coins, de quatre ans et demi à cinq ans ; à cette époque qui est aussi celle de l'apparition des crochets ordinairement, on dit que le cheval a tout mis, et c'est alors seulement qu'il cesse de porter le nom de poulain. (Voyez
fig. 11).

A 6 *ans* le bord postérieur de la dent du coin est au niveau
du bord antérieur, mais il n'a point encore frotté contre la
dent correspondante ; les pinces inférieures sont tout-à-fait
rasées.

A 7 *ans*, le bord interne du coin est usé, les mitoyennes
sont rasées; et il commence à se former une échancrure au
coin de la mâchoire supérieure.

IIIme PÉRIODE.

Changement de forme des tables dentaires, apparition du cor-net dentaire intérieur, et disparition du cornet dentaire ex-terieur.

A 8 *ans,* toutes les dents de la mâchoire inférieure sont
rasées, leur table est devenue ovale, la cavité centrale est
remplacée par une exubérance transversale en avant de laquelle apparaît une bande jaunâtre qui est le fond du cornet
dentaire intérieur.

A 9 *ans,* les pinces inférieures s'arrondissent ainsi que
l'émail central, qui se rapproche du bord postérieur de la
dent (fig. 12).

A 10 *ans,* les mitoyennes sont arrondies, l'émail central
très rapproché du bord postérieur de la dent, est sur le point
de disparaître dans les pinces.

A 11 *ans,* les coins s'arrondissent, les pinces et les mitoyennes sont tout-à-fait rondes, l'émail central n'est presque
plus apparent dans toutes les dents de la mâchoire inférieure
(fig. 13).

A 12 *ans*, toutes les incisives inférieures sont rondes, l'émail central a tout-à-fait disparu, et est remplacé par le fond de la cavité radicale (fig. 14).

A 13 *ans*, les pinces inférieures commencent à devenir triangulaires, l'émail central a disparu dans les coins de la mâchoire supérieure.

A 14 *ans*, les pinces inférieures sont tout-à-fait triangulaires, les mitoyennes commencent à le devenir.

A 15 *ans*, les pinces et les mitoyennes sont triangulaires.

A 16 *ans*, les coins le sont également, et à cette époque, l'émail central a le plus ordinairement disparu dans les dents supérieures. (fig. 15).

A 17 *ans*, les pinces de la mâchoire inférieure sont aplaties d'un côté à l'autre.

A 18 *ans*, les pinces et les mitoyennes sont également aplaties. (fig. 16).

A 19 *ans*, toute les dents de la mâchoire inférieure sont biangulaires. A partir de cet âge, les dents se déchaussent, jaunissent, les gencives deviennent blanchâtres, les mâchoires se rétrécissent; tout enfin dans l'extérieur de l'animal indique la caducité (fig. 17).

L'éruption et l'usure des incisives, seules dents qui puissent servir d'une manière rigoureuse à la connaissance de l'âge, ne sont cependant pas tellement régulières que les principes précédemment indiqués puissent être invariablement applicables dans tous les cas. Ainsi les dents peuvent être trop longues ou trop courtes; leur rasement peut s'être effectué d'une manière irrégulière, leur éruption peut avoir été entravée ou hâtée dans sa marche; les chevaux dans lesquels ces aberrations dentaires se font remarquer, sont dits mal bouchés; mais l'observation ayant appris que la partie libre des dents incisives n'a ordinairement que 7 lignes de saillie au-dessus de la gencive, dans un cheval chez lequel le rasement se fait d'une manière régulière, s'il arrive que cette partie libre ait plus de 7 lignes de longueur, elle a donc moins usé qu'elle ne devait, et le cheval est nécessairement plus vieux qu'il ne paraît. Choisissons un exemple pour faire comprendre cet énoncé. Soient les dents 3 lignes trop longues, l'animal devra avoir 3 ans de plus qu'il ne marque, parce que chaque année les dents auraient dû user une des trois lignes qui composent l'excédent.

Si les dents sont trop courtes naturellement ou qu'on les ait sciées pour faire paraître l'animal plus jeune, l'animal pa-

rait plus vieux qu'il n'est réellement, et pour déterminer
son âge véritable, il faudra retrancher de l'âge qu'il marque
autant d'années que les dents ont de lignes de moins en
longueur.

D'après ces principes, il devient facile de déterminer l'âge
des chevaux bégus, c'est-à-dire de ceux dans lesquels l'émail
central n'a point disparu à l'époque ordinaire; il suffira pour
cela d'avoir principalement égard à la forme qu'affectent
les tables dentaires.

Des ânes et des mulets.

Si le cheval semble plus spécialement consacré au service
de l'opulence, l'âne possède des qualités qui, pour être
moins brillantes, n'en sont pas moins réelles. Patient, sobre,
laborieux, il ne coûte presque rien à nourrir, ne demande
aucun soin, et supporte aisément la fatigue et les intempéries de l'atmosphère : compagnon du pauvre, il partage ses
privations, ses travaux, et lui sert de gagne pain : le riche
même trouve la santé dans le lait de la femelle de cet utile
animal. A la vérité, on peut reprocher à l'âne d'être entêté
et capricieux ; mais de bons coups de gaule et quelques poignées de chardons suffisent pour le rendre traitable.

L'ânesse peut être présentée au mâle dès l'âge de deux
ans : elle porte à peu près aussi long-tems que la jument, et
met bas un petit, rarement deux. L'ânon, quoique moins
délicat que le poulain, demande à peu près les mêmes soins:
on commence à le faire travailler dès sa troisième année, et
souvent plus tôt ; mais il vaudrait mieux l'attendre jusqu'à
trois ans et demi ou quatre ans.

Cet animal est aussi utile comme bête de trait que comme
bête de somme : son allure lente et douce en fait encore une
monture agréable pour les dames ou pour les malades qui
ont besoin d'un exercice modéré. Quoique dans beaucoup
d'endroits on ne soit pas dans l'usage de ferrer les ânes, il
convient de le faire pour ceux qui travaillent beaucoup,
afin de leur conserver le sabot en bon état : mais ils marchent
avec plus d'assurance dans les terrains extrêmement escar-
pés quand ils ne sont pas ferrés. Quant à leur nourriture,
l'herbe qu'ils broutent le long des chemins, le foin ou la
paille que rejettent les chevaux, quelques chardons, voilà
tout ce qu'il leur faut.

Ceux du Poitou sont de haute taille, ont le poil très long; ils ne servent guère qu'à la production des mulets; ils sont d'un abord dangereux.

On appelle mule ou mulet tout animal provenant de l'accouplement de deux animaux d'espèces différentes; mais on donne plus spécialement ce nom à la progéniture de la jument couverte par un âne; on appelle *bardeau* le produit plus rare de l'étalon avec l'ânesse. Il ne faut pas croire à l'existence des jumars, qui sont, au rapport de quelques auteurs, des mulets provenant de l'accouplement d'une vache avec un cheval, ou d'une jument avec un taureau : quelques productions informes de la jument ou de la vache ont donné lieu à cette fable.

Le mulet ordinaire est plus fort que le cheval, aussi sobre que l'âne : il a comme ce dernier le pied excellent, la jambe ferme, un tempérament robuste; son pas est sec, son allure dure; il galope sous lui et ne traîne pas volontiers; mais comme bête de somme, il porte de très lourds fardeaux et ne craint pas les plus mauvais chemins.

Les départemens de la France qui produisent les meilleurs mulets sont ceux des anciennes provinces d'Auvergne, du Poitou et du Mirebalais. En Espagne, où les mules sont spécialement employées au carrosse, on en trouve des attelages qui se paient fort cher.

Quand on veut avoir des mulets, on présente au mâle que l'on emploie une femelle de son espèce, et quand il est prêt à couvrir, on y substitue la femelle avec laquelle on veut l'accoupler. On emploie plus souvent l'âne pour couvrir une jument, que le cheval pour une ânesse. Il est à remarquer que tout mulet quel qu'il soit, bien que doué en apparence de tous les organes génitaux, est impropre à la reproduction de son espèce (1).

____

(1) Il est quelques exemples contraires, surtout dans les pays chauds. Aristote, Pline, Columelle et Varron en citent. En Espagne, une mule donna à diverses époques de très beaux produits. Mais ces exceptions, rares d'ailleurs et peu prouvées pour la plupart, sont des bizarreries de la nature.

CHAPITRE IV.

CHOIX DES CHEVAUX ET MANIÈRE DE LES CONDUIRE.

Des précautions à apporter dans le choix d'un cheval.

On exige tant de qualités d'un bon cheval, qu'il est bien difficile d'en trouver un sans défauts ; mais d'un autre côté, cet animal est si précieux que l'on ne saurait apporter trop de soins à le choisir tel ; encore aura-t-on bien de la peine à échapper aux ruses des maquignons, de ces hommes qui, sans être positivement marchands de chevaux, achètent à vil prix des rosses, qu'ils revendent le plus cher qu'ils peuvent après les avoir façonnées à leur manière.

Dès qu'ils ont entre les mains une bête dont ils ne sauraient se défaire avantageusement dans l'état où elle se trouve, il n'est pas de stratagème qu'ils n'inventent pour lui donner, par des procédés qu'eux seuls bien souvent peuvent reconnaître, une belle apparence. Ils parviennent même, à force d'eau et de son, à redonner à un animal étique et épuisé, une sorte d'embonpoint factice qui tient de la bouffissure, mais qui ne tarde pas à tomber.

Lorsque le moment de vendre un cheval qu'ils savent défectueux est arrivé, ils ne manquent pas de le faire monter par un homme à eux, qui, connaissant tous ses faibles, a grand soin de le faire trotter, galoper, tourner et manœuvrer de la manière la plus propre à éblouir l'acheteur ; tandis que le maître se tient auprès de celui ci pour détourner son attention, sans cesser pour cela d'avoir l'œil sur son cheval pour être à portée de faire jouer la chambrière s'il est nécessaire. Quels que soient les défauts d'un cheval, un habile maquignon parviendra presque toujours à les déguiser, ou il déroutera si bien l'acheteur s'il a affaire à quelqu'un qui ne s'y entende pas parfaitement, qu'il parviendra à l'empêcher de les voir.

Il faut donc, quelque belle apparence que puisse avoir un cheval, ne se laisser séduire ni par la première impression, ni par les paroles du maquignon ; mais au contraire, faire ôter de suite bride, selle, couverture, et procéder immédiatement à un examen attentif et minutieux de chacune des parties du cheval, en procédant dans l'ordre où elles sont décrites au commencement de ce livre, afin de n'en omettre aucune.

Il est bon d'examiner auparavant le cheval tranquille à l'écurie, afin de voir comment il se tient sur ses jambes : s'il se repose tantôt sur l'une tantôt sur l'autre, ou qu'il en porte une en avant, c'est preuve qu'ils les a faibles et fatiguées. On le fait arrêter sur le seuil de la porte, pour examiner les yeux au moment où il sort la tête au grand jour. Quand il est sorti, on lui regarde la bouche pour voir si elle est en bon état, et reconnaître en même tems son âge; ou jette un coup d'œil général sur son individu, et l'on passe ensuite à l'examen particulier s'il y a lieu.

Il faut manier attentivement la ganache, pour voir si elle est bien ouverte, sèche et point glandée; voir s'il n'y a point de chancres dans les naseaux, ce qui ferait présumer la morve; palper successivement le garrot, les épaules, les reins, les jambes, les jarrets, les canons, les pieds, etc.; frapper sur la sole pour voir si le cheval n'est pas difficile à ferrer; examiner si le flanc n'est pas altéré, s'il ne bat pas d'une manière irrégulière, si la respiration est libre et facile, si le poil est lisse et bien net; promener la main sur les côtes, le ventre, les flancs, afin de voir s'il n'y a pas dans quelques-unes de ces parties des défectuosités cachées, et si le cheval ne montre pas une sensibilité surnaturelle dont il faudrait alors rechercher la cause.

Si l'on est satisfait du résultat de ces diverses recherches, on ne s'en tiendra pas là, mais on fera trotter le cheval à la main, afin de voir s'il ne boite pas et s'il trotte bien; on le fera monter, non par le valet du maquignon, mais par un homme à soi, pour lui faire parcourir plusieurs fois de suite, une certaine distance, d'abord au pas, puis au trot, et au galop. On l'essaiera ensuite soi-même pour plus de sûreté, et si c'est un cheval de trait, on finira par l'atteler au chariot ou à la charrette, soit seul, ou avec celui qu'on lui destine pour compagnon si c'est pour le carosse. Pour dernière épreuve, après l'avoir reconduit à l'écurie, on lui jettera un peu d'avoine dans la mangeoire, et on examinera s'il la mange de bon appétit, sans tiquer, et si ses flancs ne battent pas. Quand on achète un cheval de monture, il serait très bon de l'essayer avec une bride et une selle à soi; afin d'ôter encore au maquignon un moyen de fraude.

Ces messieurs ont grand soin de faire accompagner le che-

val que l'on essaie, par son compagnon d'écurie, et de l'a-
nimer du fouet et de la voix, s'il est ombrageux ou sujet à
quelques vices. S'il a la mauvaise habitude de se coucher
dans l'eau, et qu'il y ait un ruisseau ou une mare à traverser, le valet l'animera à coups de fouet afin de l'empêcher
de s'arrêter, et l'entraînera comme malgré lui en passant
devant et piquant les flancs de son propre cheval.

Il serait impossible d'énumérer ici toutes les supercheries
que les personnes sans expérience ont à redouter de la part
des maquignons de profession: comme de tailler ou rapprocher les oreilles trop longues ou pendantes; peindre les sourcils des vieux chevaux, ou même des parties de la robe de
chevaux qu'il s'agit d'appareiller; faire des marques artificielles dans le même but; adapter de fausses queues à ceux
qui l'ont courte; arrêter pour quelques heures le jetage de
la morve; faire disparaître, pour le même espace de tems,
les eaux et plusieurs autres maux de jambes que l'on n'a-
vait pas soupçonnés en marchandant le cheval, et que l'on
est étonné de voir paraître après l'avoir acheté, etc., etc.;
ces diverses fourberies ne sont pas également graves; elles ne
sont d'ailleurs pas les seules, car un adroit maquignon
sait en inventer à mesure du besoin; mais il suffira de cet
avertissement pour prémunir les personnes qui pourraient
s'y laisser tromper par inexpérience.

De la garantie des cas redhibitoires.

Tout homme qui vend un cheval est obligé de garantir à
l'acheteur qu'il ne sera point troublé dans la jouissance de
cet animal, ensuite qu'il n'a pas certains défauts. Il s'ensuit
que si l'acheteur est troublé dans la possession de son acquisition, ou s'il reconnaît dans l'animal acheté les défauts que
le vendeur est tenu de garantir, il peut faire annuler le marché ou demander une diminution dans le prix de la marchandise, et même, dans certains cas, exiger du vendeur des dédommagemens pour les pertes qu'il a éprouvées par suite du
marché.

La garantie relative à la possession de la chose vendue
existe tant que la possession doit durer. Celle relative aux
cas redhibitoires ne peut être exercée par l'acquéreur que
pendant un nombre de jours limités, parce que s'il est juste
que le vendeur réponde de certaines maladies ou de certains
vices qui existaient au moment de la vente ou dont la cause

lui était antérieure, il ne peut pas être responsable des défauts que l'animal peut avoir contractés après la vente. Le délai fixé pour les cas redhibitoires varie suivant la nature des vices et suivant les localités.

Voici les articles du code civil relatifs aux défauts cachés de la chose vendue, dont on peut faire application *aux cas redhibitoires* des animaux.

Livre III, Titre VI, Chap. IV, Sec III. DE LA GARANTIE.

Art. 1625. *La garantie que le vendeur doit à l'acquéreur a deux objets : le premier est la possession paisible de la chose vendue ; le second, les défauts cachés de cette chose, ou les vices redhibitoires.*

Sect. II. De la garantie des défauts de la chose vendue.

Art. 1641. *Le vendeur est tenu de la garantie à raison des défauts cachés de la chose vendue, qui la rendent impropre à l'usage auquel on la destine, ou qui diminuent tellement cet usage, que l'acheteur ne l'aurait pas acquise, ou n'en aurait donné qu'un moindre prix, s'il les avait connus.*

Art. 1642. *Le vendeur n'est pas tenu des vices apparens et dont l'acheteur a pu se convaincre lui-même.*

Art. 1643. *Il est tenu des vices cachés, quand même il ne les aurait pas connus, à moins que dans ce cas il ait stipulé qu'il ne sera obligé à aucune garantie.*

Art. 1644. *Dans le cas des articles 1641 et 1643, l'acheteur a le choix de rendre la chose et de se faire restituer le prix, ou de garder la chose et de se faire rendre une partie du prix, telle qu'elle sera arbitrée par experts.*

Art. 1645. *Si le vendeur connaissait les vices de la chose vendue, il sera tenu outre la restitution du prix qu'il a reçu, de tous les dommages et intérêts envers l'acheteur.*

Art. 1646. *Si le vendeur ignorait les vices de la chose, il ne sera tenu qu'à la restitution du prix et à rembourser à l'acquéreur les frais occasionés par la vente.*

Art. 1647. *Si la chose qui avait des vices a péri par suite de sa mauvaise qualité, la perte est pour le vendeur, qui sera tenu envers l'acheteur à la restitution du prix et aux autres dédommagemens expliqués dans les deux articles précédens ; mais la perte arrivée par cas fortuit sera pour le compte de l'acheteur.*

Art. 1648. *L'action résultant des vices redhibitoires doit être *intentée par l'acquéreur dans un bref délai, suivant la nature du vice et l'usage du lieu où la vente a été faite.*

Art. 1649. Elle n'a pas lieu dans les ventes faites par autorité de justice.

Il résulte évidemment des dispositions du code civil, que doivent être redhibitoires tous les défauts cachés des animaux qui les rendent impropres à l'usage auquel on les destine, ou qui diminuent tellement cet usage, que l'acheteur ne les aurait pas acquis ou n'en aurait donné qu'un moindre prix s'il les avait connus. Néanmoins, quelques tribunaux n'admettent d'autres cas redhibitoires que ceux des *coutumes* ou des *usages* des lieux où la vente a été faite.

Dans le département de la Seine, l'usage ancien admettait pour les chevaux, la garantie de la *morve*, de la *pousse*, de la *vieille courbature* et du *cornage*, pendant neuf jours. Depuis la publication du code civil, le tribunal de commerce a admis de plus comme vices redhibitoires, d'après le nouvel usage, *l'immobilité*, *les boiteries de vieux mal intermittentes*, et le *tic* non visible à l'usure-des dents; il a presque constamment fait application des dispositions de l'article 1641 du code civil à la *fluction périodique*, à *l'amaurose ou goutte sereine*, au *cheval rétif ou méchant*, et à plusieurs autres vices ou maladies qui diminuaient suffisamment la valeur de l'animal, et qui n'avaient pu être reconnus au moment de la vente. Il a constamment fait application de l'article 1647 du même code aux causes de mort des animaux, (vieilles maladies de poitrine, tumeurs squirrheuses internes, anévrismales, égagropiles, calculs, affections tuberculeuses du foie, de la rate, etc.) qui étaient antérieures à la vente, et par conséquent du fait du vendeur.

La garantie accordée par la loi, ainsi que la garantie d'usage sont tacites. Sans qu'elles aient été stipulées lors de la vente, l'acheteur est en droit de rendre l'animal affecté de vices redhibitoires, si, dans le délai voulu, il a intenté l'action redhibitoire contre le vendeur. Celui qui achète peut néanmoins craindre que l'usage du lieu où se fait l'acquisition soit trop restreint, relativement aux vices redhibitoires (1); il peut n'être pas rassuré par la garantie accordée par le code civil, et qui n'est pas admise par quelques

____

(1) C'est ce dont il doit s'informer dans le pays même, auprès des personnes qui s'y entendent.

tribunaux, qui s'en réfèrent obstinément aux coutumes et aux usages; il peut craindre aussi qu'il y ait des défauts, même apparens, qui lui échappent; il peut alors demander au vendeur de lui garantir particulièrement que l'animal n'a pas tel défaut (il peut lui demander souvent même de lui garantir qu'il a telle qualité). C'est au vendeur à voir s'il veut accorder ou refuser ce qui lui est demandé, et à l'acheteur à reconnaître s'il peut sans inconvénient faire acquisition, si cette garantie conventionnelle lui est refusée. L'acquéreur, pour sa sûreté, doit exiger que la garantie conventionnelle soit écrite, parce qu'en général la preuve par témoins n'est plus admise quand le prix de l'objet vendu excède la somme de 50 francs. Cette garantie en particulier n'exclut pas les autres vices redhibitoires, elle vient augmenter au contraire la somme de ces vices.

Le vendeur ne peut pas prétexter de son ignorance de l'existence des défauts de l'animal vendu. L'article 1643 le rend garant de tous les vices cachés, quand même il ne les aurait pas connus; il ne l'en exempte que dans le cas où il aurait spécifié par une convention, qu'il ne s'obligeait à aucune garantie. Ainsi, le propriétaire d'un cheval affecté de vices redhibitoires peut vouloir le vendre sans être forcé de le reprendre. Il doit alors déclarer à l'acheteur qu'il vend sans garantie de tous vices, ou seulement de la pousse, ou de tout autre défaut; et pour plus de sûreté, demander à ce dernier une renonciation écrite à toute garantie ou à tel et tel vice.

Une seule circonstance arrête l'effet de cette *non garantie*, c'est le cas où l'animal vendu est attaqué de maladie contagieuse. L'article 7 de l'arrêt du conseil d'état du 16 juillet 1784, défend de vendre des animaux atteints ou seulement suspectés de maladie contagieuse. Il en résulte que les animaux qui en sont affectés sont toujours dans le cas de la redhibition; que le vendeur est toujours forcé de les reprendre quand il est reconnu que les maladies sont de son fait. Il ne peut stipuler qu'il a vendu sans garantie.

Lorsqu'un acheteur croit avoir été trompé dans son acquisition, il en prévient ordinairement le vendeur. Si celui-ci ne veut pas reprendre l'animal soupçonné d'être affecté de vice redhibitoire, parce qu'il ne l'en croit pas atteint, les parties peuvent terminer leur contestation à l'amiable devant un vétérinaire auquel elles demandent verbalement son avis pour s'arranger ensuite comme elles l'entendront,

ou à la décison duquel elles s'en rapportent définitivement,
Dans ce dernier cas, elles doivent rédiger sur papier tim-
bré un acte ou compromis par lequel elles le reconnaissent
pour juge unique, sans réserve d'appel. Le vendeur et l'a-
cheteur peuvent aussi avoir recours au juge-de-paix, qui,
dans ce cas, nomme un vétérinaire pour constater l'existence ou la non existence du vice reproché à l'animal, et
prononce, d'après l'énoncé de l'expert, la résiliation ou la
validité du marché. Si le vendeur refuse de se rendre à l'a-
miable chez le juge-de-paix, l'acquéreur peut l'appeler ju-
diciairement (1). Mais, comme au-dessus de cinquante
francs, le jugement rendu par un juge-de-paix est susceptible d'appel, l'acquéreur doit, si l'achat de l'animal a ex-
cédé cinquante francs, et si le vendeur ne veut pas reconnaître la compétence du juge-de-paix, s'adresser directement au tribunal de commerce lorsque le vendeur est marchand de chevaux, ou au tribunal civil de première instance,
s'il ne vend pas de cette sorte de marchandise. Il faut, dans
tous les cas, que la demande en garantie soit faite dans le
délai voulu, lequel varie, comme nous l'avons déjà dit, suivant la nature des vices et l'usage des lieux où la vente a été
faite.

Observations générales sur la manière de dresser les chevaux.

L'art de dresser les chevaux est un art véritable, qui,
quoique l'on en dise, ne demande pas moins de théorie que
de pratique; car la théorie seule peut enseigner les moyens
de profiter des dispositions de la nature et de corriger ses
écarts. Il exige de la part de celui qui veut l'exercer avec
fruit, des connaissances spéciales et plusieurs qualités indispensables.

Ces qualités sont principalement, le goût des chevaux,
car l'on ne réussit jamais dans les choses pour lesquelles on
n'a pas de goût; beaucoup de patience, de douceur, de
persévérance, de fermeté; de la force, de l'adresse et de
l'agilité. A quoi il faut ajouter une étude approfondie du
naturel et des habitudes du cheval, car sans cela on courrait fréquemment le risque de faire tout le contraire de ce
qu'il faudrait.

Le manque de docilité dans les chevaux provient ordinai-

____

(1) Ce doit être alors devant le juge du domicile du vendeur ou devant
celui de l'endroit où la vente s'est opérée.

rement de défauts extérieurs de conformation, auxquels l'art doit savoir suppléer quand cela est possible, ou de vices internes; il a été question de ceux-ci dans un article particulier. Ces vices eux-mêmes ne sont pas toujours l'effet de la nature, mais bien souvent le résultat de la maladresse de gens qui veulent se mêler d'un art dont ils n'ont pas les premières notions.

Enfin, on exige souvent des chevaux des choses qui sont au dessus de leurs forces physiques ou de leur intelligence; on les rebute par une obstination déplacée, on les dégoûte du travail, on les ruine sans ressource à la fleur de leur âge, et on les rend indociles et ennemis de l'homme. C'est ce qui arrive surtout au poulain que l'on dresse de trop bonne heure et sans observer les ménagemens et précautions nécessaires.

Après avoir donné à un jeune cheval les leçons générales décrites dans l'article relatif à l'éducation des poulains, il faut songer à le dresser selon le genre de service auquel on le destine.

S'agit-il d'un cheval de guerre, il faut d'abord l'habituer au son du tambour, au bruit des armes, à l'odeur de la poudre, etc. A cet effet, il sera bon de battre de la caisse ou de sonner de la trompette dans l'écurie au moment de donner l'avoine, ce que l'on répétera jusqu'à ce que, loin de donner aucun signe d'effroi à ce bruit, il paraisse s'y complaire.

On lui fera voir et sentir un pistolet sans être chargé; on fera mouvoir à plusieurs reprises la batterie et partir la détente sous ses yeux. On brûlera ensuite quelques amorces en se plaçant à quelques pas de lui, le dos tourné vis-à-vis sa tête, et venant à chaque fois lui faire sentir la fumée. Enfin, on tirera quelques coups en commençant par de petites charges non bourrées, en lui faisant toujours sentir le pistolet après avoir tiré. Quand il sera bien dressé à ces divers exercices, on les répétera étant sur son dos. Il faut toujours le flatter en l'approchant, le caresser et lui donner quelque chose à manger, car ce n'est que par de semblables moyens que l'on parvient à apprivoiser facilement cet animal. Les chevaux timides ou qui ont la vue faible s'habituent au feu plus difficilement que les autres.

L'art de dresser les chevaux de main comprend le manège de guerre et celui de parade. Les chevaux de troupe doivent être d'une docilité à toute épreuve, et particulièrement exercés à tourner à toutes mains, à la leçon de l'épaule en dedans et de la croupe au mur ; à marcher de côté, changer de pied à volonté, aux voltes, pirouettes et demi-pirouettes, aux passades, etc. Ils doivent en outre avoir de la vivacité, de la hardiesse, du nerf, les hanches bonnes, tous les mouvemens souples et faciles, la bouche fidèle et légère, le galop franc et prompt. Mais un cavalier, de son côté, ne saurait trop se persuader que sa vie dépend à chaque instant de la manière dont il soigne et gouverne son cheval.

Le cheval de chasse doit être aguerri au bruit des armes à feu comme celui de guerre. Il faut de plus l'accoutumer à s'arrêter court au moindre avertissement qu'on lui en donne, afin de pouvoir coucher en joue aussitôt qu'on aperçoit le gibier, et à rester immobile aussi long-tems qu'il est nécessaire.

La principale qualité d'un cheval dressé pour la chasse étant d'être excellent coureur et très souple dans ses mouvemens, il faut le trotter pendant long-tems au bridon ; lui apprendre à tourner facilement à toutes mains, à exécuter promptement tous les changemens qu'on veut lui faire faire, à alonger son trot, etc.

Après l'avoir confirmé dans la leçon du trot jusqu'à ce qu'il obéisse promptement aux moindres aides de la main et des jambes, on lui met un mors convenable à sa bouche, et on lui donne la leçon de l'épaule en dedans, non seulement pour lui assouplir les côtes, lui faire connaître les jambes et lui faire la bouche ; mais principalement pour lui apprendre à avancer la jambe de dedans, de derrière sous le ventre, qualité indipensable dans un cheval de chasse en ce qu'elle le fait galoper plus uniment et de meilleure grâce : il faut le tenir un peu moins raccourci pendant cette leçon qu'un cheval de manège.

Après ces deux leçons, et celle des arrêts, demi-arrêts, et du reculer, il faut le galoper en lui rendant la main fréquemment, pour lui rendre les épaules plus légères, la bouche sûre et douce, et pour le confirmer dans le galop de chasse, qui doit n'être ni trop relevé ni trop bas ; enfin, il faut terminer ces diverses leçons par lui apprendre à franchir les fossés, haies et palissades, sans quoi l'on courrait risque d'être arrêté à chaque pas dans le cours d'une chasse.

Les chevaux destinés au carrosse doivent être de belle taille, bien faits, relevés du devant, traversés, et assez étoffés pour n'être point efflanqués par le travail, d'une grande souplesse, et d'une obéissance parfaite : ils doivent joindre à ces qualités, un jarret et un pied excellent ; car celui qui aurait le moindre défaut dans les extrémités, se trouverait bientôt ruiné, surtout sur un mauvais pavé.

Pour dresser les chevaux, on les trotte à la longe ; on leur donne ensuite la leçon de l'épaule en dedans ; on leur apprend à passer les jambes la croupe au mur, afin qu'ils tournent avec aisance, ce qui ne peut se faire sans qu'ils passent les jambes l'une par-dessus l'autre ; enfin, rien ne leur donne une démarche plus belle, plus fière et plus noble, que de leur apprendre à piaffer dans les piliers, leçon qui a en outre l'avantage de les rendre obéissans au moindre mouvement du fouet.

Il serait inutile de confirmer les chevaux de carrosse dans ces diverses leçons autant que si on les destinait au manège ; mais ceux que l'on aura dressés de cette manière auront bien meilleure grâce, et seront moins sujets à s'emporter, que ceux que l'on s'est contenté d'atteler quelquefois au chariot avant de les mettre à la voiture.

Quel que soit le genre de leçon que l'on donne à un cheval, on ne doit pas oublier qu'il faut ménager ses forces et sa patience si l'on veut en venir à bout ; lui faire bien comprendre ce que l'on veut qu'il fasse ; le laisser reprendre haleine aussitôt qu'il semble fatigué, reprendre la même leçon jusqu'à ce qu'il y soit parfaitement confirmé, et obtenir ce que l'on exige de lui, plutôt par l'attrait des caresses et des récompenses que par la crainte des châtimens.

Observations sur la manière de mener.

L'art de bien mener est plus essentiel que l'on ne pourrait le croire, puisque c'est le seul moyen de conserver les chevaux pendant long-tems en bon état, et de prévenir une foule d'accidens graves qui peuvent se présenter à chaque pas. Il y a trois manières principales de mener: en cocher, en postillon et en charretier.

Deux vices principaux et malheureusement trop communs, sont à éviter dans le choix de tout serviteur préposé, sous quelque dénomination que ce soit, à la conduite des chevaux: l'ivrognerie et la brutalité.

L'ivrognerie rabaisse l'homme au-dessous des animaux dont le gouvernement lui est confié, obscurcit sa raison, étouffe son jugement, et lui ôte le libre exercice de ses sens physiques et moraux, dont l'intégrité lui est si constamment nécessaire. La brutalité d'un conducteur compromet à chaque instant la vie et la santé des chevaux, et peut donner naissance à une foule d'accidens graves.

L'art de conduire demande encore un bon jugement, un coup d'œil juste, une vue bonne, une main sûre, de l'intelligence, de l'activité, une certaine force et de la dextérité. Tout voiturier devrait avoir sans cesse présente à l'esprit la fable du *Charretier embourbé* ; alors au lieu d'accabler son cheval de coups, il commencerait par rechercher auparavant la cause qui l'empêche d'avancer, afin de la détruire.

Les carrosses sont attelés de deux, quatre, six ou huit chevaux. Les deux premiers se nomment les deux chevaux de timon ; les deux d'ensuite, chevaux de volée ; les deux autres, chevaux du devant ; et les derniers, chevaux de sixième. Le cocher tient dans sa main les guides de tous ses chevaux ; mais il ne conduit seul que ceux de volée. Quand il y en a un plus grand nombre, les autres sont conduits par un postillon, qui monte le cheval de gauche et conduit l'autre avec la longe de main, qu'il attache à sa selle ou tient dans sa main gauche, ayant le fouet dans la droite.

Le cocher ne doit pas attendre le moment d'atteler pour examiner si les roues ou les autres parties de sa voiture sont en bon état, si les chevaux sont bien pensés ou n'ont pas besoin d'être ferrés ; enfin, ne pas prendre son fouet avant de s'assurer par lui-même qu'il ne manque rien à leur attelage.

Il doit être assis sur son siège, d'aplomb, avec aisance, le corps droit sans raideur ; avoir tous ses mouvemens libres, tenir les coudes rapprochés de son corps ; ne pas s'agiter sur son siége, se pencher sans nécessité de côté ou d'autre, ni tendre ses bras en avant ; être tout entier à ce qu'il fait, sans s'occuper d'autre chose que de ses chevaux et de sa voiture. Un bon cocher, quelque mouvement qu'il exécute, doit, sans y regarder, juger exactement où sa roue va passer.

Le défaut le plus commun des cochers est d'avoir la main mauvaise, c'est-à-dire de ne savoir pas ménager convenablement l'action du mors. D'autres, croyant l'avoir très légère, laissent flotter entièrement les guides ; en sorte que s'il faut souvent tenir promptement un cheval pour l'empêcher de s'abattre, pour tourner, reculer, ils ressaisissent précipitamment les guides, et donnent de fortes saccades qui, souvent réitérées, finissent par endurcir la bouche et la rendre insensible : le même inconvénient arrive quand l'on tient les guides habituellement tendues ; vainement alors augmente-t-on la force du mors, ainsi on ne fait qu'endurcir de plus en plus la bouche du cheval, au point qu'il devient impossible de le gouverner et qu'il peut à chaque instant prendre le mors aux dents.

Un bon cocher doit savoir rendre et retenir alternativement la bride à ses chevaux par un mouvement moëlleux de la main, afin de rafraîchir les barres et entretenir leur sensibilité ; mais cela de tems en tems et point coup sur coup ni brusquement, car on impatienterait ainsi des chevaux ardens, et l'on ferait arrêter court ceux qui seraient naturellement nonchalans. Il y a des cochers dont la main est si délicate et si moëlleuse que, sans quitter les guides, ils ne font sentir le mors que d'une manière presque imperceptible, et rendent ou retiennent la bride quand il le faut, sans que l'on voie pour ainsi dire remuer leurs mains. C'est ce moëlleux de la main qui fait reculer sans difficulté, et c'est au reculer que l'on connaîtra un cocher qui a la main bonne ; car celui-ci le fera avec aisance, tandis qu'un autre, dont la main sera mauvaise, mettra lui et ses chevaux en sueur.

On doit se servir du fouet, tantôt comme aide, tantôt comme châtiment, mais surtout que ce soit à propos : comme pour soutenir un cheval qui se laisse aller dans un tournant, le remettre sur les hanches quand il s'abandonne trop sur les épaules ; pour faire tirer de concert un cheval qui se néglige, etc.; il faut donner le coup de fouet au moment même de la faute, afin que le cheval sente pourquoi on le châtie, et l'appliquer vigoureusement ; du reste, il ne faut user de ce moyen que quand la nécessité l'exige, autrement les chevaux s'y habituent.

Lorsque l'on conduit en ville, il faut prendre toutes les précautions pour éviter les accidens, ralentir le pas aux approches d'un tournant, et tourner du plus loin possible pour éviter de donner dans quelque autre voiture. Quand l'on tourne trop court, surtout en allant vite, on s'expose à verser, ou tout au moins à voir le cheval de dedans s'abattre ; enfin, si l'on se trouve inopinément engagé dans quelque embarras où il faut reculer, c'est là qu'il est essentiel d'être bien maître de la bouche de ses chevaux, sans quoi, au lieu de reculer promptement et droit, on risquerait de se mettre en travers, d'être soi-même froissé, ou d'occasioner quelque accident.

En voyage, il est bon de mener alternativement au trot et au pas pour ménager les chevaux quand ils doivent faire une longue route ; de les soutenir dans les mauvais chemins, de crainte qu'ils ne s'abattent ; de mettre le timon sur l'ornière, afin que les chevaux marchent sur le bon terrain, etc.; mais dans les beaux chemins, il n'est pas mal de les laisser aller à leur fantaisie. Il faut avoir soin de traverser de biais les ruisseaux pavés, car si on les prenait en travers, on éprouverait une secousse qui pourrait casser l'essieu, ou tout au moins incommoder fortement les personnes enfermées dans la voiture.

Les montées fatiguent beaucoup, mais les descentes sont plus dangereuses ; c'est pourquoi il faut ralentir le pas aux approches d'une montagne, afin que les chevaux aient plus d'haleine pour la monter, et les laisser reposer un peu au sommet, s'ils sont essoufflés : quand il s'agit de descendre une pente rapide, il faut soutenir les chevaux d'une main ferme, ne pas négliger d'enrayer une des roues de derrière, afin de diminuer l'impulsion donnée à la voiture; et éviter avec soin les cailloux et ornières, le moindre choc suffisant en pareil cas pour faire verser ; il est même quelquefois nécessaire de dételer une partie des chevaux.

Dans les attelages de plus de deux chevaux, le postillon doit suivre attentivement l'impulsion du cocher, afin de ne pas faire aller ses chevaux dans un sens contraire à ceux du timon : ne pas fatiguer son porteur, se préparer à tourner d'aussi loin qu'il le pourra, et ne pas faire trop tirer, afin de ne pas forcer le cocher à tourner court. Quand la voiture se met en marche, le postillon part le premier, et quand il faut reculer, il ne doit pas le faire trop précipitamment, dans la crainte que les traits traînant à terre, les chevaux ne s'y embarrassent ; les chevaux du timon doivent retenir la voiture dans les descentes, et ceux de devant, tirer dans les montées.

Le postillon qui conduit une chaise à deux chevaux, n'a d'autre attention à avoir que de bien diriger la roue droite; car la gauche se trouvant précisément derrière la croupe de son cheval, passera partout où il aura passé; il pourra tourner court à gauche, mais à droite, il faudra qu'il prenne le

tournant de loin : quand il voudra retenir son cheval de brancard, il lui soutiendra la tête en levant la longe de main aussi haut qu'il sera nécessaire ; il fera tirer son porteur en montant, pour soulager le cheval de brancard , mais hors de là, le plus grand effort viendra de celui-ci ; enfin , un postillon adroit doit éviter avec soin les pierres et les or-nières.

Les postillons qui ont la prétention de mener avec grâce, font aller leur porteur au petit galop, tandis que l'autre che-val ne fait que trotter : comme cette allure fatigue le pre-mier plus que le trot ordinaire, on y renonce quand les che-vaux ont une longue route à faire et que l'on veut les ména-ger. Les bidets de poste vont le petit galop, mais cette allure finit bientôt par faire place chez eux à celle que l'on désigne sous le nom d'*aubin*.

Le charretier distribuera sa charge de manière que le poids soit en équilibre sur l'essieu , c'est-à-dire qu'il porte égale-ment du devant et du derrière ; il ménagera ses chevaux en bon chemin, afin de les trouver plus frais quand il faudra donner un vigoureux coup de collier : il doit veiller à ce qu'ils tirent tous également ; ne monter ni sur ses chevaux, ni sur sa voiture ; observer toutes les précautions indi-quées plus haut à l'égard des ruisseaux , montées, descen-tes , etc.

Quand une charrette est tirée par plusieurs chevaux, on les attèle communément à la file les uns des autres, et l'on a le soin de mettre le plus fort dans les timons. Le charretier se tient à la tête de celui-ci à gauche, et une longue corde qui passe dans un anneau du collier des autres pour aller s'attacher à la tête de celui du devant, lui sert à les conduire tous. Le limonier est fait pour reculer, tourner, retenir la charrette dans les descentes ; mais il doit tirer fort peu : c'est à celui de devant et ensuite à ceux qui l'accompa-gnent, à mettre la machine en mouvement.

On fait claquer le fouet de tems à autre, surtout dans les endroits difficiles, pour donner du cœur au chevaux ; mais il faut ne le leur faire sentir que le plus rarement possible. On voit les chevaux envers qui on n'abuse pas du fouet, ras-sembler tous leurs efforts au moindre bruit de cet instrument, tandis que les autres semblent insensibles aux coups, ou se défendent avec opiniâtreté.

Dans tous les cas , il ne faut jamais frapper un cheval à la tête, lui donner des coups de pieds dans le ventre, ni se servir d'un bâton pour le corriger : outre qu'une semblable brutalité ne tend qu'à abrutir tout-à-fait le naturel des chevaux, elle peut leur occasioner des maladies mortelles.

Quand il s'agit de monter une pente rapide, il faut ménager d'avance les chevaux, puis les faire partir au trot en les aidant du fouet jusqu'à ce qu'ils soient bien lancés ; mais si leurs forces se refusent évidemment à cet effort, il faut autant que possible, leur donner des auxiliaires plutôt que d'exiger d'eux ce qu'ils ne peuvent faire. Si le limonier vient à s'abattre, il faut sur-le-champ faire un contre-poids au derrière de la voiture, et tâcher de soulever les brancards, tandis que, relevant le cheval de la main gauche, on fera jouer le fouet de la main droite.

Le cocher, le postillon ou le charretier doivent se précautionner, quand ils entreprennent un voyage, de tout ce qui peut être nécessaire pour parer à un accident imprévu : fers de rechange, clous de fers et de roues, cordes, marteaux, tenailles, onguent de pied, cure-pied, etc. Chaque fois qu'ils mettront les chevaux à l'écurie, leur premier soin sera de les panser à fond et de leur donner tout ce qu'il leur faut; le second sera de mettre tout leur équipage en bon état.

Beaucoup de conducteurs maladroits, ne sachant pas étudier le caractère de chacun de leurs chevaux, croient souvent reconnaître dans l'un d'eux des dispositions vicieuses, parce qu'il n'obéit pas aussi promptement que les autres : alors le pauvre animal est maltraité, négligé, et sera bientôt perdu si on ne se hâte de le confier à des mains plus habiles. D'autres font agir le fouet à chaque instant et sans raison, surtout quand ils sont de mauvaise humeur. Les chevaux ainsi tourmentés, se jettent en avant comme pour éviter les coups, et appuient fortement sur leurs barres, ce qui les leur gâte en peu de tems. D'ailleurs, encore une fois, ces chevaux sont sujets à devenir ramingues, ombrageux, ou à tomber sérieurement malades.

CHAPITRE V.

HYGIÈNE GÉNÉRALE DU CHEVAL.

De l'écurie et de la litière.

La santé des chevaux dépend beaucoup de la manière dont ils sont logés. Ces animaux craignent extrêmement l'humidité ; le grand froid ne leur est pas moins nuisible quand ils rentrent couverts de sueur ; enfin, l'air étouffé et chargé de vapeurs qu'ils respirent dans certaines écuries situées au dessous du sol, les expose à toutes les maladies qu'engendre le concours de la chaleur avec l'humidité.

Lorsque l'on est maître de choisir l'emplacement et de régler à son gré les distributions intérieures d'une écurie, il faut y rechercher principalement la salubrité et la commodité.

Sous ce double rapport, **une écurie**, pour être bonne, devra être située de préférence **au levant**, bien aérée, sèche, suffisamment spacieuse et bien percée. Ses dimensions seront telles, que chaque cheval ait un emplacement de cinq pieds au moins de large sur une longueur de huit pieds (1), et que l'on puisse circuler librement sans craindre les coups de pied. La hauteur sera proportionnée aux autres dimensions, mais telle toutefois que l'air ne soit pas étouffé.

On fait des écuries simples en profondeur, et d'autres qui sont doubles. Les premières sont plus commodes, en ce que les chevaux étant rangés sur une même ligne, on a tout un côté libre pour les portes, fenêtres, et pour ranger tous les objets nécessaires au service de l'écurie ; celles ci doivent avoir de vingt-deux à vingt quatre pieds de largeur.

Dans les écuries doubles, les chevaux sont rangés sur deux lignes opposées, la croupe tournée en dedans. Il doit régner au milieu un intervalle d'au moins dix pieds de large, afin de pouvoir circuler librement ; et si l'écurie est très vaste, elle devra être percée de distance en distance d'un nombre

____

(1) Les stalles doivent avoir, autant que possible, une largeur au moins égale à la hauteur des chevaux, prise du sommet de la tête à terre.

suffisant de portes et de croisées; sinon ces ouvertures seront placées aux deux extrémités.

Les places des chevaux seront séparées par des barres et poteaux, afin qu'il ne puissent se blesser entre eux; ou mieux encore par des cloisons ou stalles, ainsi qu'on le pratique aujourd'hui à l'imitation des Anglais. Chaque place doit être pavée en pente douce, tant pour faciliter l'écoulement des urines vers la rigole pratiquée au milieu de l'écurie, qu'afin que le cheval ayant le devant un peu plus relevé que la croupe, il pèse moins sur les épaules (1).

Les mangeoires se construisent quelquefois en pierre, mais plus souvent en bois; les premières auraient sur les secondes l'avantage de pouvoir se laver, d'être plus solides, de ne pas laisser perdre le grain à travers les jointures, ni offrir des rétraites aux souris. Les mangeoires de bois doivent être construites le plus solidement possible, et bordées d'une bande de tôle devant les chevaux qui ont l'habitude de tiquer ou de ronger.

Le bord des mangeoires doit être élevé d'environ trois pieds et demi au-dessus du sol; on leur donne environ dix à douze pouces de creux et un peu plus de largeur; le dessous reste libre, et l'on place de distance en distance des supports ou *racineaux*, en ayant soin qu'ils se trouvent à l'endroit des cloisons ou poteaux, car si un racinal se trouvait au milieu d'une place, le cheval pourrait s'y blesser le genou.

L'élévation des râteliers est subordonnée à la taille des chevaux, mais on les place communément à trente pouces au-dessus de la mangeoire; on les fait penchés en avant ou droits : ceux-ci ont deux pieds de profondeur, et avancent d'autant sur l'écurie; le fond doit être à claire-voie, afin que la poussière et autres immondices qui sortent du foin puissent tamiser au travers. Les râteliers inclinés prenant moins de place puisqu'ils sont au-dessus de l'espace occupé par les chevaux, on en fait beaucoup plus de cette façon que de l'autre; mais ils ne sont ni aussi propres ni aussi gracieux à la vue.

Les roulons ou barreaux des râteliers doivent être espacés de quatre pouces, afin que les chevaux puissent tirer le four-

(2) On préfère avec raison les écuries non pavées, pourvu que le sol soit assez solide et assez fortement battu pour n'être pas détrempé par les urines.

rage avec facilité. C'est dans le même but qu'on les fait ronds et roulant sur eux-mêmes.

Le côté opposé aux mangeoires et râteliers, dans les écuries simples, doit être percé d'une ou plusieurs portes et de plusieurs fenêtres ; celles-ci seront vitrées ou tout au moins garnies d'un châssis en treillis, et disposées de manière à ce que la lumière ne frappe pas directement les yeux des chevaux ; il serait même bon de mélanger un peu d'ocre dans le crépissage des murs, afin d'en corriger la trop grande blancheur. Les espaces libres seront garnis de tablettes et de porte-manteaux servant à déposer tous les objets nécessaires au service. Quant aux harnais, il faut, autant que possible les déposer dans une pièce voisine et ne servant qu'à cet usage, parce que l'humidité de l'écurie les détériorerait promptement.

Le palfrenier doit coucher auprès de ses chevaux, et entretenir toute la nuit une lampe enfermée dans une lanterne de corne, de crainte d'accidens. Son premier soin doit être, tous les matins, de nettoyer les mangeoires, panser ses chevaux, balayer l'écurie, enlever les fumiers et les toiles d'araignées, etc. Pour que les chevaux soient bien soignés, il ne faut guère en confier que cinq à six à chaque palfrenier, et il sera assez occupé.

Lorsqu'une écurie sera évidemment humide et malsaine, on l'assainira autant que possible, en perçant de nouvelles ouvertures si elle n'est pas assez aérée, et en garnissant les murs de planches. Lorsqu'un cheval sera mort de maladie contagieuse, il faudra nettoyer tout ce qui lui a servi, laver le râtelier et les mangeoires à l'eau seconde des peintres, reblanchir l'écurie avec un lait de chaux et en répandre abondamment sur le pavé.

C'est une mauvaise habitude de laisser entrer des volailles dans les écuries. La présence de ces animaux inquiète les chevaux qui n'y sont point habitués, et leurs excrémens en salissent les alimens, ce qui les dégoûte. C'est une habitude encore plus pernicieuse d'y conserver les araignées et de laisser pourrir le fumier sous les pieds des chevaux. Les eaux des jambes, la pourriture de la fourchette, les chancres, crapauds, et la plupart des autres maladies du pied n'ont pas d'autre cause que cette dernière ; d'ailleurs l'humidité ramollit la corne.

La litière est formée par la paille que les chevaux laissent tomber du râtelier et par celle qu'on leur donne pour cet

objet. Elle sert, non seulement à les garantir de la dureté du
pavé, mais encore à les préserver du froid, de l'humidité et
de la malpropreté : il faut avoir soin de la remuer souvent et
de l'entretenir toujours sèche et propre. A cet effet, le palfrenier sortira les excrémens chaque fois qu'un des animaux
qu'il est chargé de panser aura fienté, et les parties de la litière qui seront pourries devront être rejetées avec soin : tout
cela se fera facilement à l'aide de pelles, balais, fourches,
civières ou brouettes, etc.

Du travail et du repos.

Tous les êtres animés ont besoin de faire un exercice proportionné à leurs forces et à la quantité de nourriture qu'ils
prennent : une inaction absolue leur serait non moins nuisible
qu'un travail outré. En appliquant ce principe à l'hygiène
des chevaux, on est conduit à conclure que le travail que
l'on en retire doit être considéré comme moyen d'entretenir
leur santé, autant que comme objet d'utilité.

Il est impossible d'assigner, même par aperçu, la somme
de travail que l'on peut exiger d'un cheval de force ordinaire, ni le tems qu'il doit donner au repos ; cela dépend
essentiellement de la nature de l'animal et du genre de service auquel il est employé. Mais en général, le cheval, quoique doué d'une force musculaire considérable, se fatigue
plus promptement que la plupart des autres bêtes de somme ;
il faut donc ne pas le faire travailler trop long-tems sans interruption. Les chevaux fins sont moins endurcis à la fatigue
que ceux de bât ou de trait, ce qui tient au peu d'exercice
qu'on leur donne, autant qu'à leur constitution moins
étoffée.

Le cheval dort peu, couché ou debout, et se réveille très
facilement. Il faut éviter de faire du bruit pendant son sommeil.

Son réveil est marqué par des bâillemens et l'extension des
membres.

Les chevaux de luxe, et en général ceux qui travaillent
fort peu et mangent beaucoup, sont sujets à la gras-fondure,
et à beaucoup d'autres maladies inflammatoires : c'est pourquoi il est essentiel de les promener régulièrement tous les
jours quand ils ne travaillent pas.

Au demeurant, quel que soit le service auquel on emploie
un cheval, il faut ménager ses forces, éviter autant que pos-

sible de le mettre en sueur, et surtout qu'il ne prenne froid étant dans cet état.

Les chevaux de travail exigent quelques soins particuliers, qui vont être indiqués dans les articles suivans.

Du choix des alimens.

On nourrit les chevaux au vert et au sec. Le vert est plutôt un régime de circonstance qu'une nourriture habituelle : il se donne aux chevaux que l'on veut rafraîchir ou relâcher, à ceux qui sont épuisés, ruinés, ou atteints de quelque maladie qui rend son usage nécessaire ; aux jeunes chevaux qui ont besoin de prendre du corps. On reconnaît qu'il opère favorablement, lorsqu'après avoir été fortement purgés par son usage, on voit les chevaux reprendre de l'embonpoint ainsi qu'un poil frais et luisant.

Le printems est la saison la plus convenable pour mettre les chevaux au vert. Il faut le couper le matin tandis qu'il est encore couvert de l'humidité de la rosée, parce qu'il lâche mieux le ventre ; et le donner par poignées, car si on le jetait en tas devant les chevaux, ils s'en dégoûteraient dès qu'ils auraient soufflé dessus (1).

Quand le cheval est très maigre, il faut en même tems lui donner une ou deux fois par jour du son humecté. C'est une erreur commise par quelques auteurs, de croire que le foie d'antimoine donné dans le son, empêche les dents de s'agacer et prévient la formation des vers et la fourbure pendant l'usage du vert ; mais lorsque l'on remet le cheval au sec, on peut lui faire prendre, pendant huit à dix jours, une demi-once ou une once de cette poudre, avec un gros d'éthiops minéral. Il faut tenir les chevaux chaudement pendant ce régime, les faire travailler modérément et de manière à ne les point fatiguer ; mais c'est encore une erreur grossière de croire qu'il faille s'abstenir de les panser, et les laisser croupir dans la malpropreté. M. Huzard recommande, au contraire, de les bouchonner au moins deux fois par jour si on ne les panse à fond, précaution d'autant mieux indiquée que l'usage du vert fait beaucoup transpirer.

Le meilleur vert est l'orge avant que l'épi sorte du fourreau ; plus tard il passe pour provoquer la fourbure : il y en

____

(1) C'est une bonne méthode de saigner les chevaux pendant ou après l'usage du vert.

a de deux espèces, l'*escourgeon*, qui se sème en hiver et se coupe en avril, et l'orge proprement dite, qui se sème en mars et se coupe en mai. L'escourgeon est regardé comme plus nourrissant que l'orge commune, et celle-ci comme laxative.

On donne encore en vert le sainfoin, le trèfle, la luzerne et tous les autres fourrages, enfin l'herbe des prés. Quand on lâche les chevaux dans la prairie au lieu de leur donner l'herbe coupée, on dit qu'on les met à l'herbe, ou mieux encore qu'on leur donne le vert en liberté : cette méthode est meilleure pour les jeunes chevaux que pour les vieux; mais le vert ni l'herbe ne conviennent à ceux qui sont morveux ou farcineux.

Le foin, la paille de froment et autres fourrages, l'avoine, l'orge, le son, les féverolles, etc., composent la nourriture la plus habituelle des chevaux.

Le foin les engraisse, les échauffe et les invite à boire; il convient mieux aux chevaux qui travaillent beaucoup qu'aux autres. Les chevaux faits qui en mangent trop sans faire un exercice proportionné, sont sujets à la pousse. Il est bon de le retrancher totalement ou du moins en partie, aux chevaux qui ont cette maladie ou en sont menacés, qui ont beaucoup de ventre, et qui sont lourds et paresseux.

Du reste, les diverses qualités du foin dépendent beaucoup des herbes dont il est mélangé, de la manière dont il a été récolté, et de la nature du sol qui l'a fourni. Les foins vasés, pourris, trop nouveaux, échauffés, trop vieux, sont extrêmement préjudiciables aux chevaux; ceux dits de regain sont de médiocre qualité; mais le foin trop fin a l'inconvénient de les rendre délicats et difficiles, malgré qu'il soit ordinairement le meilleur. Quand il s'y trouve de la poussière ou des petites pierres, il faut le secouer avec soin, le battre même, car les pierres peuvent détériorer les dents des chevaux, et la poussière les expose à la pousse et les fait tousser.

La bonne paille de froment, fine et point tachée, est la nourriture la plus saine, surtout pour les chevaux qui travaillent peu et ceux à qui le foin est évidemment contraire. Les chevaux nourris à la paille sont vifs, légers, plus musculeux que gras, mais un peu chargés d'encolure, surtout quand ils y sont déjà disposés naturellement. Néanmoins, cette nourriture est généralement préférable au foin, et si elle n'est pas plus universellement adoptée, surtout la paille hachée, c'est plutôt l'effet de la routine et du préjugé que de toute autre cause. Du reste, comme le foin invite les chevaux à boire, il est bon d'en donner une poignée à ceux que l'on nourrit à la paille, avant de les abreuver, et d'en faire la nourriture principale de ceux qui sont étroits de boyaux.

La paille hachée, soit seule, soit mélangée avec l'avoine dans la proportion d'une partie de celle-ci contre deux de celle-là, est une très bonne nourriture, surtout pour les chevaux dont le flanc est altéré : on la mouille quelquefois.

Le trèfle, le sainfoin, la luzerne, ainsi que les pois gris, les vesces et les lentilles desséchées, herbes et grains, échauffent et engraissent très promptement les chevaux : c'est une nourriture très succulente que l'on doit donner en moindre quantité que le foin, et seulement dans les circonstances qui rendent son usage nécessaire. La luzerne surtout doit être donnée avec ménagement, et mélangée autant que possible avec d'autres fourrages, aux chevaux qui n'y sont pas habitués.

L'avoine forme la principale nourriture des chevaux de travail : ce grain leur donne de la force, de la vigueur et de la chaleur. La bonne avoine doit être noire, pesante, luisante, glisser facilement dans la main lorsqu'on la prend à poignée, n'avoir aucune mauvaise odeur, et être nette de poussière, de terre et de cailloux : la blanche qui a toutes ces qualités, est aussi très bonne. L'avoine gagne à être gardée en grenier. L'orge rafraîchit plus qu'elle ne nourrit ; mais, mélangée avec l'avoine, elle forme une excellente nourriture, surtout pour les chevaux maigres, et ceux qui travaillant beaucoup, mangent du grain en proportion et que l'avoine pure échaufferait trop.

Le froment pur serait beaucoup trop chaud, disposerait d'ailleurs les chevaux qui en feraient habituellement usage, au farcin et à la fourbure ; mais comme il fait beaucoup boire, on peut, sans inconvénient, en donner une ou deux jointées par jour, avec beaucoup de foin, à ceux qui sont étroits de boyaux. On peut aussi en donner un peu aux étalons pendant le tems de la monte. La paille de froment dans laquelle il serait resté une certaine quantité de grain, pourrait tenir lieu de toute autre nourriture.

La fève de marais ou féverolle est un grain très substantiel et chaud, quoique moins que le froment : employée par jointées et modérément, elle est d'un très bon usage pour les chevaux qui travaillent ou qui ont besoin de reprendre du corps.

Ces différens grains se donnent entiers, et comme les chevaux les avalent à peu près de même, ils en perdent beaucoup et en rendent une portion considérable sans l'avoir digérée, ce qui est en pure perte. On trouverait donc une économie de plus d'un tiers en les passant préalablement sous la meule, et les chevaux en seraient mieux nourris. Quelques personnes conseillent aussi de faire crever l'orge ou l'avoine dans l'eau ; mais il paraît préférable de les écraser grossièrement : cette pratique est indispensable lorsqu'on leur donne des fèves de marais qui sont très dures.

Le son est très utile pour les animaux malades, extrêmement maigres, ou qui ont besoin d'être rafraîchis : on le donne ou mélangé avec l'avoine, ou pur. Dans ce dernier cas, c'est une sorte de diète qui diminue les forces au lieu de les rétablir : on ne doit donc pas faire travailler les chevaux auxquels on ne donne pas d'autre nourriture. Le son sert encore à faire l'eau blanche, boisson ordinaire des chevaux malades ou au régime.

Les propriétés alimentaires ou médicales du son appartenant uniquement à la farine qu'il retient, on doit choisir de préférence celui qui en contient le plus, qui est le plus pesant, le plus fin, le plus blanc, sans aucune odeur d'aigre ou d'échauffé. Celui qui est grossier et très léger, ne contenant presque que la partie corticale du grain, substance absolument inerte et sans vertu, n'est propre qu'à causer des indigestions et des vents ; lorsque l'on emploie un pareil son à faire de l'eau blanche, il est bon de la laisser reposer et de la décanter avant de l'employer.

On emploie encore avec succès, pour la nourriture des chevaux, le fruit du caroubier, les carottes et quelquefois même la pomme de terre et les betteraves ; mais cette dernière racine les relâche et les rafraîchit.

Les amateurs de *dictum* disent vulgairement : cheval d'avoine, cheval de peine ; cheval de foin, cheval de rien ; cheval de paille, cheval de bataille, pour caractériser l'influence de chaque espèce de nourriture sur la qualité des chevaux. Au reste, quand on a le choix des alimens, il faut, autant que possible, le subordonner au tempérament, à l'âge du cheval, à l'état de la saison, etc.

Le choix des eaux destinées à l'abreuvage des chevaux demande aussi quelques précautions : celles qui sont crues, dures ou très froides, leur sont très préjudiciables, surtout lorsqu'ils ont chaud : au contraire, celles des rivières, des étangs, ou même des mares, leur sont bonnes, pourvu qu'il n'y ait pas de sangsues, ou qu'elles ne soient pas limoneuses ou croupies.

Quand l'on est réduit à se servir d'eau de puits, il faut, autant que possible, l'exposer une heure ou deux au soleil ou dans l'écurie, pour lui faire perdre sa grande froideur, ou l'agiter avec la main dans le même but ; cela s'entend pour l'été ; mais en hiver, il vaut mieux la faire boire aussitôt sa sortie du puits. On doit apporter beaucoup d'attention dans la manière d'abreuver, car elle est souvent la source d'une foule de maladies. Enfin il est quelquefois bon d'y délayer un peu de son.

Les chevaux boivent généralement le vin avec plaisir. Quand un cheval est harassé de fatigue, couvert de sueur, ou que l'on veut lui redonner du courage et de la vigueur, on peut lui faire avaler une bouteille de cette liqueur.

De la ration convenable à chaque espèce de chevaux.

La ration d'un cheval doit être proportionnée à sa taille, à son appétit naturel, à son âge, mais surtout à son genre de vie : car il est évident que celui qui travaille beaucoup doit manger davantage que celui qui reste à l'écurie ou qui n'en sort que pour traîner pendant quelques instans un léger cabriolet ou un brillant équipage.

Un cheval bien en chair, ni trop gras, ni trop maigre, a plus d'haleine, plus de liberté dans ses mouvemens, et résiste mieux à la fatigue que celui qui est surchargé d'embonpoint. Ainsi donc, quand un cheval a été épuisé par le manque de nourriture, la fatigue, les maladies ou toute autre cause, il est nécessaire de le forcer un peu en nourriture pour le remettre en chair, après l'avoir saigné et purgé s'il y a lieu ; mais arrivé à ce point, il ne faut plus lui en donner que ce qui lui est nécessaire pour l'y maintenir. On ne doit pas perdre d'ailleurs de vue, que des chevaux nourris outre mesure sont très sujets à la pousse, au farcin, à la gras-fondure et à plusieurs autres maladies.

Les chevaux de manège ont besoin de peu de nourriture, parce qu'ils sont très fins et ne font qu'un exercice très borné. Celle des chevaux de selle est subordonnée à leur taille et au service qu'on leur fait faire : les chevaux de carrosse en demandent davantage ; et ceux de charrette encore plus , parce qu'ils sont très épais et travaillent beaucoup. Ces diverses proportions peuvent être réglées, par approximation, de la manière suivante.

Pour un cheval de selle de bonne taille ou de cabriolet, dix livres de foin, douze livres de paille et un boisseau d'avoine ou quatre picotins.

Pour un double bidet, huit livres de foin, huit à dix de paille, trois quarts de boisseau d'avoine.

Pour un simple bidet, six livres de foin, huit livres de paille, deux picotins ou un demi-boisseau d'avoine.

Pour un attelage de carrosse, vingt-quatre à trente livres de foin, environ autant de paille, et trois à quatre boisseaux d'avoine.

Deux forts chevaux de charrette travaillant beaucoup, peuvent manger jusqu'à quatre ou cinq boisseaux d'avoine, du foin et de la paille en proportion. On pourrait économiser beaucoup de grain sans nuire à la santé des chevaux, en le mélangeant avec de la paille hachée.

Quand les chevaux cessent de travailler, il faut retrancher une portion de leur nourriture, mais graduellement et non tout-à-coup ; de même que lorsque l'on remet un cheval au travail après l'avoir laissé reposer pendant long-tems, il faut l'y habituer petit à petit et augmenter son ordinaire dans la même proportion.

Si l'on s'aperçoit qu'un cheval soit sujet à suer dans l'écurie sans cause apparente, c'est ordinairement un indice qu'il est trop nourri, et il faut diminuer sa ration; ou bien qu'il mange sa litière, ce qu'il faut encore empêcher, parce que cette paille échauffée passe pour disposer à la pousse.

Du pansage en général.

Le cheval est un animal très délicat, qui demande non seulement une nourriture convenable, mais encore un bon pansage, c'est-à-dire la réunion d'une multitude de soins minutieux, non moins nécessaires à la conservation de sa santé qu'à la propreté.

En effet, il est à remarquer que de deux chevaux, dont l'un sera parfaitement nourri mais mal pansé, et l'autre pansé régulièrement quoique moins bien nourri, celui ci se conservera en meilleur état que le premier, toutes choses égales d'ailleurs. Le pansage doit se faire régulièrement matin et soir, et les personnes très soigneuses le répètent dans le milieu de la journée, mais moins à fond.

On prend d'abord l'étrille de la main droite, et on la promène légèrement sur tout le corps du cheval depuis la naissance de la queue, en suivant successivement la croupe, la hanche, les côtés, les épaules et l'encolure, jusqu'aux oreilles. On procède de même de l'autre côté, et on la fait agir jusqu'à ce qu'elle n'amène plus de crasse : alors on la quitte pour répéter la même opération avec un bouchon de paille légèrement humecté que l'on promène à poil et contre-poil sur toutes les parties du corps, notamment celles où l'étrille n'a pas pu passer ; on lisse ensuite le poil avec l'époussette, et l'on frotte avec soin le dedans et le dehors des oreilles, le dessous de la ganache, entre les jambes, les cuisses, etc. Quelques personnes se contentent de l'époussette sans se servir du bouchon.

Cela fait, prenant la brosse d'une main et l'étrille de l'autre, on brosse à poil et contre-poil, le front, les yeux, les sourcils, en un mot toute la tête, et l'on passe de là aux diverses parties du corps, ayant soin de frotter de tems en tems la brosse sur l'étrille, et de coucher le poil dans son sens en terminant. Cette opération sert à enlever la crasse que l'étrille a laissée.

Quelques personnes commencent par les pieds de derrière, en frottant successivement la couronne, le paturon, le boulet, le canon, le jarret, et passent de là aux autres parties du corps, en terminant par la tête ; l'étrille doit toujours marcher à rebrousse-poil. Il est bon d'avertir le cheval avant de l'approcher, s'il est ombrageux.

Il est surtout essentiel de frotter avec soin les jambes, du haut en bas, et du bas en haut, le long des nerfs et aux jointures. Cette opération, que l'on peut faire, soit avec la brosse, soit avec le bouchon, concourt non seulement à tenir les jambes propres, mais encore à faciliter la circulation des humeurs et prévenir les engorgemens.

Après ces divers pansemens, on prend un seau d'eau fraîche et une éponge très propre que l'on y trempe à plusieurs reprises pour laver et bassiner le tour des yeux, l'ouverture des naseaux, le fourreau de la verge, le fondement ; et enfin les jambes, que l'on aura soin de sécher après cette opération ; le lavage des jambes peut encore se faire avec une brosse.

Enfin, prenant le peigne d'une main et l'éponge de l'auire, on démêle avec précaution les crins de la queue et ceux de la crinière, en commençant par le bas et remontant à mesure vers la racine ; ensuite, on peigne dans le sens contraire, c'est-à-dire, de la racine en bas, en tenant l'éponge élevée, et faisant couler de l'eau dans les crins à chaque coup de peigne, et l'on finit par tremper la queue dans le seau pour la laver, si elle est très sale. Dans ce dernier cas, on peut la frotter avec du savon noir. On finit par couper l'extrémité des crins à la hauteur du fanon ou à peu près.

Il y a des chevaux si chatouilleux qu'ils ne peuvent endurer ni la brosse ni l'étrille ; on se contente alors de les frotter en tous sens avec la main humide, que l'on plonge dans l'eau de tems en tems pour la laver ; c'est ce que l'on nomme panser à la main. On a vu plus haut que les poulains se pansent de cette manière jusqu'à un certain âge.

Du régime des chevaux à l'écurie.

A six heures du matin, en toute saison, on entrera dans l'écurie, et l'on jettera le tiers de la ration de foin dans le râtelier, après l'avoir nettoyé ainsi que la mangeoire : pendant que le cheval mangera son foin, on remuera la litière avec la fourche, en poussant sous la mangeoire celle qui n'aura pas été salie ; on balayera avec soin les places et l'écurie, et l'on sortira le fumier.

On mettra ensuite une cavessine ou un filet au cheval, on le sortira de l'écurie si le tems le permet, pour le panser à fond ; sinon on l'attachera au poteau, et on le pansera dans l'écurie même : le pansement fait, on curera le pied, on mettra au cheval sa couverture ; on le fera boire, on lui donnera l'avoine après avoir nettoyé la mangeoire une seconde fois, et l'on jettera de la paille dans le râtelier.

On donnera la seconde ration de foin à midi, et l'on époussettera le cheval pendant qu'il le mangera ; ensuite on le fera boire, on donnera l'avoine après avoir nettoyé la mangeoire, et on laissera le cheval tranquille pendant qu'il la mangera.

A six heures du soir, on se comportera en tous points comme le matin, et l'on donnera les deux autres tiers de la ration de paille ; à neuf heures on ôtera la couverture, on fera la litière, ou on la rafraîchira si elle est faite depuis le matin.

A cet effet, on tire avec la fourche la paille mise en réserve sous la mangeoire, on l'étend jusqu'aux pieds de derrière, et l'on délie ensuite une botte de paille fraîche que l'on répand par-dessus. Si l'on fait la litière dès le matin, on n'ajoutera à celle de la nuit qu'une demi-botte de paille, on la relèvera avec la fourche chaque fois que l'on entrera dans l'écurie, et on la fera le soir comme il vient d'être dit.

On attache les chevaux en place, avec un licol pourvu de deux longes que l'on passe dans les deux anneaux de la mangeoire, puis dans une boule de bois percée d'un trou au-delà duquel on arrête par un nœud l'extrémité des deux longes; cette boule a pour objet de tirer par son propre poids le licol, pour que le cheval ne s'enchevêtre pas, c'est-à-dire pour qu'il ne se prenne pas la jambe de derrière entre les deux longes lorsqu'il veut se gratter la tête; on peut aussi attacher pendant le jour l'une des deux longes en haut du râtelier pour empêcher le cheval de manger sa litière.

La conservation des pieds demande des soins tout particuliers, puisqu'ils sont sujets à se détériorer très promptement. On a remarqué que ceux de derrière ne sont jamais mauvais, c'est-à-dire ni encastelés ni mal nourris, ce que l'on attribue à l'humidité de la fiente sur laquelle ils reposent constamment dans l'écurie, et qui les conserve en bon état : on recommande en conséquence de tenir également sous ceux de devant du crottin mouillé, dans le même but.

Il paraît cependant qu'on ne doit point attribuer la bonté de la corne des pieds de derrière au séjour qu'ils font dans la fiente, mais bien plutôt à la forme qu'elle affecte dans ces pieds, et à sa nature qui y est plus liante et plus souple que dans ceux de devant. Ce qui vient à l'appui de cette assertion, c'est que, dans les écuries bien tenues, où on enlève le crottin aussitôt qu'il est aperçu sur la litière, le sabot n'en est pas moins bon. Au reste, les pieds dont la corne est sèche, cassante et trop rigide, ont besoin d'être graissés avec de l'onguent de pied, et, à son défaut, avec du sain-doux ou autre graisse : on devra surtout oindre la partie de la paroi ou muraille qui touche la couronne. Quant à ceux dont la corne est molle et tendre, l'onguent ordinaire et tous les autres corps gras ne feraient qu'accroître cette disposition; en y faisant entrer une plus grande quantité de résine, on le rend propre tout à la fois à nourrir la corne et à la raffermir.

Il faut tâcher de mener les chevaux au moins une fois le jour à l'abreuvoir : cela les promène, les rend gais, et leur fait plus de bien que de les abreuver au seau. D'ailleurs, il est très bon de leur laver les jambes; mais il faut leur en faire écouler l'eau avec la main et les bouchonner avant de les remettre à l'écurie.

Quand l'on rentre un cheval couvert de sueur, il faut la lui abattre avec le *couteau de chaleur* : c'est une vieille lame ou une sorte de couteau de bois, que l'on prend à deux mains et que l'on passe sur toutes les parties du corps, dans le sens du poil, pour en faire couler la sueur ; ensuite on essuie bien les oreilles, la tête, les jambes, et l'on bouchonne les autres parties jusqu'à ce que le cheval soit sec ; on lui met alors sa couverture et on ne lui donne à boire et à manger que quand il est refroidi.

A l'égard des chevaux de course ou de chasse, il faut les traiter comme il vient d'être dit, mais ne pas les déseller pendant qu'ils ont très chaud, dans la crainte qu'il ne survienne de l'enflure sous la selle. C'est pour prévenir cet accident, que les postillons mettent de la paille sous la selle des chevaux qu'ils ramènent. Il est même prudent, lorsque l'on redoute ces engorgemens, de resserrer les sangles immédiatement après l'arrivée.

Il ne convient pas de frotter pendant long-tems les jambes tant qu'elles sont échauffées, parce que l'on y attirerait ainsi les humeurs, mais il convient de le faire quand elles sont refroidies. Il faut surtout soigner celles des chevaux de trait et de tous ceux qui marchent beaucoup sur le pavé et dans la boue.

Les chevaux qui restent peu à l'écurie doivent, de préférence, manger la paille pendant le jour, et le foin pendant la nuit.

Du régime des chevaux en voyage.

Lorsque l'on se dispose à faire un voyage d'une certaine étendue avec les mêmes chevaux, il faut d'abord s'assurer du bon état de la ferrure; leur donner un mors le plus léger possible, afin de ménager leur bouche; voyager d'abord à petites journées, et aller tous les jours en augmentant jusqu'au maximum de leurs forces. Un cheval bien ménagé et point trop chargé peut faire par jour douze à quatorze lieues de poste, qu'il faut tâcher de diviser en deux parties à peu près égales, ou bien fournir la plus longue course le matin et réserver la plus courte pour l'après-midi.

Quand l'on trouve chemin faisant une belle eau, il est bon d'abreuver le cheval, de le baigner pendant quelques instans pour lui laver et rafraîchir les jambes, et de le faire marcher après un peu plus vite afin qu'il ne se refroidisse pas. Mais cela ne se fera pas si le cheval a très chaud.

Il est nécessaire de ralentir un peu le pas en approchant des gîtes, afin de commencer à rafraîchir un peu les chevaux et de les reposer. Cette attention permettra de leur donner plus tôt à manger, et préviendra les inconvéniens du refroidissement subit. S'ils ont bien chaud en arrivant, on les promènera pendant quelques instans, puis on leur abattra la sueur, on les bouchonnera, et on leur lavera les jambes avant de les mettre à l'écurie : on aura soin de ne pas leur mouiller le ventre toutes les fois qu'on les fera entrer dans l'eau ayant chaud.

On les attachera au râtelier avec la selle ou le harnais sur le dos ; on ne leur laissera pas leur bride sous le spécieux prétexte de leur donner de l'appétit et de leur rafraîchir la bouche : mais on pourra leur laver cette partie s'ils ont humé de la poussière. Il faudra dégager la croupière, et, si l'on juge à propos de desserrer les sangles, glisser un peu de paille sous la selle : enfin, on lèvera successivement les quatre pieds pour les curer, et pour voir s'il manque quelque clou, ce qu'il faudrait réparer sur-le-champ.

Quand l'on jugera les chevaux assez refroidis, on jettera du foin dans le râtelier ; quelques instans après, on leur donnera l'avoine ; mais s'ils la refusent, on la leur retirera sur-le-champ pour leur donner du son mouillé. Les chevaux qui ne sont pas faits à la fatigue sont sujets à se dégoûter de l'avoine : on prévient ce dégoût en la leur ménageant pendant les premiers jours ; et, s'il persiste, on le dissipera en leur faisant prendre une once de thériaque, ou deux onces de foie d'antimoine dans du vin ; mieux encore en leur mettant un mastigadour d'assa fœtida ou autre.

Si les chevaux ont encore chaud quand on les débride, on leur donne l'avoine avant de les faire boire, sinon on fait le contraire. On peut se remettre en route au bout de deux ou trois heures de repos.

On observera, en approchant du gîte où l'on doit coucher, les mêmes soins, les mêmes précautions qu'au premier. Quand il sera tems de desseller et de débrider, on donnera un coup d'étrille et l'on couvrira bien les chevaux. On donnera successivement l'avoine, l'eau et le foin ; après quoi l'on examinera les pieds avec encore plus de soin que le matin, soit pour les curer, soit pour réparer la ferrure s'il y a lieu.

Lorsqu'un cheval se couche aussitôt qu'il est débridé, et qu'il a d'ailleurs l'œil bon et ne refuse pas de manger, c'est signe qu'il souffre des pieds, ce que l'on reconnaît encore lorsque cette partie est chaude et sensible au toucher : il faut alors le déferrer, et si l'on voit en dedans du fer un endroit plus luisant que le reste, signe évident que cette partie porte sur la sole, il faut la parer en cet endroit ; et, après avoir rattaché le fer, couler dans le pied de la térébenthine ou de la poix noire, ou du goudron fondu avec du suif, et contenir ce remplissage avec des étoupes.

Avant de sortir de l'écurie le soir, il faut faire une bonne litière, laisser les longes assez longues pour que les chevaux puissent se coucher à l'aise. Quand ils sont très fatigués et échauffés, rien n'est plus utile que de leur jeter de la paille fraîche sous le ventre pour les engager à uriner.

Chaque fois que l'on débride un cheval, il faut laver avec soin le mors et les embouchures, afin qu'ils ne contractent pas de mauvaise odeur; faire sécher les panneaux de la selle s'ils sont trempés de sueur, et les battre avec une gaule avant de la remettre, afin de les assouplir ; examiner si les porte-mors sont en bon état, et si aucune des parties du harnais ne blesse le cheval. Si la gourmette ou la selle causaient des écorchures, il faudrait doubler la première avec un morceau de cuir ou de feutre, et faire cambrer la seconde dans l'endroit où elle porte. Quand les bêtes de somme sont enflées sous le bât, ce qui arrive fréquemment, il faut appliquer sur la partie souffrante un sac de mauves bien chaudes.

La boue qui s'attache aux jambes des chevaux est la cause la plus ordinaire des maux qui se jettent sur cette partie quand l'on n'en a pas soin. Il faut donc, aussitôt que le cheval s'est un peu rafraîchi, prendre d'une main une éponge mouillée, une petite brosse de l'autre ; et, tandis qu'on lui fera couler l'eau de l'éponge le long des jambes, les frotter en tous sens avec la brosse ; ce que l'on continuera jusqu'à ce que l'eau n'entraîne plus rien.

Ces lavages faits avec soin ne servent pas seulement à entretenir les jambes propres, mais encore à les raffermir, leur donner du ton, favoriser la libre circulation, et prévenir les engorgemens auxquels cette partie est si disposée. La plupart des valets ne prennent pas tant de soin, et se contentent de frotter les jambes de leurs chevaux avec un balai trempé dans un seau d'eau : il est inutile de faire remarquer combien cette méthode est vicieuse.

Quand on a outré des chevaux par une course forcée, il faut, pour éviter les suites funestes qui pourraient en résulter, leur abattre aussitôt la sueur, les bien bouchonner, leur laver les jambes comme il vient d'être dit, et les promener ensuite pendant une demi-heure pour leur laisser prendre doucement haleine. Lorsqu'ils n'auront plus chaud, ils seront menés à la rivière, dans laquelle on les introduira jusqu'aux genoux et aux jarrets, l'espace d'une ou deux heures : puis à leur retour à l'écurie, on les fera déferrer, et on leur appliquera sur les pieds de la terre glaise détrempée dans une solution de couperose verte (sulfate de fer) ; on les couvrira bien, on leur fera une bonne litière, on leur donnera de la paille et de l'eau blanche tiède. Si malgré l'emploi de ces moyens ils devenaient fourbus, on emploierait le traitement convenable à cette maladie ; mais on se gardera bien de leur donner du vin, de la muscade, etc., et autres échauffans de cette nature, ainsi qu'on le pratique communément. On conseille encore de leur frotter les jambes avec du vinaigre et du sel, de leur couler dans les pieds de l'huile de laurier chaude et de mettre de la filasse pardessus (1).

Quand, après avoir échauffé un cheval à la course, on est dans le cas de s'arrêter, il faut le promener pendant quelques instans, et éviter de le tenir dans un endroit humide, ou sur un terrain en pente où les pieds de devant soient plus bas que ceux de derrière. Enfin on ne doit jamais se remettre en route sans s'être assuré que ses chevaux ont été pansés à fond, qu'ils ont mangé l'avoine, qu'il ne manque rien à leur ferrure ni à leur harnais ; surtout ne les faire sortir de l'écurie qu'au moment de partir, et éviter de les laisser exposés aux intempéries de l'air quand ils ne marchent pas.

---

(1) L'eau-de-vie camphrée chargée de savon, ou le liniment résolutif vulnéraire, employés en frictions sur les jambes, sont très propres à garantir ces parties des suites de la fatigue.

Quand un cheval revient d'un voyage long, pénible, et qu'il est fatigué ou échauffé, il faut ôter deux clous aux talons des pieds de devant, et même des quatre pieds s'il y a lieu, les remplir de bouse de vache, et les graisser en dehors avec l'onguent de pied ; mais on ne doit les parer ni changer la ferrure qu'au bout de quelques jours. On frottera les jambes matin et soir avec de l'eau-de-vie camphrée, ou avec une forte lessive de cendres chaude ; on saignera le cheval, s'il y a lieu, et on le tiendra pendant quelques jours au régime.

Il est une infinité d'autres précautions à observer, tant en voyage qu'à l'écurie, que les circonstances seules ou l'habitude de soigner les chevaux suffiront pour indiquer.

Sur la manière de courir la poste et les chasses.

Les personnes qui n'ont pas l'habitude de courir à cheval, ne seront pas fâchées de trouver ici quelques conseils à cet égard.

Il est bon de se munir de bottes fortes qui puissent préserver la jambe si l'on a le malheur de tomber sous son cheval ; de se vêtir à la légère, de se munir d'un suspensoir, et de porter une ceinture pour soutenir les reins ; d'avoir une culotte de peau sans doublure, et de relever la chemise autour des reins pour éviter les écorchures et contusions.

Il faut éviter de se charger l'estomac, parce que les secousses causées par le trot du cheval et surtout les bidets de poste, sont très contraires à la digestion ; éviter autant que possible de changer de selle, et en avoir, s'il se peut, une à soi ; tenir les étriers un peu plus courts qu'à l'ordinaire, la bride serrée, et suivre les mouvemens du cheval pour ne pas être *roué*. Les préceptes des académies doivent être mis de côté quand on court la poste.

On se servira beaucoup plus du fouet que de l'éperon, tout en ménageant sa monture, car les personnes qui forcent leur cheval dès le commencement de la course, ou qui ne cessent de le battre, arrivent souvent plus tard que celles qui y mettent plus de ménagement.

On va communément aux rendez-vous de chasse au pas, afin de ne pas fatiguer son cheval ; on suit de préférence les sentiers, les chemins, et l'on coupe au court toutes les fois que l'on en trouve l'occasion ; mais si l'on voit que la bête se *dépayse*, et paraisse devoir mener la chasse très loin, il vaut mieux revenir sur ses pas et renoncer au plaisir de la voir forcer, plutôt que de s'exposer à crever un cheval.

Il faut rendre la main et serrer fortement les jarrets quand on est forcé de se mettre à la nage : monter les montagnes au pas ou au trot, mettre pied à terre lorsqu'elles sont trop rapides ; les descendre le plus doucement possible, et si l'on ne peut se dispenser de les descendre au galop, il faut bien soutenir de la main et des jarrets, de peur que le cheval ne fasse une chute dangereuse pour lui et pour son cavalier. S'il s'agit de franchir un torrent, un ravin, de passer devant un moulin ou devant quelqu'autre objet qui porte ombrage au cheval, il faut l'y préparer petit à petit ; revenir plusieurs fois contre l'objet qui l'épouvante, toujours sans le brusquer, parce que loin de lui donner de la hardiesse en agissant autrement, on s'exposerait à lui faire faire des écarts dangereux.

CHAPITRE VI.

DE LA FERRURE.

Les anciens ne connaissaient pas la ferrure que nous employons pour préserver le sabot de nos chevaux d'une usure surnaturelle. Dans certaines circonstances peu nombreuses, lorsque leurs chevaux avaient l'ongle tendre, usé ou blessé, ils leur mettaient des espèces de souliers ou de bottes de cuir ou de joncs, fixés dans les paturons et sur les canons par des courroies ; le fer, l'or ou l'argent entraient quelquefois pour quelque chose dans la construction de ces chaussures. Les accidens auxquels étaient exposés les pieds des chevaux sont la cause de l'attention scrupuleuse qu'ils mettaient dans le choix de ces animaux relativement à la forme et à la dureté des sabots. Ils considéraient comme première qualité d'un cheval, la dureté de l'ongle et le bruit qu'il faisait dans la battue.

Le sabot croît toute la vie de l'animal : celui des chevaux qui sont dans l'état sauvage ne s'use pas plus vite qu'il ne croît ; mais dans l'état de domesticité, il est exposé à des frottemens violens sur les pavés, et il devient indispensable

de le garnir d'une lame de fer, sans quoi il serait bientôt
hors de service. Néanmoins, cette nécessité de ferrer présente des différences suivant la nature du sol, du travail et
de la conformation du sabot du cheval. Les chevaux qui ne
travaillent pas habituellement sur des chemins pavés ou
ferrés peuvent se passer d'être ferrés, surtout quand ils ont
le pied bon et quand ils habitent un pays sablonneux ou un
terrain sec, dur et uni, parce que leur corne y acquiert un
degré de dureté suffisant pour résister à l'influence destruc-
tive des agens extérieurs.

La nécessité de garantir l'ongle des chevaux, a donné
naissance à l'art de la maréchallerie, c'est-à-dire à celui qui
a pour but de forger les fers propres aux chevaux et de les
fixer par des clous. Cet art n'est pas un des moins importans de la chirurgie vétérinaire. Il a des règles nombreuses
basées sur des connaissances anatomiques et physiologiques,
dans lesquelles l'étendue de cet ouvrage ne nous permet
pas d'entrer. Nous nous bornerons aux notions suivantes.

Description anatomique du pied du cheval.

Le sabot peut être regardé comme une boîte de corne
dont toutes les parties fortement liées ensemble, ont chacune une dénomination particulière. Il commence à l'endroit où le poil cesse de prendre naissance. Il renferme les
os qui forment la base du pied (l'os du pied et le petit sésamoïde) et les *parties attachantes*, (la principale est le tissu
réticulaire) disposées entre les os et l'ongle.

Lorsqu'on examine le sabot sans attention, il paraît être
une simple boîte pour la défense de l'organe ; mais bien considéré, on trouve une belle machine, construite autant pour
le support de l'animal que pour mettre le pied à l'abri des
injures. Il est formé de trois sortes de cornes : (V. pl. VI.)
la muraille (fig. 1 et 2, A.), *la sole,* (fig. 3, B.) et *la fourchette* (fig. 3, C.)

La muraille (fig. 4.) est la partie extérieure du sabot vue
quand le pied est à terre. Elle est la base des deux autres
parties constituantes. Elle est plus élevée sur le devant et
diminue de hauteur et d'épaisseur de chaque côté, à mesure qu'elle se porte en arrière. Parvenue à la partie postérieure du sabot, elle forme un angle très aigu (a a), et se
continue vers le centre du pied, en diminuant toujours de
hauteur jusqu'à ce qu'elle ait atteint la pointe de la four-

chette où enfin elle se perd. Ces parties de la muraille qui se replient dans l'intérieur du pied s'appellent les arcs-boutans (b b). La muraille est composée de fibres de corne longitudinalement disposées et agglutinées ensemble; à l'endroit où elle se sépare de la peau, elle présente, à sa face interne, une multitude de pores qui sont les ouvertures des vaisseaux sanguins destinés à entretenir la vie dans cette partie (c). Le bord supérieur et tranchant de la muraille se nomme biseau. La cavité circulaire que l'on remarque à la face interne du biseau, loge la portion de la peau connue sous le nom de *chair de la couronne*. La partie antérieure de la muraille est *la pince* (fig. 1 et 2 c.); les deux côtés de la pince constituent les *mamelles* (fig. 1, d, fig. 2, dd); en arrière des mamelles sont les *quartiers* (fig. 1 et 2, e), et les parties postérieures qui correspondent à l'angle d'inflexion de la muraille sont les *talons* (fig. 1, f). La face externe de la muraille est luisante, couverte d'un épiderme qui ne doit jamais être enlevé. La face interne est garnie de nombreux feuillets perpendiculaires, parallèles et disposés de champ, mous, élastiques quand ils sont fraîchement découverts, mais durs et d'une substance analogue à celle de la corne quand ils sont secs (fig. 4, G); ils reçoivent entre eux les lames du tissu réticulaire, qui s'élèvent de la surface de l'os du pied, et forment entre cet os et le sabot une union de la plus forte espèce, et dont tout l'appareil étant entièrement élastique, permet les divers degrés d'expansion que le pied peut éprouver.

La *sole* est une plaque irrégulière de corne dure, qui sert à fermer l'ouverture inférieure de l'espèce de cylindre formé par la muraille. Sa face inférieure est un peu concave, et sa face supérieure un peu convexe. Quand elle est séparée des autres parties du sabot, elle paraît formée de deux pièces ovales, unies par une extrémité, et très écartées l'une de l'autre à leur autre extrémité (fig. 5). Au milieu de sa largeur elle est plus mince, et ses bords plus épais se terminent en biseau pour se réunir à la muraille et aux inflexions.

La *fourchette* remplit l'espace triangulaire que laisse la muraille en se réfléchissant en dedans du sabot pour former les arcs-boutans. Elle adhère fortement aux bords de ces derniers, et fournit un prolongement qui tourne autour du bord supérieur des talons, et les couvre d'une enveloppe épaisse qui constitue les *glômes* de la fourchette (fig. 6 II.);

elle se prolonge tout autour du bord supérieur du sabot, en s'unissant fortement avec lui, surpasse la corne de la muraille, s'accroche à la peau et devient le moyen d'une liaison générale entre les parties de la muraille et de la peau ; cette partie est le *periople* (fig. 6, i). On reconnaît à la fourchette une *base* et une *pointe*. La base est séparée en deux branches par une cavité longitudinale nommée *lacune ou vide de la fourchette*, sa pointe correspond à la réunion des deux arcs-boutans. De chaque côté de la fourchette se remarquent les *commissures*, cavités longitudinales profondes, formées par les surfaces inclinées en dehors et en bas. La fourchette n'est pas un corps solide ; c'est une voûte de corne renversée, c'est-à-dire tournée en sens contraire de la voûte que forme la sole, et dont l'épaisseur n'est pas considérable, et jamais plus qu'il n'est nécessaire pour ses fonctions.

Au centre de la boîte de corne, on trouve un os spongieux, posé à plat sur la sole charnue, et d'une forme à peu près semblable à celle du sabot ; on le nomme le *petit pied*. Comme il supporte l'os du paturon, tout le poids du corps porte à peu près sur le petit pied ; en sorte que pour peu que cette partie soit offensée, la jambe tout entière est hors de service : c'est ce qui fait que des personnes peu instruites cherchent souvent dans l'épaule ou les autres parties de la jambe un mal dont le siége se trouve dans le petit pied.

L'espace intermédiaire entre cette partie et la face interne de la muraille, est remplie par une production charnue et coriace, appelée la *chair cannelée*. On nomme *sole charnue* la portion de cette chair qui se trouve entre le dessous du petit pied et la sole de corne.

On trouve encore dans l'intérieur de la boîte de corne, des tendons, des nerfs, des vaisseaux, et plusieurs autres parties dont la description mènerait trop loin.

La corne s'amollit par l'usage continué des substances grasses, aqueuses et mucilagineuses ; elle se dessèche, se durcit à l'air, devient cassante et se fendille. Les chevaux élevés dans des pays bas et humides, ont le sabot peu consistant et très évasé ; ceux des contrées méridionales, ont la corne généralement très dure, souvent resserrée, au point d'occasioner la claudication. L'ongle est susceptible de régénération ; il a pour foyer central de sensibilité, de nutrition et de reproduction, le tissu réticulaire qui est par dessous. La corne ne jouit que d'une vitalité et d'une sensibilité très obscures ; mais l'expansion réticulaire sous-jacente supplée à cette insensibilité, et perçoit les impressions un peu fortes produites à la surface extérieure du sabot. La corne n'est pas caduque. Elle augmente toujours. Dans la paroi, elle s'alonge sans dépasser un certain degré d'épaisseur. L'accroissement de la sole et de la fourchette se fait en épaisseur. Pendant la marche, le bord inférieur de la muraille s'écroule pour ainsi dire sous le poids de l'animal ; la corne de la sole s'exfolie en lames friables, ou se réduit en poussière ; celle de la fourchette tombe par lambeaux.

Le pied du cheval est susceptible de se dilater et de revenir alternativement sur lui même. Ces changemens d'état sont toujours subits et imperceptibles ; ils sont constamment l'effet des foulées sur le sol, ou résultent de la réaction des parties comprimées. Le fer qu'on applique sous le pied pour le préserver d'une usure trop prompte, arrête en partie les mouvemens du sabot : il empêche le bord inférieur de s'ouvrir sous le poids, tandis que le biseau, la sole et la fourchette, qui sont libres, ne jouissent pas d'une élasticité aussi grande que si l'extension de la partie inférieure du sabot n'était point arrêtée par le fer. Cette gêne empêche la croissance, déforme le sabot et développe de la douleur dans les parties contenues. L'animal, gêné dans sa marche, contracte l'habitude de mauvaises allures ; le sabot s'altère, se déforme et occasione prématurément l'usure de l'animal. La ferrure contrarie donc incontestablement les lois de la nature ; mais c'est un mal nécessaire et inévitable, et en attendant qu'il soit bien constaté que les chevaux peuvent se passer de fers aux pieds, en tous lieux et pour tous les services, l'on doit chercher une méthode susceptible d'atténuer autant que possible ses effets pernicieux.

Le sabot du cheval, d'une composition élastique et fibreuse, destiné à protéger les parties internes du pied, doit être fort épais, dur, et d'une texture solide. Un sabot bien conformé présente la figure d'un cône tronqué postérieurement. La partie antérieure qui comprend la portion la plus volumineuse de la muraille, participe plus de la forme conique que les quartiers. Quand le cheval est sur un terrain uni, le pied est plus large à sa base qu'à sa partie supérieure, et la muraille présente de la couronne à sa base, une pente très régulière dans la direction d'un angle de 45 degrés. Le sabot doit être lisse, poli à sa surface, dur, élastique et ferme au toucher. Les talons doivent être bien ouverts, les branches de la fourchette bien écartées à leur base ; le vide de la fourchette bien prononcé, les commissures bien apparentes. La sole doit présenter une légère concavité du bord interne de la muraille en se dirigeant vers le centre du pied.

Quand le sabot est trop large par en bas et pas assez haut, les quartiers s'écartent souvent assez pour que la fourchette et la sole portent à terre, ce qui cause de la douleur au cheval et le fait boîter. On nomme *pieds plats* ceux dont il s'agit ; et *pieds combles* ceux dont la sole déborde la muraille au lieu de la laisser dépasser, ce qui provient ordinairement de la fourbure.

Quand, au contraire, le sabot est trop étroit, les quartiers se serrant l'un contre l'autre compriment le petit pied. C'est ce que l'on nomme *pied encastelé*, défaut essentiel, en ce que non seulement il rend le cheval bien moins sûr sur jambes, mais l'expose encore à plusieurs maladies de pied.

Quelques chevaux ont la corne très dure, ou si aigre qu'elle éclate au moindre choc à l'endroit des clous : d'autres ont la fourchette trop grosse, ce qui fait qu'elle porte à terre, ou trop décharnée, ce qui annonce un pied faible et mal nourri. Le sabot cerclé, c'est-à-dire entouré de rainures, annonce une mauvaise qualité de corne. Cela arrive souvent à la suite de la fourbure.

On nomme *pieds gras* ceux qui ont beaucoup de chair et la corne très mince ; ils sont délicats et difficiles à ferrer ; *pieds faibles*, ceux qui ont peu de talon et la corne mince vers la pince, où elle a au contraire besoin d'offrir plus de solidité.

Il y a des chevaux qui ont les talons faibles, flexibles, inégaux, etc. Ceux qui ont les pieds trop grands sont lourds, pesans, sujets à se déferrer : les pieds trop petits sont souvent malades et douloureux.

Comme le pied ne peut être bon qu'autant que la corne est ferme, liante, assez épaisse pour ne pas s'écraser, et assez forte pour supporter les fers et les clous, il faut suivre exactement les préceptes donnés à cet égard dans les deux articles relatifs au gouvernement des chevaux à l'écurie ou en voyage, et graisser tous les trois ou quatre jours la corne des talons avec l'un des onguens de pied mentionnés auxdits articles. Clatter, vétérinaire anglais, préfère la vieille urine à tous les corps gras qui, quand on en abuse, ont l'inconvénient de ramollir la corne et de faire partir les clous; mais son procédé a un inconvénient contraire, celui de rendre la corne aigre et cassante. Il conseille avec plus de raison de remplir les pieds durs et secs, avec des étoupes enduites d'un mélange de goudron et sain-doux, de chaque quatre onces; térébenthine une once. Il faut ôter le remplissage quand on sort le cheval de l'écurie pour le faire travailler.

Des instrumens du maréchal et des diverses sortes de fers.

Le *boutoir* est un instrument tranchant, figurant une sorte de petite pelle et armé d'un manche recourbé à angle droit, qui sert à le diriger et à le pousser en avant. On se sert de cet instrument pour parer le pied, c'est-à-dire pour égaliser et rafraîchir la corne avant de poser le fer.

Le *brochoir* ou marteau, sert à *brocher*, c'est-à-dire à enfoncer les clous dans la corne : il a une tête grosse et large.

Le *rogne-pied* est une lame de fer ou d'acier avec laquelle on enlève, après avoir posé le fer, la corne qui le déborde autour du sabot, et la partie la plus dure du bord inférieur de la muraille.

Les *triquoises* sont des tenailles qui servent à couper les pointes de clous qui ressortent en dehors du sabot. On se sert de la *râpe* ou lime pour unir la corne et les rivets.

On se sert du *repoussoir*, qui est une sorte de poinçon à quatre faces, pour chasser les clous hors de leurs trous.

Le fer est la chaussure destinée à préserver la corne du cheval et à conserver le pied, qui sans cette précaution, serait bientôt ruiné. La partie de devant de ce fer qui correspond à la pince du pied, porte le même nom ; les côtés se nomment les *branches ;* et les extrémités de ces branches correspondantes aux talons, les *éponges :* celles-ci se nomment *crampons* quand elles sont coudées en dessous en forme de crochet.

Le fer est *étampé* ou percé de huit trous pour autant de clous. On dit *étamper maigre* quand on perce ces trous près du bord extérieur; et *étamper gras* quand on les place plus près du bord qui regarde la fourchette. L'*ajusture* est l'espèce de concavité qu'on donne au fer à sa surface supérieure.

Les diverses conformations de pied, les diverses altérations du sabot, les différens défauts auxquels on peut quelquefois remédier par la ferrure, la part qu'a cette dernière dans l'appareil de pansement de certaines maladies du pied, et le service auquel est soumis le cheval, font varier la forme, le volume, le poids et les proportions des fers. Il en existe beaucoup d'espèces. Les plus souvent employés sont :

Le fer ordinaire pour les pieds de devant et de derrière (fig. 7 et 8).

Le fer couvert (fig. 9).

Le fer à lunette (fig. 10).

Le fer à éponge tronquée (fig. 11).

Le fer à branche tronquée (fig. 12).

Le fer tronqué en pince (fig. 13).

Le fer à la florentine (fig. 14).

Le fer à la turque (fig. 15).

Le fer à dessoler (fig. 16).

Et le fer à planche (fig. 17).

Les clous dont on se sert pour attacher les fers se composent d'une lame et d'une tête ; celle-ci est carrée et grosse, la lame plate et bien effilée : le fer doit en être liant et point aigre, afin que la tête se moule bien dans les étampures, et que la lame ne casse pas dans la corne. On doit choisir généralement les clous les plus déliés de lame, afin qu'ils ne la fassent pas éclater, et les fers les plus légers, afin qu'ils fatiguent moins le pied. C'est une erreur grossière de croire qu'il faille employer des fers larges et épais ; l'essentiel est, encore une fois, de les approprier exactement à la forme du pied, et de les attacher solidement.

On fait un *pinçon* à certains fers, c'est-à-dire qu'on laisse déborder en pince une petite languette que l'on relève ensuite sur le sabot d'un coup de brochoir. Cela se pratique communément aux fers de derrière.

De la manière de ferrer, en général.

Après avoir attaché le cheval avec sa longe ; le palfrenier ou un garçon maréchal prend le pied dans ses deux mains, si c'est un de ceux du devant ; ou si c'est un de ceux de derrière, il se place contre la croupe, le dos tourné du côté de la tête du cheval, et descendant la main le long de la jambe par dessus le jarret, il va prendre le pied, qu'il lève doucement, et le pose sur sa cuisse où il le maintient ferme avec ses deux mains, la sole tournée en l'air.

Il ne faut jamais trop écarter du corps du cheval, ni élever trop haut la jambe que l'on tient. S'il est difficile et malin, on emploiera tous les moyens que la patience et la douceur pourront suggérer, sans jamais le brutaliser ; et l'on ne recourra au travail, aux morailles, au torche-nez et autres moyens de rigueur, que quand tous les autres seront épuisés.

Quand l'on se sera rendu maître du pied, l'homme chargé de le tenir s'affermira du mieux qu'il pourra pour n'être pas entraîné dans les efforts du cheval, mais sans y mettre beaucoup de force, ni vouloir s'opposer trop à ses mouvemens ; et quand l'opération sera finie, il ne lâchera pas le pied brusquement, mais l'accompagnera doucement jusqu'à terre. Enfin, il faut prendre garde que la longe ne serre le nez du cheval ou ne lui passe dans la bouche, parce qu'en tirant sur elle, il pourrait s'ôter la respiration ou se couper la langue.

Quand le pied est levé et tenu convenablement, le maréchal prend le rogne-pied, dérive les vieux clous, puis avec ses triquoises, enlève le vieux fer, nettoie le pied avec soin, le pare, c'est-à-dire enlève les portions de corne superflue ; et, après en avoir pris la mesure, va choisir un fer qu'il fait chauffer, l'ajuste, et revient l'appliquer pendant quelques secondes sur le pied, en appuyant légèrement avec les branches des triquoises. Ensuite, il le laisse refroidir ; broche un clou de chaque côté, et s'assure bien que le fer porte également partout avant d'achever de le clouer.

Cela fait, il emporte avec le rogne-pied la corne qui dépasse le fer, ou celle que peuvent avoir fait éclater les pointes des clous ; coupe ces pointes, et les rive en y appuyant fortement la tête des triquoises, tandis qu'il frappe à grands coups sur les têtes, ou réciproquement : enfin, il passe légèrement la râpe sur les rivets pour les unir, et l'opération est finie.

Quand le maréchal enlève le vieux fer, il est quelquefois obligé de chasser les vieux clous avec le repoussoir, ce que l'on doit éviter autant que possible, parce que l'introduction de cet instrument dans les trous les élargit et risque de faire éclater la corne.

Quand un clou se coude, il faut exiger que le maréchal en remette un autre, et ne fasse pas servir le même. Si le cheval, quoique tranquille d'ailleurs, vient à retirer vivement le pied après un coup de marteau, il y a lieu de croire que le clou s'étant coudé en dedans ou ayant été mal conduit, a atteint le vif, et il faut le faire retirer sur-le-champ.

Afin d'éviter cet accident, le maréchal doit tenir son clou d'une main, tandis qu'il frappe d'abord à petits coups de l'autre, et redoubler quand la pointe commence à paraître en dehors.

Afin que le boutoir ne s'égare pas, et de ne pas courir le risque de blesser avec cet instrument, soit le cheval, ou l'homme qui tient le pied, il faut que le maréchal en applique le manche contre son ventre, et le pousse en avant par un mouvement des reins soutenu et uniforme. Lorsque le sabot est naturellement dur et sec, il faut l'humecter préalablement avec de la fiente de vache mouillée, pendant une demi-journée, ou plus s'il est nécessaire.

Règles générales pour bien ferrer.

Il serait aussi impossible d'assigner d'une manière invariable, la meilleure forme à donner aux fers, qu'il l'est de trouver deux pieds absolument ou même à peu près semblables. En effet, outre que la nature ne se copie jamais dans ses œuvres, il est beaucoup de pieds dont la forme naturelle a été altérée, soit par des maladies, soit par une ferrure trop défectueuse. Un maréchal connaissant son métier saura reconnaître les diverses indications que lui présenteront les circonstances : bornons-nous à rappeler ici quelques-unes des règles générales.

Conserver au pied sa forme naturelle. La plupart des maréchaux ont la mauvaise habitude d'abattre de la corne à tort et à travers chaque fois qu'ils ferrent un cheval : cette méthode, par laquelle ils croient donner au pied meilleure grâce, ne sert qu'à l'affaiblir, à le ruiner. Il faut se borner à retrancher de la face inférieure du pied le superflu de la muraille, ce qui a crû depuis la dernière ferrure, de sorte qu'après avoir enlevé ce superflu, le pied conserve encore sa forme naturelle, celle qu'il devrait avoir dans l'état de nature. La sole doit être peu parée ; on doit seulement enlever les portions qui tendent à s'exfolier ou celles qui se seraient détachées si le pied n'eût point été ferré et s'il eut joui de toute son élasticité naturelle. Quant à la fourchette, il est bien reconnu que, hors les cas de maladies, il convient de ne point y toucher, ou de n'enlever que les filamens, que les lambeaux qui tendent à se détacher.

Faire le fer pour le pied et non le pied pour le fer. L'habitude seule apprend au maréchal à bien prendre la tournure du pied et à ajuster le fer convenablement. Celui-ci ne doit porter que sur la muraille et laisser un vide entre lui et la sole, sans quoi le cheval boîterait infailliblement, à moins que la sole ne fût très épaisse. Il faut, d'un autre côté, éviter de la creuser en parant le pied, parce que le vide en question étant trop grand, se remplirait de terre et de gravier, ce qui aurait le même inconvénient que si le fer portait.

Les fers trop bombés, c'est-à-dire qui ont trop d'ajusture, rendent la démarche du cheval incertaine et mal assurée, surtout sur le pavé; ils tendent d'ailleurs à renverser la muraille sur les côtés, parce que tout le poids du corps porte sur elle, ce qui rend bientôt les meilleurs pieds combles.

Ne pas échauffer la sole. Quand l'on se borne à présenter sur le pied le fer chaud sans l'être trop et sans l'y laisser trop long-tems, on aperçoit aisément à une couleur de roussi plus prononcée, les inégalités de la corne; et d'ailleurs, ce léger degré de chaleur faisant refluer les sucs nourriciers, lui fait prendre plus de consistance en l'empêchant de pousser par en bas.

Mais la plupart des maréchaux n'ayant d'autre but que d'abréger leur besogne, appliquent le fer tout rouge et l'y laissent jusqu'à ce que toute la corne qu'ils veulent emporter soit brûlée. En agissant ainsi, ils dessèchent la corne, la rendent cassante, échauffent la sole et les chairs qui avoisinent le petit pied, privent le sabot de nourriture, et finissent par ruiner le pied, si même ils n'occasionent pas sur-le-champ des accidens graves.

Ne pas étamper large. Lorsque les trous de l'étampure sont trop larges, il faut mettre des clous très forts de lame, sans quoi le fer commence à vaciller et tombe dès que les têtes sont usées.

Ne pas étamper trop gras. Si l'on perçait les fers trop près du bord intérieur, ou que l'on employât des clous trop forts de lame, ils comprimeraient la chair ou même l'offenseraient, ce qui donnerait lieu à des accidens graves dans l'un comme dans l'autre cas. Si, d'un autre côté, on perçait trop maigre, les clous ne montant pas assez haut dans les quartiers seraient sujets à se détacher. Il faut en général percer maigre pour les pieds faibles qui ont très peu de corne, et plus gras pour les autres.

Ne pas brocher en musique. On appelle brocher ainsi, quand les pointes des clous sortent les unes plus haut, les autres plus bas. Il faut, autant que possible, que tous les rivets soient sur la même ligne.

Que les éponges ne débordent pas la partie inférieure des talons. Les chevaux ferrés trop long d'éponge, sont sujets à se déferrer dans mainte circonstance, ou à se couper en se couchant; ils marchent lourdement et d'un pas mal assuré. Les fers longs et forts d'éponge écrasent et foulent les talons bas, ce qui fait boiter le cheval. Ils éloignent la fourchette de terre, en sorte que pour peu qu'elle soit échauffée, ce qui arrive fréquemment, cette partie n'appuyant pas du tout, l'engorgement augmente de plus en plus et dégénère en fic ou crapaud, inconvénient que l'on prévient en ferrant court. Les fers courts conviennent assez aux bons pieds, surtout à ceux des chevaux qui marchent sur un terrain doux; mais ils laissent fouler les talons aux chevaux qui les ont bas ou faibles.

Du mode de ferrure propre à chaque forme de pied.

Après avoir examiné d'une manière générale les préceptes relatifs à l'art de la ferrure, il est bon de jeter un coup d'œil sur les moyens d'approprier la chaussure d'un cheval au genre de service auquel il est employé, et sur la manière de ferrer certains pieds d'une conformation particulière.

Les chevaux de labour ou de charrette, ayant le pied très fort et marchant presque toujours sur des terrains mous ou dans la boue, demandent à cet égard beaucoup moins d'attention que tous les autres.

Pour ceux de carrosse, surtout quand ils ont le pied grand et ample, il faut empêcher qu'il ne s'élargisse davantage. A cet effet, ne voûtez point le fer, n'abattez pas trop les talons, et blanchissez simplement la sole. Ferrez juste, ne brochez pas trop haut dans la crainte d'éclater la corne. Pour affermir d'autant les fers dont il s'agit, on y fait un pinçon.

Les chevaux de selle doivent être ferrés à la légère. Pour ceux de manège, il faut employer des fers légers et très découverts.

Aux chevaux *pinçarts*, c'est-à-dire qui appuient beaucoup

sur la pince, on met de forts pinçons, et l'on cloue le plus
près du talon : à ceux qui *forgent*, c'est-à-dire qui attrapent
en marchant leurs fers de devant avec la pince de ceux de
derrière, on met des fers très courts d'éponge au devant et
à pince tronquée au derrière.

Aux chevaux qui se *coupent* en marchant, il faut laisser
déborder un peu de corne en mamelle s'ils se coupent avec
cette partie ; et se servir d'un fer dont la branche de dedans
soit courte, étroite et incrustée dans la muraille, s'ils se
coupent des quartiers.

Aux pieds plats, il faut examiner d'abord l'état des quartiers et des talons : si les quartiers sont mauvais, il faut avoir
des branches longues, et faire en sorte que l'éponge porte
dans l'endroit le plus fort du talon ; si, au contraire, le
quartier est bon et les talons mauvais, on raccourcit les éponges de manière à ce qu'elles portent à l'endroit le plus fort
du quartier. Il faut, dans tous les cas, faire en sorte que la
fourchette porte à terre, malgré l'avis contraire de quelques
maréchaux.

Ces pieds deviennent assez souvent *combles*, surtout chez
les chevaux élevés dans des terrains marécageux, ou dont
la ferrure a été négligée pendant que leur pied n'était encore que plat. Il faut épargner le plus possible la corne des
quartiers ; ne blanchir la sole que très légèrement pour ne
pas la rendre trop sensible ; employer un fer couvert, en
prenant garde qu'il ne comprime la sole ; ferrer à froid, percer très maigre ; graisser de tems à autre le sabot pour faire
pousser la corne ; et laisser reposer le cheval pendant quelques jours, chaque fois qu'on l'a ferré à neuf. Les chevaux
qui ont les pieds très combles ne peuvent plus guère servir
que pour la charrue.

Les *pieds encastelés* ou qui sont très serrés des talons, le
sont ou par vice naturel de conformation ou par accident.
Dans ce dernier cas, il faut parer les talons à plat sans les
creuser non plus que les quartiers, et ferrer court afin que
la fourchette porte à terre.

Aux talons bas et faibles, il faut des fers un peu couverts,
et assez longs pour protéger les talons, qui seraient foulés
et meurtris s'ils portaient à terre : le fer à planche convient
beaucoup dans ce cas.

Aux chevaux qui ont la corne mince, faible ou éclatée, il
faut des fers dont les branches soient longues, des clous bien
affilés et déliés de lame ; abattre toute la corne qui sera

éclatée , parce qu'elle ferait fendre la bonne, et disposer les étampures du fer de manière qu'elles correspondent aux endroits ou la muraille est bonne et susceptible de donner implantation aux clous.

Il y aurait une foule d'autres remarques à faire sur les indications particulières qui peuvent se présenter dans la pratique de la ferrure. Mais un véritable artiste, qui aura quelques connaissances de l'anatomie du pied et qui ne sera pas étranger à la théorie de son art , saura apercevoir ces indications , et se conduira en conséquence.

Les auteurs s'accordent généralement à blâmer le mode de ferrure adoptée pour les mulets. C'est une grande plaque de fer presque ronde , appelée *planche* , et percée d'un trou dans le milieu ; ou bien un large fer plus long et plus couvert que les autres , appelé *fleurentine* ; dans tous les cas le fer déborde le sabot de beaucoup surtout en pince.

La ferrure en question a de nombreux inconvéniens : elle rend le pas des mulets extrêmement lourd ; quand ils marchent dans les terres fortes , leurs fers sont sujets à y rester, ou en emportent des masses énormes ; ils trébuchent à chaque pas dans les chemins pierreux et raboteux , parce que leurs fers étant beaucoup trop larges portent à faux à chaque instant ; la même cause les empêche aussi de marcher dans les montagnes où ils ne trouvent que des sentiers étroits.

DEUXIÈME PARTIE.

CHAPITRE VII.

MALADIES DU CHEVAL.

La maladie est l'état opposé à la santé ; c'est un changement dans les conditions naturelles du sang , d'un organe ou d'un appareil organique, qui est assez étendu, assez important pour troubler l'exercice des fonctions de la vie, pour provoquer dans le corps de l'animal des phénomènes nouveaux, étrangers à l'ordre naturel.

L'*indisposition* est une maladie qui ne détermine qu'un

trouble léger et peu durable dans les fonctions. Elle mérite en général plus d'attention qu'on ne le fait ordinairement.

On donne le nom *d'infirmité* à certaines maladies anciennes devenues incurables, qui ne troublent qu'une ou plusieurs fonctions et qui ne menacent pas l'existence du cheval.

Il n'est peut-être aucune science où la nomenclature soit aussi défectueuse que celle des maladies du cheval. Rien n'est plus bizarre que l'ensemble des noms donnés aux maladies par les anciens écuyers et les maréchaux. Elles ont été désignées tantôt d'après leur siége, (le *mal de garrot*, le *mal de gorge*, le *mal des rognons*, le *mal de tête de contagion*, *l'avant-cœur*); tantôt d'après les causes connues ou présumées (*l'atteinte*, le *clou de rue*, le *coup de chaleur*, *l'embarrure*, *l'enchevêtrure*); tantôt d'après les lieux où elle se montre le plus fréquemment, (le *mal d'Espagne*, d'après le nom de l'animal qui en est le plus souvent affecté, (le *mal d'âne*). D'autres fois c'est à raison d'un des symptômes principaux (le *vertige*, *l'hydrophobie*). Il est des maladies qui ont reçu des noms relatifs à leur marche ou à leur durée (la *fluxion périodique*) ; à leur gravité, leur durée, leur terminaison, leur mobilité, (*l'apoplexie foudroyante*, *l'angine gangréneuse*) ; à leur ressemblance avec certains produits de l'industrie humaine ou avec quelqu'objet d'histoire naturelle (la *tympanite*, le *polype*, le *champignon*, les *poireaux*, *l'oignon*, *l'éponge*, le *capelet*, les *peignes*, les *grappes*, le *croissant*, la *fourmilière*).

Cinq choses principales sont à considérer dans les maladies en général : la cause, les symptômes, le diagnostic, le prognostic, la curation ou le traitement.

Toutes les circonstances qui peuvent apporter du trouble dans l'une ou plusieurs des fonctions de la vie, deviennent autant de causes de maladies. Tels sont le froid, le chaud, le manque d'exercice ou l'excès du travail, de mauvais alimens, une nourriture trop ou trop peu substantielle, etc. Ces causes peuvent être internes ou externes, médiates ou immédiates : internes, quand elles se développent dans l'intérieur des organes ; externes, quand elles proviennent des corps environnans, les coups, les vicissitudes atmosphériques, etc. On entend par cause médiate ou éloignée, celle qui prépare en quelque sorte une maladie de longue main. Ainsi, un cheval reçoit sur la nuque un coup qui cause la meurtrissure des tendons, et il en résulte une taupe, ou bien il boit de l'eau froide ayant très chaud, la plèvre s'enflamme, et il survient une pleurésie. Il est évident que dans ces deux cas, le coup et l'eau froide sont les causes médiates ou éloignées ; la meurtrissure et l'inflammation les causes immédiates.

On a aussi distingué des causes *principales* (celles qui ont la plus grande part dans le développement des maladies) ; *accessoires* (celles qui n'ont que peu d'influence dans leur production) ; *prochaines* (celles qui forment l'essence même de la maladie) ; *éloignées*, celles qui préparent ou déterminent l'altération intime qui forme l'essence ou la cause prochaine de la maladie) ; *positives* (celles qui ont une part active à la production des maladies) ; *négatives* (celles qui consistent dans la soustraction des choses nécessaires. Enfin, comme il est un certain nombre de maladies qui surviennent sans causes appréciables, on a admis des causes *occultes ou cachées*.

Sous le rapport des causes qui les produisent, les maladies sont distinguées en *innées* (le poulain les apporte en naissant) ; *acquises* (elles ne commencent qu'après la naissance et ne dépendent pas d'une disposition héréditaire) ; *sporadiques* (elles n'attaquent qu'un seul individu à la fois, ou quelques individus isolément) ; et *panzootiques* (elles attaquent beaucoup d'individus à la fois). Ces dernières ont été subdivisées en maladies *annuelles* (quand elles reparaissent chaque année vers le même tems ; *stationnaires* (lorsqu'elles se montrent sans interruption pendant plusieurs saisons , pendant une ou plusieurs années) ; *intercurrentes* (celles qui surviennent dans differens tems de l'année et qui sont seulement modifiées par les maladies régnantes) ; *enzootiques* (les affections produites par un concours de causes qui agissent continuellement ou périodiquement dans certains lieux , de sorte que les maladies qui en résultent se montrent sans interruption , ou du moins y reparaissent à des époques fixes , en frappant dans tous les cas, une plus ou moins grande proportion des chevaux) ; et *épizootiques* (comme les précédentes, elles attaquent à la fois un grand nombre de chevaux, ou deviennent beaucoup plus fréquentes qu'elles ne le sont communément, n'ont qu'une durée limitée, et ne reparaissent pas à des intervalles réguliers). Parmi les maladies qui peuvent affecter à la fois un grand nombre de chevaux, il en est de *contagieuses*. On a aussi distingué les maladies, relativement aux causes qui les produisent en *essentielles*, *primitives*, *idiopathiques*, et en *symptomatiques*, *secondaires*, etc.

Les symptômes sont l'ensemble des phénomènes particuliers produits par la maladie : la fièvre, le mal de tête, les coliques, les convulsions, la perte d'appétit, sont autant de symptômes communs à plusieurs dérangemens de la santé.

Sans entrer ici dans des détails qui nous entraîneraient trop loin sur les symptômes fournis par les différens organes ou les différentes fonctions, bornons-nous à indiquer d'une manière sommaire les principaux signes qui annoncent un dérangement dans la santé :

L'appétit ou le sommeil se perdent ou sont augmentés d'une manière inaccoutumée ;

Le cheval est dégoûté, il a l'œil morne, l'air triste, les oreilles penchées, il porte la tête basse, quelquefois le nez tendu en haut ;

Il pousse par fois des soupirs tantôt longs, tantôt courts et entrecoupés ;

Les flancs battent plus ou moins fortement, quelquefois d'une manière irrégulière ; la respiration est pénible et entrecoupée ;

La langue est sèche, d'une couleur inusitée ; le poil terne et hérissé ;

Le cœur et les artères battent plus ou moins fort qu'à l'ordinaire ;

Les urines et les excrémens offrent des caractères qui ne sont pas naturels ; leur émission est plus abondante ou plus rare qu'à l'ordinaire ;

Le cheval se couche, se lève fréquemment ; il est inquiet et agité ;

Il regarde fréquemment son flanc, tantôt un côté, tantôt un autre ; son allure est chancelante ; il fait de vains efforts pour uriner ou pour fienter ;

Le ventre est retroussé ; il peut également être enflé ainsi que quelqu'autre partie du corps.

Les signes suivans sont regardés comme extrêmement graves :

Le cheval ne peut rester debout ni se coucher, tombe comme une masse, et se lève avec peine ou ne peut y parvenir ;

Il a les yeux fixes, les tourne du côté de ses reins, ou regarde fixement son poitrail ou son flanc ;

On ne voit presque pas le blanc des yeux ;

Une écume plus ou moins épaisse couvre sa bouche et ses naseaux ; cette dernière partie laisse couler une humeur sanguinolente ou purulente ;

L'urine s'échappe goutte à goutte sans que le cheval se campe pour l'épancher ; il rend par le fondement des glaires sanguinolentes.

Lorsque un ou plusieurs des symptômes généraux ci-dessus énoncés se présente, on juge que le cheval est malade, et l'ensemble des signes particuliers fait reconnaître le genre et l'espèce de la maladie. Pour la combattre ensuite avec quelques chanses de succès, il faut s'attacher spécialement à en connaître la cause, le siége réel et la nature, avant d'appliquer aucun remède ; autrement on agirait en aveugle et en tâtonnant, ainsi que le font les personnes qui, par exemple, croyant que toutes les coliques proviennent de refroidissement, administrent des échauffans dans maintes circonstances où il faudrait donner des remèdes tout opposés.

On distingue les maladies, quant à la marche qu'elles affectent, en maladies aiguës et chroniques, en continues et intermittentes. Les maladies aiguës se développent avec énergie, parcourent rapidement leurs diverses périodes, et se terminent promptement par la guérison, la mort, ou par le passage à l'état chronique. Les maladies chroniques, au contraire, se développent lentement, ont fort peu d'intensité et ne se terminent pas toujours. Les maladies continues observent une marche progressive et régulière ; celle des intermittentes est entrecoupée.

Le diagnostic se compose de l'ensemble des signes particuliers à chaque maladie : le prognostic, des inductions que ces signes font concevoir de la marche qu'elle suivra.

Le traitement consiste dans l'application raisonnée des moyens propres à la combattre. Ces moyens sont fournis par l'hygiène, par la pharmacie, ou par la chirurgie ; le choix en doit être déterminé par la connaissance *des indications et des contre-indications* qui se présentent ; le grand talent du vétérinaire comme du médecin consiste à bien étudier ces indications et contre-indications, afin de n'être pas exposé à des bévues souvent funestes et toujours dangereuses.

Il faut, dit Lafosse, s'appliquer à connaître les indications que présente la maladie et les remplir avec soin ; rafraîchir s'il y a échauffement ; relâcher s'il y a tension ; désemplir les vaisseaux s'ils sont trop pleins ; rétablir la liberté du ventre si elle est suspendue ; redonner du ton aux parties relâchées, etc. Quand plusieurs indications différentes se présentent à la fois, il faut recourir d'abord à la plus pressée et passer successivement aux autres.

Le simple défaut d'appétit, quand il n'est compliqué d'aucun autre symptôme, cède souvent à un peu de régime ; mais dès qu'un cheval donne des signes évidens de maladie, il faut le mettre à la diète et à l'eau blanche en attendant que l'on ait pu se procurer les lumières du médecin vétérinaire. On supprime d'abord toute nourriture solide, en commençant par l'avoine et le foin ; on délaie ou l'on fait bouillir dans l'eau quelques poignées de farine, d'orge ou de son, et l'on administre ce breuvage tiède ou froid, selon les circonstances, aussi souvent que le cheval en voudra boire ; on emploie quelquefois des décoctions émollientes blanchies ou non. L'usage des lavemens est aussi très utile s'il y a plénitude et engorgement des intestins.

Il est quelques remèdes généraux applicables à un grand nombre de maladies, et que l'on emploie souvent par pure précaution, de ce nombre sont les purgatifs et la saignée ; il faut être très sobre de ces moyens, et n'y recourir que dans les cas de nécessité évidente. Les purgatifs, par exemple, peuvent convenir comme remède de précaution, aux chevaux de luxe qui travaillent peu et mangent beaucoup, mais très rarement aux chevaux de travail ; encore vaudrait-il mieux, à l'égard des premiers, leur faire faire de tems en tems un peu de diète, les promener, et ne pas leur donner habituellement plus de nourriture qu'il ne leur en faut. On peut en dire autant de la saignée, et c'est une erreur de croire qu'il faille tirer du sang d'un cheval à des époques déterminées, s'il n'y a pas des signes évidens de pléthore et d'inflammation ; encore la diète et l'eau blanche suffisent-elles souvent dans ce cas, à moins que les indications ne soient pressantes.

Ce n'est pas à dire cependant qu'il faille être trop avare de moyens thérapeutiques dans la médecine vétérinaire ; car la vie des chevaux n'ayant de prix que par les services qu'ils rendent, l'art doit souvent brusquer la nature dans le traitement de leurs maladies, afin de parvenir plus promptement au but ; mais il faut savoir discerner les circonstances où la nature a besoin d'être aidée par les secours de la médecine, d'avec celles où ceux de l'hygiène peuvent lui suffire.

En un mot, ce n'est pas l'emploi des médicamens qui est pernicieux, mais seulement l'abus qu'on en peut faire.

Nous ne saurions trop recommander aux propriétaires de chevaux malades de bien prendre garde, dans leur propre intérêt, à qui ils donnent leur confiance. Le vulgaire s'imagine que rien n'est plus facile que de traiter les maladies des chevaux, et comme, malgré les progrès toujours croissans des lumières, le peuple n'a pas entièrement renoncé à ses anciens préjugés, on rencontre encore aujourd'hui beaucoup d'hommes qui, sans être versés dans la pratique de l'art vétérinaire, sans même en posséder les plus légers élémens, prétendent guérir toutes les maladies de chevaux, au moyen de quelques soi-disant spécifiques ou de pratiques absurdes, dont ils usent à tort et à travers.

Il ne faut pas se le dissimuler, la médecine des chevaux est, comme celle des hommes, une véritable science qui, bien que très conjecturale, repose sur des bases fixes et indispensables, dont les principales sont : une connaissance parfaite de la structure anatomique du cheval; celle des lois de la physiologie et de l'hygiène, c'est-à-dire de l'histoire et du mécanisme des fonctions animales, et de l'influence des causes naturelles ou accidentelles sur ce mécanisme; la connaissance des médicamens simples et composés, de leur préparation, leurs vertus, leurs effets, leur emploi, etc. ; celle de l'histoire des maladies en général, des caractères et de la marche de chacune d'elles en particulier, etc., etc. Encore une fois, ce n'est qu'armé de ces connaissances, puisées tant dans la pratique que dans les livres, que l'on peut se présenter avec confiance pour exercer la médecine vétérinaire.

Avant de terminer cet article, nous allons entrer dans quelques considérations relatives au régime, aux médicamens, à la saignée, aux lavemens et aux purgatifs.

Du Régime.

Le régime est l'emploi méthodique et raisonné de toutes les choses nécessaires à l'entretien de la vie et à la conservation ou au recouvrement de la santé : il est un des plus puissans auxiliaires que la nature offre à la médecine dans le traitement des maladies de tous les êtres animés. Considéré sous ce point de vue, il doit embrasser non-seulement les choses nécessaires à l'entretien de la santé, mais encore celles qui sont destinées à la rétablir.

Les efforts de la médecine tendent vers deux buts principaux, auxquels viennent se rattacher toutes les indications particulières qui peuvent se présenter dans le cours de la pratique : ou affaiblir les propriétés vitales, exaltées au-delà du point nécessaire au maintien de l'harmonie qui doit régner entre les diverses fonctions de la vie; ou relever ces facultés, tombées au-dessous du point en question. Cette différence d'indication à remplir exige également l'adoption de deux genres de régime bien différens, régime débilitant et régime fortifiant; l'un et l'autre de ces régimes reçoit ensuite diverses modifications selon les circonstances, ainsi qu'on va le voir.

Le régime débilitant ou antiphlogistique, se compose de la privation plus ou moins absolue de nourriture solide, du retranchement de foin, avoine et autres fourrages échauffans; d'alimens légers, rafraîchissans, peu substantiels, tels que paille, son, herbages et fourrages frais; une atmosphère fraîche, peu ou point d'exercice, la saignée, les décoctions émollientes et boissons blanches nitrées ou acidulées, les applications émollientes, les embrocations froides, etc., en font partie.

Le régime purement rafraîchissant se compose des mêmes élémens, moins les saignées et les applications médicamenteuses, et d'une nourriture plutôt humide que sèche.

Le régime doux, humectant, est basé principalement sur l'emploi d'alimens farineux et de boissons appropriées; farine d'orge, son, paille hachée en petite quantité, racines fraîches, boissons blanches miellées ou non, et plutôt tièdes que froides; exercice modéré, température douce, plutôt humide que sèche; les vapeurs et décoctions de plantes émollientes; les breuvages composés de poudres de réglisse ou de guimauve en font quelquefois partie.

Le régime tempérant est à peu près le même que le rafraîchissant; on y joint quelquefois les préparations opiacées à l'intérieur ou à l'extérieur, le camphre à petite dose, l'acétate d'ammoniaque, l'acide nitrique dulcifié, etc. etc.

Le régime relâchant consiste principalement en son mouillé, eaux blanches, fourrages frais, lavemens, breuvages émolliens, fumigations et embrocations de même nature.

Le régime substantiel, analeptique, tonique, celui qui

convient dans la plupart des convalescences, doit se composer d'alimens offrant sous un petit volume beaucoup de matière nutritive et de facile digestion : pois, féveroles et autres légumineuses écrasées ; orge, froment, avoine en petite quantité ; paille hachée, trèfle, luzerne, sainfoin, racines fraîches, point encore de foin, pansement de la main, air pur, température modérée, exercice proportionné au retour progressif des forces ; bain en eau courante ; breuvages aromatiques, vineux, avec le miel, les préparations de genièvre, les poudres d'aunée, le galenga, et autres cordiaux d'une énergie modérée.

Le régime fortifiant, stimulant, se compose à peu près des mêmes élémens administrés avec moins de ménagement. Le foin et l'avoine en plus grande quantité ; le bouchonnement fréquemment répété, les frictions à la brosse, soit à sec, soit avec des substances fortifiantes ; l'exercice rendu plus actif ; des cordiaux un peu énergiques, compléteront ces moyens.

Enfin, le régime excitant se composera d'une nourriture forte et échauffante : avoine, froment, foin, semences légumineuses, boissons aromatiques ou alcoolisées ; température chaude, exercice un peu forcé, bouchonnement vigoureux, frictions fortes et prolongées, applications irritantes à l'extérieur ; au dedans, stimulans énergiques, camphre à haute dose, quinquina et autres amers, poudre de sabine, substances aromatiques, alcali-volatil, etc., etc.

Le régime peut être modifié encore d'une infinité de manières, que les circonstances ou le choix du médecin détermineront ; les exemples ci-dessus suffiront pour donner aux personnes étrangères à l'hippiatrique une idée de ce que l'on entend par le mot de régime en général, et des applications que l'on en peut faire.

Des Médicamens.

La manière la plus commode de faire avaler les médicamens liquides est de lever la tête du cheval, de lui mettre dans la bouche le bout d'une corne de vache percée, dans laquelle on verse le breuvage comme dans un entonnoir, ou bien de le verser directement dans la bouche avec une bouteille, en prenant garde qu'il ne la brise avec les dents. On se sert aussi avantageusement d'un bridon fait exprès, et connu sous le nom de *bridon à breuvages.*

Pour les pilules, on tient les mâchoires écartées avec les

mains ou avec un instrument fait exprès ; on tire la langue doucement, on pose la pilule dessus et on lâche la langue. On peut l'enduire de miel ou d'huile, et la faire suivre d'une écuellée de vin ou de tout autre breuvage approprié à la nature du médicament. Quand les pilules sont trop grosses, il vaut mieux les partager en deux.

Les poudres s'administrent sous forme de breuvage, délayées dans un véhicule quelconque, incorporées avec le miel, en forme de bol, mélangées dans du son, etc., etc.

Quelle que soit la forme du médicament à administrer, il faut observer :

De ne pas trop élever la tête, parce que le cheval s'engoue facilement ;

De suspendre aussitôt s'il vient à tousser en avalant, parce que le médicament pourrait passer dans le conduit aérien et suffoquer le cheval.

De ne pas lui faire avaler trop vite pour la même raison, et de ne pas lui passer la main le long du gosier sous le prétexte de faire couler le médicament ;

De ne pas tirer la langue avec force dans la crainte de la blesser ;

De laisser un intervalle suffisant entre un médicament quelconque et le repas qui précède ou celui qui suit.

Le billot est fort commode pour certains médicamens que l'on veut faire couler lentement dans la gorge : c'est un morceau de bois rond, autour duquel on étend le médicament réduit en forme de pâte, à l'aide d'un peu de miel s'il est nécessaire ; on enveloppe le tout d'un linge, et on place ce rouleau dans la bouche du cheval en guise de mors, en l'assujétissant au moyen d'une corde passée derrière les oreilles, et on le laisse jusqu'à ce que tout le médicament ait été sucé. On peut supprimer le bâton et rouler simplement le médicament dans le linge en forme de boudin.

De la Saignée.

L'hippiatrique fait, comme la médecine humaine, un fréquent usage de la saignée, soit pour diminuer la plénitude des vaisseaux, soit pour imprimer au mouvement circulatoire du sang une nouvelle direction. On nomme *saignées évacuatives* celles qui ont but principal de diminuer la masse générale du sang, et *dérivatives* celles qui tendent à le détourner d'un point vers lequel il se porte avec trop de vio, lence; celles-ci doivent toujours se pratiquer dans l'endroit le plus éloigné du point attaqué.

On nomme encore *saignée générale* celle qui a lieu par l'ouverture d'un vaisseau, et *saignée locale* celle qui s'opère sur le système capillaire. On a recours aux premières dans les grandes inflammations, chez les tempéramens sanguins et dans tous les cas où il faut obtenir une détente générale et prompte. On emploie les secondes chez les sujets lymphatiques, dans les inflammations chroniques ou locales, ou lorsque les saignées générales ont été insuffisantes.

La saignée en général est utile toutes les fois que l'on a des symptômes inflammatoires à combattre; mais l'on doit la pratiquer à tems, et jamais sans nécessité, surtout chez les individus affaiblis par l'âge, par les maladies, ou d'une constitution naturellement faible et lymphatique.

Le nombre, le volume et la fréquence des saignées doivent être subordonnés aux circonstances de la maladie, au but que l'on se propose, au tempérament de l'animal et aux circonstances qui lui sont particulières. Les saignées générales doivent être ordinairement larges et copieuses, réitérées autant de fois que l'apparence couenneuse du sang l'exigera, et à des époques assez rapprochées pour ne pas donner à l'inflammation le tems de reprendre le dessus; mais il est des cas où il convient mieux de pratiquer plusieurs petites saignées. Le choix du moment n'est pas non plus indifférent, c'est dès l'invasion de la maladie, que l'on doit placer la saignée; car si l'on a donné à l'inflammation le tems de dépasser le point le plus élevé de la période aiguë, l'ouverture de la veine, pratiquée dans un moment où la nature a besoin de conserver toutes ses forces, ferait presque infailliblement passer la maladie à l'état chronique, et rendrait la convalescence extrêmement longue et difficile.

La saignée ordinaire du cheval est de quatre à cinq livres, sauf les circonstances particulières. On la pratique ordinairement au col, aux ars, au plat de la cuisse, quelquefois à la pince, rarement à la queue. Le choix de l'endroit dépend de l'effet que l'on se propose d'obtenir : si c'est une saignée générale ou évacuative que l'on se propose de faire, il est à peu près indifférent d'ouvrir la veine de telle ou telle partie du corps; si c'est une révulsion que l'on veuille opérer, il faut choisir le point le plus éloigné de l'endroit menacé; ainsi on saignera à la cuisse pour dégager le cerveau, à l'avant-main si ce sont les reins, etc. Quant aux saignées purement locales, elles doivent se pratiquer sur le lieu même qui est le siége de l'inflammation.

On nomme *flamme* l'instrument dont le chirurgien vétérinaire se sert pour ouvrir la veine. On présente sa pointe à l'endroit où on veut ouvrir la veine, sans appuyer sur la peau, et avec un petit morceau de bois on frappe un petit coup sur le dos de la lame. Lorsque l'on juge que le sang a coulé suffisamment, on passe une épingle à travers la peau, d'un côté à l'autre de l'ouverture, et on l'entortille avec un crin croisé en forme de 8. Il est bon de ne pas faire travailler un cheval que l'on vient de saigner, que ce soit par pure mesure de précaution ou autrement.

On a abusé et on abuse encore de la saignée comme des purgatifs ou de tout autre moyen thérapeutique, en saignant soit par habitude, à des époques déterminées et sans aucune nécessité; soit à un retour de voyage ou de chasse, sous le prétexte de prévenir les suites de la fatigue; soit dans le but de refaire un cheval maigre et ruiné, comme si l'on pouvait espérer de lui rendre l'embonpoint en achevant de l'épuiser. Nous avons tracé, en parlant de la conduite des chevaux au retour de course, et à l'article *maigreur* de ce chapitre, la conduite tout opposée que l'on a à tenir dans ces divers cas; encore une fois, il ne faut tirer du sang que quand il y a nécessité évidente de le faire.

Des Lavemens.

Les lavemens sont d'une utilité infinie dans une foule de circonstances; soit qu'il faille débarrasser les gros intestins, y porter des médicamens que l'on ne pourrait introduire par une autre voie, calmer une irritation locale; soit qu'il s'agisse de rafraîchir la masse du sang. Ils offrent à la thérapeutique un moyen précieux, toutes les fois qu'il s'agit de combattre des symptômes inflammatoires ou d'entretenir la liberté du ventre.

L'eau chaude, les décoctions de tripes, de têtes de mouton, de plantes émollientes, de son, de graine de lin, forment la base ordinaire des lavemens : on peut y ajouter au besoin des têtes de pavot ou du laudanum, pour les rendre calmans; quatre onces de savon, ou de quatre à huit onces d'huile de noix, de lin ou d'œillette, pour les rendre plus adoucissans et en même tems un peu laxatifs; une ou deux poignées de sel de cuisine ou quatre onces de sel de Glauber pour les rendre purgatifs. On peut employer dans ce dernier cas une décoction de feuilles de tabac, additionnée de sel et d'huile.

Avant de donner un lavement, il faut, surtout si le rectum est engorgé de crottin, fourrer la main imprégnée d'huile dans le fondement du cheval, aussi avant qu'on le pourra, afin de vider le gros intestin. Il y a des seringues faites exprès pour les chevaux; mais à défaut de cet instrument, on peut en improviser une au moyen d'une ample vessie, au col de laquelle on adaptera un tube de roseau ou de sureau, d'un pouce environ de diamètre et de dix à douze de longueur. Quel que soit l'instrument que l'on emploiera, il faut qu'il soit plein jusqu'à l'extrémité de la canule, afin de ne pas introduire de l'air dans les intestins. La dose d'un lavement est de deux pintes.

Il faut laisser le cheval sans manger pendant deux ou trois heures avant un lavement purgatif, autant après, et le laisser à l'écurie jusqu'à ce qu'il l'ait rendu, ou le promener doucement s'il a de la peine à le rendre et que le tems le permette.

Des Purgatifs.

Les purgatifs sont employés avec succès dans la médecine vétérinaire, dans une foule de circonstances; autant l'emploi bien entendu des médicamens de cette classe peut être utile, autant leur abus peut devenir nuisible, surtout quand l'appareil digestif est déjà le siége d'une inflammation locale.

La purgation peut être nécessaire comme curatif ou comme préservatif, aux chevaux de toute espèce, depuis le cheval de manège jusqu'à celui qui traîne la charrette ou laboure la terre. Mais cette nécessité est subordonnée jusqu'à certain point, à leur manière d'être et à leur genre de vie habituel: les chevaux nourris au sec, qui prennent plus de nourriture qu'ils ne travaillent; ceux qui sont épais, chargés de graisse, sujets aux engorgemens des jambes, ou qui mangent de mauvais alimens, demandent à être purgés aussitôt qu'ils perdent l'appétit; il vaudrait cependant mieux essayer d'abord des moyens hygiéniques appropriés à leur état : les chevaux de manège, les chevaux fins, qui ne sont pas surchargés de nourriture, et les chevaux de fatigue, qui travaillent plus qu'ils ne mangent, éprouvent rarement ce besoin. En général on ne doit purger que quand il est évidemment nécessaire de débarrasser directement l'intestin. L'état de constipation, par exemple, ne demande souvent que la diète et quelques lavemens.

Si l'on donnait une forte purgation à un cheval déjà échauffé par la maladie ou par une cause quelconque, sans l'avoir préparé préalablement, il pourrait en résulter des désordres incalculables au lieu des bons effets que l'on s'en était proposé.

La veille ou l'avant-veille d'un jour de médecine, on retranchera de la ration du cheval, le foin et l'avoine; on lui donnera de la farine d'orge ou du son délayé dans de l'eau chaude trois fois par jour, un ou deux lavemens s'il est très échauffé; on évitera de le faire travailler, et on le laissera toute la nuit sans manger, si ce n'est au plus un peu de paille.

On fera prendre la médecine de grand matin; si c'est un breuvage, on le donnera tiède; si c'est une pilule, on la fera suivre d'un peu d'eau blanche chaude. Deux heures après, on donnera au cheval un picotin de son sur lequel on aura versé un peu auparavant un seau d'eau bouillante, et l'on répétera ce mélange deux ou trois fois dans la matinée. On tiendra l'animal chaudement, on le promènera dans un endroit sec et couvert; mais on ne l'exposera au froid sous aucun prétexte.

Si la purgation occasione des tranchées, on administrera quelques lavemens simples ou huileux; si elle agit difficilement, on le promènera au pas et on lui donnera autant d'eau blanche chaude qu'il en pourra boire; on tiendra la conduite contraire si elle agit trop. La nourriture de la journée se composera d'un peu de bon foin, avec une ration d'orge le soir; il ne sera pas mal de continuer l'usage de l'eau blanche le lendemain, afin de calmer l'irritation causée par l'effet du purgatif, et de ménager le cheval pendant deux ou trois jours, tant sous le rapport du travail que sous celui du régime, quand même il ne serait pas tout-à-fait malade.

Les purgatifs occasionent par fois des superpurgations ou évacuations excessives, soit parce que la dose aura été trop forte pour le tempérament du cheval, soit parce que l'on l'aura exposé au froid, ou pour toute autre cause : dans l'un ou l'autre cas, il faut administrer quelques lavemens adoucissans et calmans, tels que ceux de graine de lin avec des têtes de pavot, et des décoctions émollientes en boisson. On pourra aussi lui faire avaler de tems à autre, selon la gravité des circonstances, une pinte d'une forte décoction de têtes de pavot miellée: le cheval aura besoin d'être traité pendant quelques jours comme s'il venait de faire une maladie.

Voyez les formules de quelques purgations appropriées aux divers tempéramens.

DESCRIPTION ET TRAITEMENT DES MALADIES LES PLUS ORDINAIRES AUX CHEVAUX.

Abattement. Diminution notable et subite des forces du cheval. Symptôme vague qui précède quelquefois plusieurs maladies, ou se montre à leur début, et qui ordinairement fait connaître aux personnes qui soignent le cheval, que celui-ci est malade. L'animal répugne à agir ; les forces musculaires lui manquent pour exécuter les mouvemens ; il est indifférent aux excitations de la voix et de la main. Au lieu d'offrir de la nourriture au cheval, ou de lui administrer des médicamens souvent plus nuisibles qu'utiles, il faut mettre le malade à la diète, et se mettre à la recherche de la nature et du siége du mal dont l'abattement n'est qu'un signe précurseur ou accessoire, et auquel on appliquera le traitement convenable.

Abcès. On nomme ainsi les collections de pus formées dans les parties du corps autres que les cavités naturelles (Voyez *tumeurs.*

Agalaxie. C'est ainsi qu'on désigne l'absence du lait dans les mamelles des jumens nourrices. Cette circonstance ne se rencontre guère que dans les bêtes âgées. Elle résulte le plus fréquemment de l'épuisement général des forces de l'animal, de sa faiblesse ou de l'inflammation des mamelles. Dans le premier cas, donnez à la jument une nourriture plus substantielle, plus nourrissante ; dans le second, ayez recours aux moyens propres à calmer la phlegmasie des organes sécréteurs du lait Voyez *Inflammation des mamelles.*

Alonge. Voyez *Entorse.*

Amputation. Retranchement de quelque partie du corps, opérée d'une manière méthodique à l'aide d'instrument tranchant. On ampute quelquefois les oreilles du cheval, pour rectifier certain vice de conformation. On est quelquefois obligé d'amputer la langue dans le cas de lésion très grave de cette partie, ou d'une solution de continuité fort étendue. On ampute aussi quelquefois la verge du cheval, quand l'intérieur du fourreau et le pourtour du pénis se trouvent recouverts, surchargés ou remplis d'excroissances devenues énormes, d'ulcérations profondes. L'étendue de cet ouvrage ne nous permet pas d'entrer dans tous les détails relatifs à ces opérations. Nous allons faire connaître succinctement l'amputation de la queue à la française et à l'anglaise.

L'amputation de la queue consiste à en retrancher un ou plusieurs nœuds à l'aide du boutoir ou d'un instrument nommé coupe-queue : lorsque l'on se sert du boutoir, ce qui est le plus ordinaire, on place sa partie tranchante en dessous de la queue, après avoir préalablement coupé les crins qui pourraient embarrasser ; et on frappe en dessus un fort coup d'un morceau de bois assez pesant, puis on cautérise avec un fer rouge.

Si on veut que le cheval porte la queue avec plus de grâce, on la lui coupe à l'anglaise : voici en quoi consiste cette opération, qu'il est bon de faire précéder et suivre de trois ou quatre jours de régime délayant, surtout si le sujet est irritable.

Après avoir noué les crins, mis les entraves aux pieds de derrière, et placé un torche-nez, on fera tenir par un aide la queue perpendiculairement ; et avec un instrument tranchant dont la lame a la forme d'une serpette, on fera la section des deux muscles abaisseurs, qui doivent sortir en partie par chaque incision, sauf les deux dernières : ces incisions seront au nombre de quatre ou cinq de chaque côté ; les deux premières doivent être placées à deux travers de doigt de l'anus : plus près, on pourrait attaquer le ligament suspenseur de l'anus, et les suivantes à pareille distance les unes des autres. On coupera chaque partie de chair sortante ; puis on fera rentrer l'animal à l'écurie pour lui mettre la *queue à la poulie*, c'est-à dire qu'une corde fixée à l'extrémité des crins, passera dans des poulies attachées au plafond, et supportera un poids de quelques livres par son extrémité mobile. Cette manière a l'avantage d'en faciliter le port, et de hâter la guérison des plaies que le frottement continuel retarderait si on la laissait pendante. Cependant il ne faut point la charger d'un poids trop considérable, qui, en la tirant trop fortement, pourrait occasioner des accidens graves. Il arrive quelquefois qu'en faisant la section des muscles abaisseurs, on coupe l'artère coccygienne, ce dont on s'aperçoit à la sortie du sang, qui a lieu par jets : on doit alors appliquer un appareil composé d'étoupes et de ligatures qu'on ne laissera que le tems suffisant pour arrêter l'hémorrhagie : six ou huit heures sont autant qu'il en faut, après quoi on l'ôte ; car si on l'y laissait quatre ou cinq jours, comme quelques personnes le recommandent, il pourrait en résulter des compressions telles que la chute de la queue ait lieu.

Les accidens qui peuvent accompagner cette opération, sont : 1° un engorgement inflammatoire considérable, qui sera combattu par les saignées, les émolliens, et par l'enlèvement de la presque totalité du poids placé à l'une des extrémités de la corde ; 2° la gangrène, qui est souvent la suite d'une vive inflammation, et qui donne lieu quelquefois à la chute de la queue, requiert l'emploi des toniques, tant à l'intérieur qu'à l'extérieur (vin de quinquina camphré), des scarifications et du feu ; 3° les fistules, presque toujours occasionées par la carie des coccygiens, pourront être traitées par l'application du feu sur la partie de l'os qui les entretient, ou par des pansemens avec des étoupes chargées de teinture d'aloès ; 4° enfin, les cerises, que les caustiques, tels que le sulfate de cuivre (vitriol bleu), la potasse, etc., feront disparaître si elles ne sont pas entretenues par quelque point carié.

Amulettes. Nous ne saurions trop éclairer les propriétaires d'animaux sur leurs véritables intérêts, sur les inconvéniens sans nombre, sur les dangers auxquels ils s'exposent en abandonnant le traitement de leurs animaux aux vendeurs d'ingrédiens, aux gens qui se disent possesseurs de recettes médicamenteuses ou autres, aux pratiques bizarres, absurdes ou superstitieuses auxquelles les charlatans attribuent des qualités, des vertus, des effets cachés, susceptibles de prévenir des maladies, de les guérir, d'empêcher les prétendus maléfices, et d'éviter les mortalités ou d'autres malheurs. Les *banquistes*, les *devins*, les *maiges*, les *sorciers*, etc. ne font que des dupes et causent souvent la ruine des malheureux qui, trop crédules, leur accordent leur confiance.

Angine. Synonyme d'étranguillon, mal de gorge ; esquinancie. Voyez *esquinancie.*

Ankilose. Maladie dans laquelle les mouvemens des os qui composent une articulation sont entièrement empêchés ou extrêmement génés. Ce mal paraît provenir essentiellement, soit d'une inflammation des abouts articulaires, soit d'une blessure de l'articulation, soit par suite de vieillesse et d'épuisement. L'ankilose confirmée est incurable ; lorsqu'elle

n'est que commençante on peut espérer de la guérir par
l'emploi des résolutifs les plus énergiques, tels que l'onguent mercuriel double, soit seul, soit mélangé avec l'onguent de laurier; la pommade ammoniacale, le feu, etc.
Ces moyens doivent être soutenus par un régime à la fois
doux et substantiel, et un exercice modéré. Voyez *Régime*.

Anorexie. Inappétence, perte de l'appétit, état qui ne
doit pas être confondu avec le dégoût, et qui s'observe dans
la plupart des maladies, principalement dans celle des voies
alimentaires. Avant d'administrer des toniques et des amers,
on doit chercher à reconnaitre les affections primitives ou
secondaires qui peuvent y donner lieu; ce sont elles seules
qu'il faut combattre.

Antrax. Voyez *Charbon*.

Anus (maladie de l'). On voit quelquefois des chevaux
dont l'anus est considérablement dilaté, soit par l'effet d'une
purgation violente, d'un long dévoiement, ou par toute autre chose capable de relàcher les muscles de cette partie.
Il faut recourir d'abord à l'une des fomentations émollientes prescrites dans le cours de ce Manuel, telle que celle
n° 72, et y substituer ensuite une forte décoction de plantes
aromatiques ou d'écorce de grenade, dans le vin rouge. Il
peut aussi se déclarer une fistule dans cette partie, soit par
suite d'une coup, d'une blessure quelconque, ou après l'amputation de la queue à l'anglaise, si la première section
des muscles a été pratiquée trop près du fondement. Si la
fistule n'est pas trop invétérée, on peut tenter de la guérir
en élargissant l'ouverture avec le bistouri pour y introduire
des plumasseaux enduits de digestifs animés, de teinture
d'aloès, ou de quelque autre préparation analogue. Voyez
Fistule.

Aphtes. Voyez *Chancres*.

Apoplexie. Les chevaux que l'on emploie aux travaux agri-
coles pendant les fortes chaleurs de l'été, sont assez exposés
à cette affection connue plus particulièrement sous le nom
de coup de sang. Elle se manifeste le plus souvent d'une
manière subite, elle frappe le cheval comme d'un coup de
foudre. L'animal tombe tout-à-coup sans sentiment, sans
autre signe de vie que le battement des flancs et des sueurs
abondantes. Il meurt promptement. Lorsque la guérison a
lieu, la convalescence est souvent longue. Le traitement
doit être prompt et énergique. On place le malade dans un
lieu frais; on fait sur la tête d'abondantes lotions d'eau très

froide, ou de douches d'eau légèrement vinaigrée ; on pratique la saignée, et on la réitère si le cheval est jeune, plé-
thorique, chargé d'embonpoint. On se trouve très bien de
la saignée à la saphène et de celle produite par l'amputation
de la queue ; on bouchonnera fortement le malade, on lui
administrera des boissons et des lavemens nitrés. Lorsque
l'irritabilité générale est diminuée, on peut avoir recours
aux purgatifs, aux exutoires et aux excitans de la peau.

Arêtes. Les arêtes ou queues de rat, sont des croûtes
écailleuses qui se forment le long du canon; dont elles font
tomber le poil, et d'où suinte par fois une humeur âcre et
infecte. La même éruption prend le nom de grappe quand
elle se présente sous la forme de petits boutons groupés autour d'un point commun.

Cette maladie, qui se manifeste communément pendant
la mauvaise saison, a pour cause immédiate la stagnation
d'humeurs viciées, des eaux aux jambes, et provient presque toujours d'une disposition individuelle. Le meilleur
moyen de la prévenir est de tenir les jambes très propres,
et de les frotter fréquemment pour entretenir la circulation.

Cette affection doit se combattre par tous les moyens propres à rétablir ou à régulariser la circulation et à redonner
du ton aux parties : ainsi on aura soin de promener le cheval, de lui laver et frotter fréquemment les jambes ; on
évitera soigneusement de le tenir dans une écurie humide
ou malpropre. Les lotions d'eau saturée de sel ammoniac
avec addition d'eau de-vie camphrée n° 79 bis ; celle d'eau
de goulard, n° 74, le liniment savonneux camphré, n° 79,
pourront être employées avec succès ; on peut retirer
aussi de bons effets de l'onguent mercuriel double, et
de la pommade ammoniacale sur la fin de la cure. Si la
maladie résiste à ces divers moyens, il faudra recourir au
traitement tant interne qu'externe, prescrit pour les eaux
aux jambes.

Ars (cheval frayé aux). Vieux mot qui indique une sorte
d'inflammation passagère accompagnée de gerçures, qui
survient dans cette partie de l'avant-main aux chevaux serrés des épaules et qui ont été employés à un exercice fatigant. Il suffit ordinairement de bassiner la partie malade
avec une forte décoction émolliente tiède.

Ascite. Hydropisie abdominale. Elle se forme ordinairement peu à peu, et se décèle par l'augmentation du volume

du ventre, l'œdématie des membres, et surtout par la fluctuation du fluide épanché. Cette maladie est souvent une
conséquence de l'inflammation de la plèvre. L'hydropisie
abdominale accompagnée de symptômes qui annoncent
l'inflammation du bas-ventre, réclame le régime anti phlo-
gistique. Dans le cas contraire, elle demande la provocation
des sueurs, la sécrétion abondante des urines et des mucosités intestinales. L'ammoniaque dans les infusions aromatiques, les frictions répétées et les diurétiques, sont les
moyens auxquels on peut avoir recours. La ponction ne
réussit que dans un très petit nombre de cas.

Atrophie. Voyez *Maigreur.*

Atteinte. Les chevaux sont sujets à se donner eux-mêmes
en marchant, ou entr'eux marchant de compagnie, des
coups sur diverses parties du pied. Ces coups ou meurtrissures se nomment atteintes, au dessous du boulet, et nerfs-
ferrures au-dessus. L'atteinte est légère quand il n'y a que
la peau d'entamée; compliquée quand les muscles ou autres parties sous-jacentes se trouvent divisées; encornée
quand elle a pour siége le sabot. On emploie avec succès
dans le premier cas, qui est très peu grave, l'eau de goulard, les lotions astringentes quelconques, l'onguent siccatif n° 10, ou même la céruse en poudre. L'atteinte compliquée demande à être traitée selon la nature de la plaie
(voyez *Plaie*). Le meilleur remède pour l'atteinte encornée
récente est d'appliquer légèrement le feu; lorsqu'elle est
invétérée, elle peut dégénérer en javards, et demande le
même traitement. Les atteintes sont souvent le résultat
d'une mauvaise ferrure, d'une ferrure trop longue ou qui fait
prendre une fausse position au pied, ou bien de la faiblesse
des jambes; il importe donc avant tout de rechercher la cause
du mal, afin d'y remédier sur-le-champ. Voyez *Faiblesse,
Ferrure.*

Avalure. On désigne ainsi la régénération apparente d'une
nouvelle corne dans une partie seulement, ou dans toute l'é-
tendue de la muraille. Cette régénération commence à
l'endroit où le sabot s'unit à la peau, et se prolonge de haut
en bas, en poussant, chassant l'ancienne corne jusqu'au
bord inférieur de la paroi; elle est marquée par des irrégu-
larités, des bourrelets, des cercles, une dépression ou une
désunion. Le cheval fait *pied neuf* ou *quartier neuf*, suivant que l'avalure est générale ou bornée au quartier.
Il convient de tenir le sabot souple, en parant et en fer-

rant souvent, et en appliquant des corps gras sur la partie malade.

Avant-cœur. On désigne ainsi une tumeur inflammatoire, située au poitrail, qui acquiert souvent un volume énorme, et qui dégénère presque toujours en kiste ou en squirre, quand on ne peut en arrêter les progrès. La première indication qui se présente est de diminuer l'inflammation à l'aide d'un régime convenable (voyez *Inflammation*), et de tenter la résolution au moyen de l'eau saline alcoolisée n° 73 bis, de l'eau de goulard, du liniment savonneux camphré, ou de toute autre préparation analogue employée en frictions et fomentations. Si ces moyens ne suffisent pas et que la tumeur persiste, il faudra provoquer la maturation, et lorsqu'elle sera arrivée à son point, pratiquer méthodiquement l'ouverture de l'abcès avec l'instrument tranchant ou mieux avec le feu. Lorsque la tumeur est squirreuse, on réussit assez souvent en faisant pénétrer dans son intérieur quelques cautères en pointes chauffés à blanc. La partie s'engorge d'abord; les escharres se détachent, la suppuration survient et produit la disparition de la tumeur. Voyez *Tumeur*, *Kiste*.

Avives. Inflammation subite et gonflement de ces glandes connues sous le nom de *parotides*, qui sont situées en haut de la ganache, à la jonction de la tête avec le cou. Cette maladie, qui est quelquefois la suite d'une gourme mal guérie, d'un coup, etc., se traite comme un abcès ordinaire; mais il faut attendre qu'il soit entièrement mûr avant d'en faire l'ouverture. La diète, l'eau blanche, les cataplasmes émolliens, les lavemens s'il y a lieu, sont les premiers moyens à employer.

Les maréchaux donnaient le nom d'*avives* à des tranchées accompagnées d'une grande difficulté d'uriner, qui attaquent parfois les chevaux auxquels on a fait boire de l'eau très froide étant en sueur. Un préjugé très ancien leur faisant croire que la cause première de ce mal est dans les parotides, ils prenaient ces glandes à pleine main, les maniaient avec force, allaient même jusqu'à les battre pour les écraser, d'après le conseil de La Guérinière, ou les extirpaient. On sent aujourd'hui tout le ridicule et la cruauté de semblables manœuvres, ainsi que d'introduire un insecte ou du poivre dans le canal de l'urètre, dans l'espoir de faire uriner l'animal; de lui mettre dans les oreilles des orties pilées avec du vinaigre, etc. Il est bien plus convenable de lui jeter de la paille fraîche sous le ventre, de le mettre à la diète et à l'eau blanche, et de se comporter du reste comme dans tous les cas de tranchées inflammatoires.

Avortement. Part prématuré. Cet accident peut avoir lieu à toute époque de la gestation, par suite d'un coup, d'une chute, d'un écart, d'un exercice immodéré, ou par un vice d'organisation. Tous les efforts de l'art doivent tendre à le prévenir quand il en est encore tems, ou à hâter la délivrance lorsqu'il ne reste plus d'autres ressources. A cet effet, il faut, dès les premiers symptômes, tâcher de s'assurer si le fœtus est vivant ou non ; dans le premier cas, pratiquer tout de suite la saignée, mettre la jument en liberté dans une écurie où elle soit seule ; lui donner une bonne litière, de l'eau blanche pour boisson, un peu de son ou d'orge écrasée pour nourriture, quelques lavemens s'il y a lieu, et attendre l'évènement. S'il n'y a plus lieu de douter de la mort, il faut pratiquer des frictions sur le ventre pour faciliter l'expulsion, promener doucement la jument, administrer au besoin une once de thériaque ou deux onces de poudre cordiale dans du vin ; introduire même, mais avec ménagement, la main dans l'utérus, pour retirer le corps devenu étranger. Si la bête est ruinée, soit par l'âge ou la mauvaise nourriture, il faut, au lieu des moyens débilitans ci-dessus, chercher à ranimer ses forces par de bons alimens et quelques cordiaux. Si le poulain naît viable, il faut se conduire, tant envers lui qu'envers la mère, comme dans le part naturel. (Voyez chapitre IV.)

Barbes. On prend quelquefois pour des excroissances maladives, auxquelles on donne le nom de *barbes*, l'espèce de protubérence que forment les orifices des glandes maxilliaires, surtout quand, par une cause quelconque, il y a un peu d'inflammation et que le cheval n'a pas bon appétit. On coupe ou on cautérise ces excroissances, pour remédier à un mal imaginaire : il n'est pas besoin de démontrer l'absurdité de cette méthode.

On nomme improprement lampas ou fèves, et l'on cautérise aussi quelquefois, un engorgement du palais, dans le voisinage des incisives supérieures. Cet état pathologique ne demande d'autre traitement que le régime, et quelquefois une saignée locale.

Barres blessées. Les barres peuvent être blessées par un mauvais mors ou par l'action d'une mauvaise main. Il suffit de laisser reposer le cheval, et de bassiner les parties affectées avec du vin tiède étendu d'eau, avec du vin miellé, ou de lui mettre dans la bouche un billot composé de miel et de poudre de guimauve. Mais si l'os est à découvert ou qu'il y ait plaie de mauvaise apparence et carie, il faut cautériser la partie avec un fer chauffé à blanc.

Bleime. Sorte de meurtrissure, avec ou sans épanchement de sang, qui se forme sous la sole près du talon, et dont la cause la plus ordinaire est la compression de cette partie par le fer : les talons bas et forts y sont les plus exposés. Lorsque ce mal ne s'annonce que par une tache rouge à la sole, il suffit ordinairement de parer cette partie un peu profondément chaque fois que l'on ferre; il faut d'ailleurs en rechercher la cause afin d'y remédier. Mais dès qu'il y a suppuration ou exhalation de sang, il est urgent d'enlever avec une feuille de sauge toutes les parties gâtées, et de panser avec des plumasseaux chargés d'eau-de-vie, ou de teinture d'aloës, et un peu pressés afin d'empêcher la formation de bourgeons ou cerises.

Blessures. Les chevaux sont sujets à se blesser à une foule d'endroits, soit par l'effet de leur harnais, soit par une infinité de causes accidentelles. La plupart de ces accidens, tels que les blessures sous la selle, au jarret, au poitrail, aux épaules, à la gourmette, etc., pourront être prévenus en observant avec soin ce qui a été dit ailleurs sur le gouvernement des chevaux. A l'égard des blessures que l'on n'aura pu éviter, il faudra y porter remède aussitôt que l'on s'en apercevra.

Si elles sont légères, il suffira de les bassiner avec de l'eau-de-vie camphrée, de l'eau de goulard, et de tenir sur la partie malade un papier brouillard imbibé du même liquide ou enduit de l'onguent n° 84. On recherchera en même tems la cause de la blessure pour y remédier. Les blessures plus graves doivent être traitées comme les autres plaies. Voyez *Plaie.*

Blessures au pied. Les chevaux peuvent être blessés au pied soit par des clous de rue, des tessons de verre ou de poterie, des chicots ou éclats de bois, soit par d'autres causes. Aussitôt que l'on a connaissance de l'accident, il faut extraire le corps étranger, mettre bien à découvert le fond de la plaie, en enlevant la corne qui la recouvre, et panser avec des plumasseaux chargés d'eau-de-vie ou de teinture d'aloës.

Si la blessure est profonde, on sera forcé d'enlever une

partie ou la totalité de la sole ; puis, on appliquera un fer léger fixé par quatre clous, après avoir recouvert la plaie d'étoupes mouillées d'eau-de-vie étendue d'eau, lesquelles seront contenues par des éclisses. S'il y a formation de pus, ce qui arrive lorsque le corps étranger est resté plusieurs jours dans le pied, ou que l'ayant retiré on n'a pas aussitôt traité convenablement, on doit enlever toute la corne soulevée, et panser comme ci-dessus. Quand le corps vulnérant a pénétré dans l'intérieur de l'articulation du petit sésamoïde, il convient d'enlever la pointe de la fourchette de chair, afin de parvenir au fond de la plaie. Les pansemens, dans ce cas, doivent être faits avec précaution. Cette opération et les soins qu'elle exige nécessitent une grande habitude et des connaissances étendues de l'organisation du pied. Elle ne peut être faite que par un homme qui a fait de la médecine vétérinaire l'objet de ses études.

Brûlure. Les chevaux ne sont guère exposés aux brûlures que dans le cas d'incendie des écuries. Le plus souvent alors, ils périssent de suffocation, tant il est difficile et même impossible de les éloigner du danger. Quand la brûlure est superficielle, légère et surtout récente, on tente d'obtenir l'avortement de l'inflammation par l'application renouvelée et prolongée des réfrigérans, comme l'eau glacée, la neige, la glace pilée, ou par celle des liquides très volatils, comme l'esprit-de-vin, l'éther, l'ammoniaque affaiblie. On recouvre ensuite la partie malade avec des compresses imbibées de la même eau, à laquelle on ajoute avec avantage de l'acétate de plomb. Quand l'inflammation est développée, on a recours aux émolliens ; s'il y a des phlyctènes, on les ouvre et on recouvre la plaie de cérat ordinaire ou de saturne. Les eschatres doivent aussi être couvertes de cérat, et après leur chute, la surface malade être soignée comme une plaie qui suppure.

Bubon. Tumeur inflammatoire des glandes, qui se manifeste souvent à la suite de la gourme ou de quelqu'autre maladie ; dans ce cas-là, il est moins une maladie proprement dite, qu'une crise salutaire qu'il ne faut pas troubler. Il n'en est pas de même du bubon charbonneux, qui demande des secours prompts et efficaces (voyez *Charbon*). Le bubon simple n'exige que l'emploi des maturatifs, et doit se traiter comme toute autre tumeur du même genre.

Callosité. Les bords de certaines plaies de mauvais caractère deviennent souvent durs et calleux. Quand on ne parvient pas à les faire disparaître en écartant les causes de l'irritation qui les perpétue, et en tâchant de les ramollir à l'aide des applications émollientes, on a recours aux applications d'alun calciné, de précipité rouge, après avoir préalablement aminci l'excroissance avec le bistouri. Cette excision et une légère cautérisation sont souvent le meilleur moyen à employer.

Capelet. Tumeur lymphatique et flottante, de la nature de l'œdème, qui se manifeste à la pointe du jarret à la suite d'un coup ou d'un frottement violent ou prolongé ; il suffit communément de frictionner la partie avec de l'eau-de-vie camphrée ou une forte solution d'alun, pour dissiper le mal récent ; mais s'il augmente au lieu de diminuer, il faut y appliquer les vésicans ou le feu.

Carie. Ulcération des os. Il n'est pas rare de voir cet accident se déclarer quand le périoste a été entamé à la suite d'une plaie, ou rongé par le pus d'un ulcère ou la matière d'un abcès que l'on a trop tardé à ouvrir. Ce mal fait des progrès rapides et détruit successivement les parties saines si l'on ne s'y oppose pas à tems. La première indication qui se présente est de circonscrire les effets de la carie, et de faire tomber les portions qui en sont frappées, au moyen des caustiques, tels que la pierre à cautère, la pierre infernale, le feu, etc. ; on panse en même tems avec de l'étoupe sèche et l'on achève le traitement comme celui des plaies simples quand la carie est tombée. Lorsque le mal est tellement invétéré, que ces moyens ne peuvent suffire, on a recours à la rugine pour emporter toute la partie gâtée ; mais le feu est préférable en ce qu'il ne met pas la portion spongieuse de l'os à nu.

Castration. Opération qui consiste à enlever aux mâles les testicules, et aux femelles les ovaires, dans l'intention de les rendre impropres à la reproduction, plus dociles, plus soumis ; et enfin, pour guérir certaines maladies dont sont atteints ces organes.

On attend ordinairement pour châtrer le cheval, qu'il ait acquis tout le développement dont il est susceptible, et c'est entre trois et cinq ans qu'on l'opère le plus souvent : plus jeune on nuit beaucoup à sa beauté et à sa force ; son encolure et sa croupe sont surtout les parties qui en souffrent : plus vieux, il est bien plus exposé aux accidens qui sont les suites de cette opération. La castration peut s'opérer par les *casseaux*, par *arrachement*, *ligature*, *raclement*, *section simple du cordon*, *le feu*, ou enfin par *bistournage*; la première de ces méthodes étant celle qui est le plus généralement employée en France, et qui réussit le mieux, nous la décrirons ici avec quelques détails.

Le sujet ayant été préparé par quelques jours de diète, et par la saignée s'il est irritable, on l'abat du côté gauche sur un bon lit de paille; on fixe la jambe droite de derrière à l'encolure, de manière à bien mettre à découvert les bourses : puis on saisit de la main gauche le testicule qui est placé inférieurement, dont on incise les enveloppes d'un seul coup de bistouri courbe sur tranchant, de manière à ce qu'il puisse sortir facilement; et on place le casseau (1) au-dessus de l'épididyme, ayant bien soin de ne point prendre avec le cordon spermatique quelque portion du scrotum. Cela fait, on le serre fortement ; puis on coupe l'organe, dont on laisse une partie pour empêcher le casseau de tomber. Souvent on éprouve beaucoup de difficulté à saisir le second testicule, qui est rétracté; dans cette circonstance, un aide frappe sur le bout du nez de l'animal avec le bout de la longe, ou le pique avec une épingle.

Il est quelques personnes qui ne font pas l'incision de la membrane péritoniale pour prévenir la hernie, d'autres pensent qu'il vaut mieux aller jusqu'au cortex. Les casseaux seront retirés trente-six ou quarante-huit heures après l'opération ; pendant tout le cours de la guérison, il sera nécessaire de promener l'animal au moins deux heures par jour, à l'époque la plus chaude, si c'est en hiver, et la plus fraîche, si c'est pendant les grandes chaleurs.

Les accidens qui peuvent être les suites de la castration sont :

1° L'hémorragie, qui peut être occasionée par la fracture des casseaux lorsqu'ils sont trop secs; leur trop de flexibilité qui ne permet point de faire une compression assez forte ; leur arrachement par l'animal, que l'on devra attacher très court pour prévenir cet inconvénient; enfin, parce qu'on les enlève trop tôt : on y remédiera en faisant, s'il est possible la ligature de l'artère, autrement on brûle du crin sur la partie, ce qui ne réussit pas toujours.

____

(1) On nomme ainsi un morceau de bois ou de sureau fendu en deux parties égales, ayant à un pouce de chaque extrémité une entaille circulaire destinée à maintenir la ficelle qui doit réunir les deux pièces : quelquefois les faces de chaque pièce qui doivent être en contact, sont pourvues d'une rainure dans laquelle on met du sublimé; l'extrémité de ces faces doit présenter un biseau pour en faciliter l'écartement.

2° La hernie : il faut faire rentrer la partie d'intestin sortie, mettre le malade sur le dos vingt-quatre heures au moins ; puis, lorsqu'il est relevé, le placer de manière à ce qu'il ait le devant beaucoup plus bas que le derrière.

3° Les coliques se traitent comme la péritonite.

4° La péritonite ou inflammation du péritoine se reconnaît aux mouvemens désordonnés de l'animal, et nécessite l'emploi de saignées copieuses, de vésicatoires aux fesses, ainsi que sur la plaie lorsque la suppuration a été subitement supprimée ; la diète sera observée rigoureusement.

5° L'engorgement du scrotum et du fourreau est inévitable, mais il peut devenir gangréneux ; dans ce cas, les scarifications, les fomentations aromatiques, et quelquefois le feu, seront mis en usage; quand l'engorgement est cantonné au fourreau, il est peu grave.

6° Les champignons sont des tumeurs qui viennent au cordon spermatique. Ils s'établissent du sixième au douzième jour, rarement plus tard, et se reconnaissent à la raideur du membre correspondant, que l'animal traîne lorsqu'il marche ; ils doivent être amputés après avoir placé une ligature au dessus.

7° Le tétanos, (*voyez* cette maladie ou mal de cerf).

La castration dans les femelles est peu usitée.

Catarrhe. Inflammation des membranes muqueuses accompagnée d'une sécrétion surabondante de mucosité. On sait que les membranes muqueuses sécrètent constamment une humeur destinée à les lubréfier : dans l'ordre naturel, l'abondance de cette sécrétion est en rapport avec les besoins de la nature ; mais que, par une cause accidentelle celles ci s'enflamment, elles sécrètent bientôt en plus grande abondance une humeur plus fluide et plus âcre qu'à l'ordinaire.

Le catarrhe pulmonaire ou rhume se manifeste par tous les symptômes d'une inflammation plus ou moins étendue, la respiration devient difficultueuse, il se fait une évacuation abondante de mucosité par les naseaux, la gorge, les yeux ; tous ces symptômes sont accompagnés de toux, et quelquefois d'un peu de fièvre. Le traitement doit tendre à calmer l'irritation, rétablir petit à petit le cours de la transpiration, diviser et expulser l'humeur visqueuse et collante qui obstrue les organes de la respiration. Ces diverses indications seront convenablement remplies par un régime approprié à la circonstance, par les eaux blanches miellées chaudes, auxquelles on pourra ajouter deux à quatre gros de sel de nitre, et quatre onces d'oximel scillitique par seau.. On pourra en outre administrer deux ou trois doses de la composition n° 110, en bols ou délayée dans une boisson chaude ; si la saignée peut être utile dans un pareil cas, c'est principalement dans le commencement de l'invasion. Dans tous les cas, il faut s'abstenir soigneusement des médicamens échauffans et irritans, auxquels on a encore trop souvent recours sous le vain prétexte de ramener la transpiration. Quoique cette maladie ne soit pas dangereuse quand elle est traitée convenablement, elle a souvent des suites funestes si on la néglige : la pousse, le cornage, la pulmonie, en sont souvent une conséquence. Voyez *Toux chronique*.

Cerises. On se sert de cette expression, en médecine vétérinaire, pour désigner de petites excroissances charnues, hémisphériques, qui s'élèvent de la surface des plaies du pied du cheval. Elles dépendent le plus souvent des compressions exercées par la corne au bord ou au pourtour des plaies sur lesquelles on n'a pas fait une compression régulière et méthodique. Quand elles sont petites et au milieu des plaies de bonne nature, elles disparaissent par la compression. Quand elles sont grosses, on les enlève avec la feuille de sauge, et on exerce ensuite sur la plaie qui résulte de leur excision une compression susceptible de prévenir de nouveau leur développement. On est quelquefois obligé d'enlever une petite portion de la corne qui les avoisine.

On a rarement recours aux caustiques.

Champignon. Voyez *Castration*.

Chancres. Plaies blanchâtres ou brunes livides, qui se manifestent sur la langue, et dans diverses parties de la bouche, par suite de la malpropreté du mors, ou par quelqu'autre cause interne ou externe, et qui finissent par s'ulcérer si l'on n'y porte remède. On peut frotter le dedans de la bouche avec l'eau saturée de sel ammoniac ou de sel de cuisine, avec une forte dissolution de sel dans du vinaigre ; mieux encore avec l'oximel ou l'eau d'orge acidulée ou miellée, et toucher plusieurs fois par jour les parties affectées avec un tampon imbibé de la mixture n° 46. Ces moyens suffisent pour les chancres bénins ; mais il en est d'une autre espèce qui tiennent du charbon et demandent à peu près le même traitement, après toutefois les avoir effleurés avec le tranchant du bistouri, et cautérisés soit avec le vitriol ou l'esprit de sel,

Chancre du pied. Voyez *Crapaud.*

Charbon. Cette maladie est une des plus graves qui affectent le cheval. Elle consiste dans le développement sur différentes parties du corps, de tumeurs qui tendent à la gangrène. Le principe de cette affection paraît être une altération des liquides et notamment du sang, et une modification particulière de l'innervation.

Le charbon peut se développer spontanément ou par contagion. Il se communique également du cheval qui en est affecté aux animaux de la même espèce, à ceux d'espèce différente et à l'homme par contacts médiat et immédiat. Il peut être sporadique, enzootique ou épizootique. Ses causes ne sont pas toujours bien connues. En général, il résulte des vicissitudes des saisons, des longues sécheresses et des longues pluies, de l'usage d'alimens avariés et d'eau altérée, de la malpropreté des écuries, des travaux forcés et de toutes autres causes susceptibles d'apauvrir l'économie et d'apporter une modification profonde dans l'innervation, la circulation, la nature des liquides et notamment des fluides circulatoires.

Quand le charbon se montre à la surface du corps, il apparaît ordinairement tout-à-coup. Quelquefois la tumeur est dure, rénitente et présente un bourbillon à son centre; la douleur est excessive; la chaleur, d'abord peu marquée, devient âcre; lorsque la tumeur est parvenue à son plus haut degré d'accroissement, la chaleur et la douleur s'évanouissent, et le sphacèle se manifeste par des phlyctènes, l'insensibilité et le froid de la partie. D'autres fois, le charbon se montre sous forme de tuméfaction qui acquiert avec promptitude un développement considérable, bientôt suivi de la mort du cheval. La tumeur cède alors à la pression et fait entendre la crépitation de l'emphysème. Les élémens du sang paraissent s'être séparés en deux parties parfaitement distinctes; l'une (le serum) infiltrée dans les mailles du tissu cellulaire sous-cutané et intermusculaire; l'autre (la matière fibrineuse et le cruor), déposée autour des fibrilles musculaires, donne aux muscles l'aspect de la chair *brûlée* ou *charbonnée.* Quand le charbon apparaît sur les membres, il occasione une claudication plus ou moins forte. A la cuisse, il est connu sous le nom de *trousse-galand.* L'infiltration fait des progrès rapides, et l'animal meurt quelquefois en moins de douze à vingt-quatre heures. Quand il se développe dans le pied, il occasione la chute du sabot et la mort de l'animal dans un espace de tems très court. Dans ce cas, il se développe quelquefois spontanément; mais il est le plus souvent la suite des piquûres et des enclouures. Le charbon de la bouche est connu sous les noms de *glossanthrax* et de *chancre volant*. C'est une espèce de pustule maligne qui affecte la langue et le palais. La langue tombe quelquefois en lambeaux; la gangrène gagne de proche en proche le larynx et le pharynx, et l'animal meurt promptement.

Les symptômes généraux du charbon apparaissent quelquefois avant l'apparition des tumeurs; on dit alors que c'est la *fièvre charbonneuse*. D'autres fois ils ne se montrent que lorsque celles-ci ont déjà acquis le tiers ou la moitié de leur accroissement; c'est alors ce que l'on appelle le charbon *essentiel*. Les premiers symptômes annoncent ordinairement une irritation du système nerveux et circulatoire, une fièvre plus ou moins violente. Les yeux sont ardens, très enflammés, hagards; le pouls est fort, très accéléré. Cette première période est ordinairement de courte durée. Les symptômes qui succèdent aux précédens et qui accompagnent la mortification des tumeurs extérieures annoncent que toutes les forces sont anéanties; le pouls est effacé, lent et intermittent; les yeux sont abattus; un relâchement et un affaissement général se font remarquer dans toute l'économie : à la fin, les forces se raniment ordinairement pour un instant; ce sont les présages d'une mort prochaine.

La saignée, les boissons émollientes et tempérantes, (l'eau blanche seule ou celle à laquelle on ajoute quatre à huit onces d'oximel par seau), et les lavemens émolliens sont souvent efficaces au début du charbon; surtout lorsque les animaux sont forts et vigoureux et que la maladie ne résulte pas de causes qui ont agi pendant long-tems et altéré profondément l'économie. Mais en général la saignée doit être pratiquée avec discernement; car il est des circonstances où elle a paru plus nuisible qu'utile. Les substances toniques et cordiales (une ou deux pilules n° 91 ou le breuvage n° 7) conviennent quelquefois au début, et presque toujours après la diminution d'intensité des symptômes fébriles. Le traitement local varie un peu suivant le siège des tumeurs. Celles qui ont un bourbillon à leur centre doivent être enlevées avec l'instrument tranchant, et la plaie qui résulte de l'opération, cautérisée avec un cautère chauffé à blanc. Si l'ablation ne peut être pratiquée, il faut avoir recours à la cautérisation profonde de la tumeur et de l'infiltration qui l'environne, avec des cautères en pointes. On peut recouvrir la tumeur ainsi cautérisée avec de l'onguent vésicatoire. Après la chute des escharres, si la suppuration est louable, on panse avec des plumasseaux imbibés d'alcool camphré. Le charbon qui se montre sous forme de tuméfaction plus ou moins étendue doit se traiter aussi par la cautérisation profonde, qui a le double avantage de donner écoulement au liquide infiltré et de changer le mode de vitalité de la partie. Le charbon de l'intérieur du sabot réclame promptement l'enlèvement de la portion de corne qui recouvre le mal, ainsi que les parties sphacélées. Le *glossantha*, dont on ne s'aperçoit souvent que lorsqu'il a déjà fait des progrès, réclame un traitement prompt et énergique. Il faut sur-le-champ scarifier la langue et les tumeurs, enlever les parties gangrénées et lotionner les parties malades avec l'acide sulfurique étendu d'eau, ou une solution de sel de cuisine dans le vinaigre. Voyez *Chancre*.

Cette maladie est d'autant plus terrible, que souvent elle ne laisse pas le tems d'apporter les premiers remèdes. Aussitôt qu'elle se déclare dans une contrée, il faut redoubler de soins à l'égard de la nourriture, de la propreté, des soins journaliers à donner aux chevaux; leur faire faire de l'exercice en évitant toutefois de les exposer à la grande chaleur ou de les excéder de travail; les espacer convenablement; isoler entièrement les malades; laver à l'eau bouillante et ensuite à l'eau chlorurée tout ce qui aura servi a ceux qui seront morts de la maladie; désinfecter leur écurie, etc. Il sera même bon d'employer, comme préservatifs suivant les circonstances, tantôt la saignée et l'eau blanche seule ou acidulée avec l'oximel; tantôt la poudre d'aunée, de valériane ou de gentiane. Ce mal, très contagieux, se communiquant très rapidement, non seulement entre les animaux, mais d'eux aux hommes chargés de les soigner, ceux-ci doivent se laver fréquemment les mains avec du vinaigre, et bien prendre garde de s'inoculer par quelque coupure, l'humeur qui sort des tumeurs ou des plaies qui résultent de leur ablation ou de leur cautérisation; si un pareil accident leur arrivait, il faudrait de suite cautériser la plaie, soit par le feu, soit par un caustique quelconque.

Clou de rue. On désigne ainsi les blessures faites à la sole, soit par un clou ou autre corps pointu qui pénètre dans le pied à travers la sole de corne. Il est *simple*, quand il n'attaque que la sole ou la fourchette, et n'exige ordinairement d'autre traitement que l'extirpation; *grave*, quand il offense l'os du pied, le petit sésamoïde ou os de la noix, et l'expansion aponévrotique du muscle fléchisseur, ou lorsque les cartilages sont endommagés.

Si le clou a blessé légèrement la sole charnue, le cheval guérit ordinairement de lui-même; mais il vaut mieux découvrir le fond du mal par une ouverture infundibuliforme faite à la corne, panser avec des plumasseaux imbibés d'eau-de-vie étendue d'eau, et enduire la sole d'onguent de pied ou la recouvrir d'une charge émolliente. On reconnaît, au moyen de la sonde, quand l'os du pied est attaqué; il faut alors ouvrir largement la blessure en enlevant une portion de la sole, ruginer l'os s'il est carié, et panser comme ci-dessus, en ayant soin de ne lever le premier appareil qu'au bout de cinq à six jours. Lorsque le tendon a été percé, il faut commencer par enlever la fourchette de corne et le coussinet plantaire, mettre bien à découvert le fond de la plaie, en exciser les bords frangés, la couvrir d'abord avec des bourdonnets et ensuite avec des plumasseaux. Cet appareil sera levé au bout de cinq à six jours, pendant lesquels on aura eu soin de le tenir toujours imbibé. Il ne faut pas confondre le clou de rue avec l'enclouure, dont il sera parlé plus loin. Quand les cartilages sont cariés, il faut avoir recours à l'opération du javart encorné.

Coliques (voyez *Tranchées*).

Constipation. Lorsqu'elle ne tient pas à une maladie essentielle, il suffit ordinairement de retrancher le foin et une portion de l'avoine, et de recourir à l'eau blanche chaude, aidée de quelques lavemens et d'un peu d'exercice. Les purgatifs énergiques administrés en pareil cas sans discernement, pourraient produire un effet contraire à celui que l'on s'en proposerait.

Contagion. Transmission, communication d'une maladie, d'un individu à un autre au moyen du contact. Celui-ci peut être médiat ou immédiat. La matière fournie par l'animal malade peut être fixe, ou volatile et susceptible de se mêler à l'air et de former autour du malade une atmosphère contagieuse plus ou moins étendue, qui devient pour l'animal sain qui se trouve en rapport avec lui, un véritable mode de contagion par contact médiat. La gale, le charbon et plusieurs autres maladies contagieuses, peuvent se développer spontanément. La rage, dans le cheval, paraît toujours être le résultat de la contagion. Considérées sous le rapport thérapeutique, les maladies contagieuses présentent deux indications : prévenir ou borner leur propagation, et traiter les animaux qui en sont atteints.

Toutes les fois qu'une maladie contagieuse quelconque se manifeste, il faut en prévenir sur-le-champ l'autorité locale, afin qu'elle prenne les mesures de précaution nécessaires ; et pour circonscrire le mal, autant que possible, on doit isoler entièrement les chevaux qui en sont atteints ; blanchir à l'eau de chaux l'écurie qui leur aura servi, qu'ils y soient morts ou non. Enfin, laver à l'eau seconde des peintres les objets susceptibles d'être lavés, gratter les objets en bois, les blanchir à l'eau de chaux, et ne pas s'en servir sans les avoir laissés plusieurs jours à l'air. C'est encore ici le cas d'apporter le plus grand soin à tout ce qui concerne le pansage, la propreté, et la qualité des eaux et fourrages.

Contusion ou *meurtrissure*. Résultats du choc d'un corps dur. La contusion diffère de la plaie en ce que la peau est entamée dans celle-ci, ce qui n'a pas lieu dans la simple meurtrissure. Lorsque la contusion est simple et légère, il suffit communément de frotter la partie malade avec l'eau-de-vie camphrée, ou d'y faire des embrocations d'eau de goulard, ou d'eau saline alcoolisée, n° 73 bis ; mais si elle est compliquée, soit en raison de la grande quantité de sang extravasé sous la peau, ou qu'elle intéresse quelque partie essentielle, il faut pratiquer de suite une ou deux saignées selon la gravité du mal ; mettre le cheval au régime et à l'eau blanche, et le laisser reposer jusqu'à ce qu'il soit à peu près guéri, le tout sans préjudice des frictions et embrocations ci-dessus ; il sera même bon de joindre le cataplasme résolutif n° 32, s'il y a lieu. C'est ici le cas de rappeler que les coups sur la tête, au poitrail, dans le ventre ou sur les reins, peuvent causer les accidens les plus graves et même la mort. Les abcès et tumeurs qui peuvent survenir à la suite de contusion, se traitent comme toutes les autres.

Convalescence. Époque qui suit immédiatement la cessation des symptômes d'une maladie grave. À mesure que le cheval avance dans la convalescence, il faut lui rendre peu à peu la nourriture, en commençant d'abord par quelques poignées de foin de la meilleure qualité, auquel on joindra progressivement quelques jointées d'orge et d'avoine mélangées et écrasées. On le sortira tous les jours pour le promener, sans le fatiguer ni l'échauffer ; on lui continuera l'eau blanche pour boisson habituelle, et on le pansera avec soin: les chevaux en convalescence sont très sensibles aux intempéries de l'atmosphère. Lorsque l'appétit et les forces ont de la peine à revenir à la suite d'une maladie grave, on peut administrer quelques prises de thériaque, de poudre d'aunée, cordiale, ou toute autre préparation analogue mélangée dans du vin.

Cornage, sifflage ou *halley.* Bruit sonore particulier, plus ou moins éclatant, que le cheval fait entendre en respirant. Ce n'est pas une maladie spéciale, mais un symptôme particulier de plusieurs affections aiguës ou chroniques des voies et des organes respiratoires, de quelque défaut dans l'arrangement ou la disposition naturelle des voies de la respiration, ou de la présence de quelque corps introduit dans ces voies.

Quand le cornage est le symptôme de quelque maladie aiguë des voies respiratoires, comme le coriza, l'angine, la gourme, le catarrhe pulmonaire, quelques pleurésies ou péripneumonies, certains engorgemens inflammatoires de l'auge, il disparaît ordinairement avec elles. Ce sont donc ces affections qu'il faut chercher à reconnaître et à guérir. Si l'inflammation aiguë qui constitue ces diverses maladies passe à l'etat chronique et laisse dans les tissus quelques points d'induration ou une augmentation permanente de volume dans la partie affectée, l'animal peut rester *corneur* avec une apparence de bonne santé et se trouver dans une position pareille à celle dans laquelle le cornage est dû à quelques vices de conformation des voies aériennes.

Quand le cornage n'est pas le résultat d'une maladie aiguë, il n'est pas ordinairement continu, et n'affecte le cheval que pendant un exercice plus ou moins fatigant ou plus ou moins prolongé : le cheval fait entendre le bruit du cornage, les naseaux sont dilatés, ses flancs agités; quelquefois il est près de tomber. Le cornage cesse souvent quand l'animal s'arrête, ou au moins quelques instans après.

On peut se servir de quelques chevaux corneurs, quand ce défaut est léger, et en ne les soumettant pas à des travaux fatigans ou à des exercices précipités. Quand la difficulté de respirer est très grande, et si l'on veut tirer parti de l'animal, en le faisant travailler, il faut pratiquer la trachéotomie et placer un tube à demeure dans l'ouverture artificielle faite à la trachée. Il faut avoir recours à un vétérinaire pour cette opération.

Cor. Sorte de tumeur qui se forme souvent sous la selle, le bât, et dans les autres parties sujettes à un frottement ou à une pression continue. Lorsqu'il n'y a qu'enflure pure et simple, il faut se conduire comme il est dit précédemment pour les blessures sous la selle, ou appliquer, soit des étoupes, soit une forte compresse imbibée d'eau-de-vie camphrée, d'eau de goulard ou de toute autre liqueur vulnéraire et résolutive. Si le gonflement, au lieu de céder, paraît vouloir dégénérer en abcès et que la formation du pus soit évidente, il faut employer sur-le-champ les maturatifs et ouvrir la tumeur aussitôt qu'il en sera tems. Lorsque la peau est sèche et transformée en escharres gangréneuses, il faut les recouvrir d'onguent populeum, de beurre ou tout autre corps gras; puis, quelques jours après, et lorsque cette portion de peau tend à se détacher; l'enlever ou faciliter sa chute au moyen de l'instrument tranchant. La plaie qui résulte de cette petite opération ne réclame ordinairement d'autres soins que ceux d'une plaie simple. Il est inutile de rappeler ici les précautions à prendre pour éviter les cors et blessures en question, il en a été parlé dans la première partie de ce Manuel.

Coryza. Ce mot emprunté à la médecine de l'homme est employé en vétérinaire pour désigner l'inflammation de la membrane muqueuse du nez, avec écoulement par les naseaux : c'est cette maladie qui est aussi connue sous les noms de *morfondement, morfondure, enchifrenement, refroidissement, rhume de cerveau, catarrhe nasal.* Le cheval est d'abord un peu triste et nonchalant dans ses allures ; sa peau est sèche ; la membrane du nez est plus rouge qu'à l'ordinaire ; la sécrétion muqueuse d'abord suspendue, devient plus abondante. Le produit de cette sécrétion d'abord plus aqueux, incolore, limpide, tombant par gouttes ou filant en plus ou moins grande abondance, devient blanc, consistant, visqueux et tombe par flocons. Cette maladie dure ordinairement de quinze à vingt jours. Quand elle dure davantage, il est à craindre qu'elle passe à l'état chronique, et qu'elle occasione les altérations organiques qui constituent la *morve.*

Si le corysa est léger, il suffit ordinairement de ne plus exposer le cheval à l'air froid ou humide, de le placer à l'abri des courans d'air, à une température douce, de le bouchonner fréquemment, de le couvrir avec soin, de lui présenter de l'eau blanche tiède, de diminuer un peu sa nourriture, et de faire dans les narines quelques fumigations d'eau de mauve tiède. Quand l'inflammation est fortement développée, quand il y a fièvre, rougeur de la bouche, injection de la conjonctive, il faut saigner le cheval, le mettre à la diète, lui donner des électuaires adoucissans, et passer des lavemens émolliens. Le coryza devenu décidément chronique est difficile à guérir; il se manifeste par l'écoulement nasal, avec disparition des symptômes inflammatoires. Une bonne nourriture, le pansement de la main bien exécuté, une légère promenade, des fumigations aromatiques, et quelques purgatifs, sont les moyens qui réussissent assez souvent.

Courbature. Expression vague, inexacte, vulgaire, employée pour désigner l'ensemble des symptômes des maladies de la poitrine. Quand ces maladies sont aiguës, on dit que la courbature est aiguë; quand elles sont chroniques, c'est la vieille courbature. Voyez *pleurésie, péripneumonie, catarrhe.*

Courbe. Tumeur osseuse développée à la face interne du jarret, à l'endroit qui correspond à la partie inférieure de l'os de la jambe. Elle commence ordinairement son apparition par un engorgement chaud, douloureux, accompagné d'une claudication légère qui cède en partie aux applications émollientes; mais quand cet engorgement a disparu, la tumeur osseuse seule persiste, fait des progrès, occasione une boiterie d'abord intermittente qui devient permanente. Dans le commencement, on applique sur le mal des cataplasmes émolliens. Plus tard, quand elle est dure, il faut frotter la partie avec le liniment savonneux camphré ou l'onguent résolutif fondant. Le feu est le meilleur moyen, encore ne réussit-il pas toujours.

Couronné (genou). On appelle ainsi une contusion avec ou sans déchirure de la peau, qui résulte d'un coup ou d'une chute : il faut de suite laver la partie avec soin, et remettre les lambeaux de peau à leur place si elle est entamée; dans tous les cas, appliquer une compresse imbibée d'eau-de-vie, et serrer un peu fortement la bande, sans pourtant gêner la circulation. S'il se forme une plaie, il faudra la déterger avec soin, afin de la cicatriser promptement; si après cela, il reste du gonflement, on pourra appliquer le vésicatoire ammoniacal ou le vésicatoire ordinaire.

Cours de ventre, diarrhée, dévoiement. Tant que le cours

de ventre n'ôte ni la force ni l'appétit, ce n'est qu'une indisposition légère, qui cesse ordinairement d'elle même. Si le mal devient sérieux, on mettra le cheval à l'eau blanche, on pratiquera une saignée, et on donnera des lavemens émolliens; au bout de quelques jours, on donnera, matin et soir, une prise de la poudre n° 113, en bol ou en boisson, surtout si la maladie paraît vouloir prendre un caractère de chronicité. Si la diarrhée succède à une indigestion, on pourra administrer du vin tiède et diminuer pendant quelques jours le travail et la nourriture du cheval. Voyez *entérite.*

Crampe. Contraction musculaire involontaire qui survient ordinairement tout-à-coup et se fait sentir plus particulièrement dans les membres postérieurs du cheval. Elle arrive surtout lorsque l'animal sort le matin de l'écurie; la raideur est quelquefois si grande, que le cheval a beaucoup de peine à fléchir la jambe. Elle passe ordinairement lorsque le cheval a fait quelques pas. Pour en abréger la durée on a recours aux frictions sèches à rebrousse poil avec la brosse ou un bouchon de paille.

Crapaud ou fic. Tumeur ulcéreuse, *sui generis,* qui affecte la peau ou le tissu réticulaire de la fourchette, dénature la corne en cet endroit, altère le coussinet plantaire, se propage quelquefois aux parties environnantes et désorganise insensiblement tout le pied.

Nous ne saurions mieux faire que d'extraire du Traité du pied, de M. Girard, ce que nous allons dire de cette maladie.

Dans le commencement du crapaud, la fourchette est tuméfiée, sa corne est molle et filandreuse. Une humeur noirâtre et d'une odeur fétide s'écoule des commissures du vide de la fourchette et de dessous les paquets fibreux de cette portion du pied. Au fur et à mesure que le crapaud fait des progrès, les talons s'écartent et se dévient; la muraille se dilate, se renverse en dehors et se désunit en plusieurs endroits d'avec la sole, l'excrétion de l'humeur du crapaud augmente, le dessous du pied présente un aspect hideux et exhale une odeur infecte; la paroi se dessèche et se désunit d'avec le tissu feuilleté; cette espèce de cancer pousse de profondes racines et attaque les cartilages latéraux ou le tendon perforant, ou l'os du pied, ou toutes ces parties en même tems.

Le crapaud peut se compliquer de poireaux, d'eaux aux jambes, et de javarts; dans quelques circonstances, il est consécutif aux eaux des jambes et devient alors très rebelle ou incurable; de même que quand il est très ancien, inhérent à la constitution, et qu'il forme une sorte d'émonctoire qui ne saurait être supprimé sans inconvénient.

Les chevaux élevés dans des pâturages bas et aquatiques, ou qui habitent des écuries humides, sont très exposés à contracter le crapaud. Le séjour des pieds dans l'urine, dans le fumier, dans les boues âcres peut occasioner le développement de cette maladie, qui s'établit aussi quelquefois sans cause bien connue. C'est ce qui a fait distinguer deux variétés de crapaud, l'une *accidentelle*, l'autre *constitutionnelle*.

Le crapaud non invétéré, non entretenu par une disposition particulière de l'individu est susceptible de guérison. Lorsqu'il est ancien, compliqué d'eaux aux jambes ou de javarts, la cure est incertaine, et très rarement ou presque jamais radicale. Lorsque l'on veut tenter la cure de cette maladie, il faut pratiquer l'opération, qui consiste dans la section de la corne détachée et l'amputation des parties filandreuses et fongueuses. On prépare un fer à dessolure, des éclisses et une traverse; on pare le pied à plat, jusqu'à la rosée; on place une ligature dans le paturon; on enlève la portion de corne décolée, en la coupant un peu au-delà de sa désunion, et on met à découvert toutes les parties fongueuses et filandreuses que l'on ampute successivement avec une feuille de sauge bien tranchante; on rattache le fer, et on couvre toute la surface de la plaie de longs plumasseaux imbibés d'eau-de-vie. On place d'abord deux plumasseaux sur les côtés de la fourchette, puis de petits sur les parties vives, et l'on remplit tous les vides du pied avec d'autres plumasseaux secs, minces, doux, parfaitement unis, bien gradués et rangés de manière à établir la pression la plus uniforme possible; on fixe l'étoupade au moyen des éclisses et de la traverse. Au second pansement, qui doit se faire le troisième ou quatrième jour, l'on essuie bien doucement, avec un peu d'étoupe, la matière puriforme qui recouvre la plaie; l'on enlève, sans effusion de sang, la pellicule blanche qui peut s'être formée; on couvre les points fongueux avec de petits plumasseaux chargés d'ægyptiac, tandis que l'on n'en place que de secs partout ailleurs; et l'on se dirige quant au reste, de la même manière que dans l'application du premier appareil. Les pansemens suivans doivent se renouveler tous les jours, jusqu'à ce que la corne soit bien formée, et que les parties reprennent une consistance bien décidément louable ; à cette époque, ils doivent être moins fréquens et devenir toujours plus rares jusqu'à parfaite guérison. Ils exigent constamment les mêmes soins que ceux prescrits pour les deux premiers, et ils requièrent en outre certaines précautions subordonnées à l'état du mal. On doit d'abord essuyer la plaie, puis, avec une feuille de sauge, et bien doucement, on enlève les pellicules résultant des escharres, et les petites couches de corne qui, pour ainsi dire soulevées par la sérosité, sont peu adhérentes et se détachent facilement ; lorsque, malgré l'application de l'ægyptiac, les fongosités persistent, on les recouvre de poudre de sulfate de cuivre ou de Rousseau ; ou bien l'on augmente l'énergie de l'ægyptiac par une addition de sublimé corrosif.

Lorsque l'on entreprend la cure du crapaud, il n'est pas indifférent d'avoir recours aux moyens propres à diminuer l'influence de la prédisposition du sujet. La poudre diurétique à l'intérieur, des sétons au poitrail ou aux fesses, quelques purgatifs peuvent être efficaces.

Crapaudine, teignes, peignes, mal d'âne. Maladie de la couronne qui a beaucoup de rapport avec la gale et les eaux aux jambes. Elle se montre le plus ordinairement au-dessus de la partie antérieure du biseau. Les poils sont hérissés ou réunis en petits tas entre lesquels suinte une humeur fétide. L'animal éprouvant de la démangeaison en cette partie, se gratte ordinairement avec l'autre pied. Quand ce mal est ancien, la peau se sépare de l'ongle, se tuméfie et devient ulcéreuse. Les bains et les cataplasmes émolliens conviennent dans le commencement. Quand l'engorgement et la douleur sont diminués, on leur substitue quelques applications astringentes, la liqueur n° 74 ou l'onguent n° 84. Quand il y a désunion du biseau, pincement à la couronne, matière sous la muraille, il faut enlever la portion de corne désunie, exciser les tissus boursouflés et panser méthodiquement en exerçant une compression suffisante.

Crevasses. Gerçures ou fentes qui se forment quelquefois aux paturons chez les chevaux qui ont marché long-tems dans la boue sans que l'on ait eu soin de leur tenir les jambes propres. On devra, dans ce cas, comme il y a ordinairement de vives douleurs qui font boiter l'animal, nettoyer plusieurs fois par jour les paturons attaqués, avec des décoctions de mauve ou de graine de lin, couper les poils, et frotter la partie avec l'onguent populeum, auquel on substituera l'onguent siccatif n°84, quand l'inflammation sera tombée.

Les crevasses qui sont la suite des eaux ou de la crapaudine sont de mauvais caractère et demandent le même traitement que ces maladies. L'onguent n° 10 est très utile pour dessécher toute sorte de crevasse, vieux ulcères, grappes ou arêtes ou autres maladies analogues, quand il n'y a pas une vive inflammation.

Cystite. Inflammation de la vessie. Le cheval trépigne souvent des membres postérieurs; il se campe fréquemment pour uriner; il boit avec avidité; il regarde ses flancs, agite sa queue. La saignée convient dans cette maladie; il vaut mieux la faire légère et la réitérer. On donnera des lavemens mucilagineux et on administrera des boissons de même nature : on mettra sur les reins un cataplasme de son bouilli. En cas d'accumulation d'urine dans la vessie, on cherchera à la vider en exerçant sur elle, avec toute la surface de la main préalablement introduite avec précaution dans le rectum, une douce pression dirigée d'avant en arrière. Vers le déclin de la maladie, on peut administrer quelques breuvages d'infusions amères nitrées. Quand la cystite résulte de la présence d'un calcul, elle réclame l'opération de la taille, qui ne peut être faite que par un vétérinaire habile.

Cul de poule. La chirurgie vétérinaire désigne ainsi les ulcères farcineux dont les bords sont renversés en dehors Voyez *Farcin*.

Dartres. Cette maladie, de même que toutes celles qui affectent la forme d'éruptions à la peau, peuvent provenir d'un vice interne, ou être produites par toutes les causes capables de gêner ou supprimer la libre transpiration.

Les dartres proprement dites se divisent en simples ou bénignes, et en vives ou malignes; celles-ci dégénèrent quelquefois en ulcères. Les premiers symptômes qui en font supposer l'existence sont un poil hérissé, terne, déteint, toujours recouvert d'une crasse pulvérulente qui semble se renouveler à mesure que l'étrille la fait tomber ; à ces premiers signes se joignent parfois des pustules de diverses natures, des boutons purulens, des croûtes quelquefois sèches, quelquefois humectées d'une humeur corrosive, âcre et puante; l'ulcération de la peau et des démangeaisons si vives, que le cheval s'écorche lui-même en se frottant contre tous les objets qui l'entourent. Ces derniers symptômes caractérisent toujours les dartres vives.

Il suffit presque toujours de rafraîchir le cheval, de le panser avec soin, et de lui donner au besoin une légère purgation, pour dissiper les dartres légères ou volantes : à l'égard des autres, il faut, après avec préparé le cheval par la saignée, les moyens généraux, et une ou deux purgations, assouplir la peau pendant deux ou trois jours par les lotions émollientes d'eau de mauve ou de graine de lin ; puis frictionner une fois par jour les parties malades avec l'onguent mercuriel citrin, le liniment n° 81, ou l'eau sulfureuse n° 68 ; faire boire immédiatement après, de l'eau de son chaude dans laquelle on pourra mélanger deux onces de gayac en poudre, et tenir l'animal chaudement. Si l'on emploie les onctions grasses, il faudra avoir soin de laver tous les jours les parties malades avec une eau de savon chaude ou une lessive légère de cendre : si le mal est invétéré, on joindra aux moyens ci-dessus à peu près le même traitement interne que pour les eaux et le farcin. Les dartres ulcérées sont très difficiles à guérir ; on les traite à l'extérieur comme les ulcères, et à l'intérieur comme les autres dartres.

Dégoût. Le dégoût n'est pas une maladie particulière, mais un symptôme commun à presque toutes. Lorsqu'un cheval refuse les alimens sans donner aucun autre signe de maladie, il suffit de le mettre pendant quelques jours au régime ; de lui faire faire de l'exercice, et lui donner, si le manque d'appétit persiste, quelques prises de gentiane ou d'aunée dans du vin.

Dessolure. Opération qui consiste à enlever la sole de corne, afin de mettre à découvert une plaie de la sole charnue. Les cas les plus ordinaires qui nécessitent cette opération sont le clou de rue grave, les bleimes suppurées, les fics. On ne doit jamais dessoler pour l'enclouure, à moins qu'à la longue la matière n'ait fini par fuser entre les deux soles, ce qui est rare, parce que l'enclouure n'intéresse ordinairement que la chair cannelée.

Quelle que soit la cause qui rende cette opération nécessaire, voici la manière d'y procéder : après avoir, autant que possible, commencé par humecter la sole en y appliquant de la bouse de vache ou un cataplasme de farine de lin ; on abat du pied autant qu'il est nécessaire, et on pare la sole surtout à la circonférence, afin de l'amincir et de la rendre plus facile à détacher en cet endroit. Cela fait, on présente et on essaie le fer destiné à maintenir l'appareil; il doit être étroit, peu couvert, ayant peu d'ajusture et les éponges droites; on dispose aussi les autres parties de l'appareil, consistant en quatre ou cinq clous courts, quelques plumasseaux et une ligature.

Les choses étant ainsi disposées, on abat le cheval, et on lui fixe convenablement le pied; on passe une corde autour du paturon, afin d'empêcher l'hémorrhagie; et l'opérateur s'armant du boutoir, ou prenant le bistouri s'il a la main assez exercée, détache la sole des parois de la muraille, en l'amincissant tout autour et commençant toujours en pince : il introduit ensuite entre les deux soles l'instrument nommé *lève-sole*, et le pousse avec précaution pour ne pas déchirer la sole charnue, jusqu'à ce que celle de corne soit détachée dans l'étendue d'environ un demi-pouce. Prenant alors des triquoises mousses, il saisit la portion soulevée, et achève de la détacher tout du long, en renversant sur la fourchette, et après avoir détaché un côté il passe à l'autre. Quand la sole ne tient plus qu'à la fourchette et aux talons, il ne reste qu'à tirer en droite ligne de devant en arrière pour achever de l'emporter; il reste alors tout autour de la sole charnue, un léger cercle de corne que l'on enlève avec la feuille de sauge; on lâche la corde du pâturon, afin de le laisser saigner, s'il y a lieu; on serre de nouveau la corde du paturon, on attache le fer, on pose plusieurs plumasseaux les uns sur les autres dans toute l'étendue de la sole, afin de faire une compression égale et modérée : on pose les éclisses, on recouvre le talon d'un plumasseau, retenu ainsi que les éclisses, par une bande; enfin, on ôte la corde du paturon, on fait relever le cheval, et on le place sur une bonne litière.

Les plumasseaux peuvent être, selon les circonstances, ou secs ou humectés d'eau-de-vie étendue d'eau. On peut laisser le premier appareil pendant une huitaine de jours, si rien n'exige qu'on le lève plus tôt; il est nécessaire de faire sur toute la surface de la plaie une compression égale et modérée, parce que, trop légère, elle laisserait pousser des cerises; trop forte, elle pourrait occasioner la gangrène. C'est surtout vers la pince que cet accident est à craindre. Un repos plus ou moins long est nécessaire pour le rétablissement des chevaux qui ont été dessolés.

Diarrhée. Voyez *Entérite.*

Digestions défectueuses. Lorsque le mauvais état des digestions ou la perte de l'appétit ne sont pas l'effet d'une maladie essentielle, elles peuvent être causées par la quantité
ou la qualité de la nourriture : il suffira alors d'un meilleur
choix d'alimens, d'un peu d'exercice et de diète, pour rétablir l'appétit et le bon état des digestions. Les moyens
prescrits à l'article *Convalescence* sont aussi applicables ici.

Dyssenterie. Voyez *Entérite.*

Eaux. On appelle eaux aux jambes une maladie érysipélateuse, qui attaque fréquemment la partie inférieure des
membres des chevaux, principalement de ceux qui, provenant de pâturages gras et humides, ont les jarrets gros et
chargés de poils, ou de ceux qui marchent beaucoup dans
la boue et sont mal soignés.

Ce mal, qui se jette d'abord sur le paturon et gagne petit
à petit le boulet et le canon, s'annonce par un gonflement
douloureux qu'accompagne le suintement d'une humeur
corrosive et puante. L'enflure, la douleur et l'écoulement
augmentent plus ou moins rapidement; la peau se soulève,
se gerce; il survient parfois des arrêtes, grappes, poireaux,
et le sabot finit par se détacher si on laisse vieillir la maladie.

Trois indications principales se présentent dans le traitement des eaux : dissiper l'inflammation quand elle existe,
modérer l'écoulement en redonnant du ton aux parties, et
dépurer en même tems les humeurs par un traitement interne approprié.

Après avoir préparé le cheval, selon la gravité du mal,
par le régime, l'eau blanche et quelques lavemens, des
bains et des cataplasmes émolliens, et la saignée s'il y a
fortes douleurs, on tiendra les jambes très propres, on ra-
sera le poil si la gravité du mal l'exige, on étuvera plusieurs
fois par jour les parties affectées avec de l'eau de goulard
n° 74, l'eau salée n° 73 bis, ou la préparation n° 70, et l'on
substituera à ces lotions, quand le mal tirera à sa fin, les lotions de vin aromatique chaud, ou d'eau-de-vie camphrée
chargée de savon. On peut aussi se servir avec succès des
compositions n°s 71 et 114. Il est convenable d'appliquer
des sétons au poitrail si le mal attaque les jambes de devant,
ou aux fesses, si ce sont celles de derrière. On emploiera à
l'intérieur les amers ou les sudorifiques, combinés avec les
antimoniaux, tels que la poudre de gentiane avec le ker-

mès, celle de gayac avec l'antimoine diaphorétique, etc. :
on terminera la cure par une ou deux purgations ; et afin de
redonner aux parties affectées la tonicité nécessaire pour
prévenir ou éloigner les rechutes, il sera bon de faire appliquer le feu.

Ébullition. On appelle ainsi, une éruption de petits boutons plus ou moins douloureux qui se manifestent sur plusieurs parties du corps, mais particulièrement aux côtés de
la poitrine, aux épaules et vers l'encolure. Les jeunes chevaux, et quelquefois les vieux qui mangent beaucoup de
fourrages nouveaux au printems, y sont plus exposés que
les autres.

Un régime rafraîchissant et adoucissant, quelques soins,
une légère saignée selon les circonstances, ou une purgation suffisent pour combattre cette légère indisposition.

Ecart. Voyez *Epaule (Effort d').*

Echauffement des poulains. Les jeunes étalons qu'on laisse
en liberté avec les femelles sont sujets à avoir la verge et les
testicules enflés, mal qui s'accroît généralement par la
malpropreté. Il faut approcher le jeune animal d'une jument, afin de lui faire sortir la verge du fourreau, et la bien
déterger en la lavant avec une décoction émolliente chaude,
additionnée d'un peu d'extrait de saturne. Si ces lotions ne
suffisent pas pour dissiper l'enflure en quelques jours, on
étuvera soir et matin les parties malades avec la décoction
n° 67, et on les frottera ensuite avec le liniment n° 50.

La maladie en question est quelquefois accompagnée,
chez les poulains poussés de nourriture et tenus à un régime
trop échauffant, d'une émission de semence qui les ruinerait bientôt si l'on ne se hâtait d'y porter remède ; il faut retirer à l'animal toute nourriture échauffante, lui donner de
l'eau blanche nitrée pour boisson, pendant quelques jours,
et le mener souvent à l'eau si le tems le permet.

Effort. Voyez *Entorse.*

Encastelure. Resserrement du sabot à la partie supérieure des deux quartiers jusqu'aux talons; les quartiers
sont hauts, le sabot est étroit et très dur; la fourchette petite, resserrée et très éloignée du sol. Ce défaut ne se remarque guère qu'aux pieds de devant, et principalement
sur les chevaux fins. L'encastelure dépend ordinairement
de la conformation du sabot. Plusieurs auteurs pensent
qu'elle n'est jamais accidentelle : elle est incurable. Une
ferrure convenable et tous les moyens propres à assouplir

l'ongle peuvent néanmoins permettre au cheval de rendre quelques services. On parera le pied à plat, ayant soin de ne point laisser les talons trop hauts ; on appliquera un fer court, à *lunette* ou à *éponges tronquées* ; on graissera souvent la corne avec de l'onguent de pied ; on emplira souvent la sole de terre glaise humide.

Enchevêtrure. Plaie que le cheval se fait quelquefois aux paturons quand il s'enchevêtre dans sa longe (voyez *Plaie*). Celle-ci doit être cicatrisée promptement.

Enclouure. Accident qui arrive quelquefois pendant le ferrage, quand le clou étant mal chassé fait fausse route et pénètre dans la chair cannelée. Lorsque l'on s'aperçoit de cet accident à tems, il n'a pas de suite fâcheuse, il suffit d'enlever la cause pour faire cesser le mal ; mais s'il y a déjà du pus de formé, il faut déferrer, faire brèche à la muraille pour pénétrer jusqu'au fond de la blessure, et panser ensuite avec des plumasseaux chargés d'eau-de-vie étendue d'eau, et maintenus par une bande. Si la matière avait fusé jusqu'au haut du sabot vers la couronne, il faudrait se hâter de lui donner issue par cette voie, au lieu d'employer les caustiques pour l'empêcher de se faire jour. On sera obligé d'enlever une partie de la sole, ou dessoler si la matière a fusé sous la face plantaire. Voyez *Dessolure*.

Engorgement des jambes. Les chevaux nourris dans les lieux humides ou qui restent trop à l'écurie, sont sujets à cet accident, qui n'est souvent que l'avant-coureur des eaux, queues de rat et autres maladies de ce genre. On prévient l'engorgement et toutes les autres maladies des jambes, par la grande propreté, l'exercice et les frictions répétées soit à la main ou à la brosse. Toutes les lotions astringentes et résolutives prescrites dans quelques-uns des articles précédens, employées en frictions, sont très bonnes pour donner du ton à cette partie et en prévenir l'engorgement.

Entérite. Inflammation des intestins. Quand elle se montre brusquement elle est sur-aiguë, elle constitue les coliques sanguines, les tranchées rouges. Le malade éprouve des douleurs de ventre des plus violentes ; il s'agite continuellement et se tourmente sans cesse ; il frappe du pied, gratte le sol, regarde son ventre, se couche et se relève précipitamment, se livre à toutes sortes de mouvemens désordonnés. La respiration est fréquente et courte ; les naseaux sont dilatés et les yeux hagards. Le corps se couvre de sueur, le pouls est plein et élevé ; il n'y a pas d'évacuations stercorales, l'urine est souvent rougâtre et ne sort qu'avec peine, les douleurs sont ordinairement plus violentes que dans toutes les autres coliques ; elles vont en augmentant sans laisser de repos au malade. Il faut chercher à reconnaître s'il n'y a pas de hernie vers l'anneau inguinal, si le cheval est entier ; car, dans ce cas, il faudrait avoir recours à un vétérinaire pour procéder à la réduction de la portion d'intestin hernié. *L'intérite sur-aiguë* est souvent mortelle. La première chose à faire, c'est de chercher à faire avorter la congestion intestinale par la saignée, qu'il est presque toujours nécessaire de répéter plusieurs fois. Les breuvages de décoctions mucilagineuses à peine tièdes, les lavemens émolliens, la diète la plus sévère, le bouchonnement et la promenade, sont les moyens auxiliaires des évacuations sanguines.

L'inflammation des intestins ne se montre pas toujours avec un appareil de symptômes aussi alarmans : le principal consiste quelquefois dans l'évacuation par l'anus, de matières alvines copieuses, liquides, délayées ; c'est ce qu'on appelle *diarrhée, foire, cours de ventre.* La maladie est aiguë ou chronique ; dans le premier cas, l'expulsion des excrémens est précédée et accompagnée de borborygmes et de douleurs d'entrailles plus ou moins intenses. Les matières évacuées sont ordinairement muqueuses et plus ou moins fétides. L'animal a grande envie de boire ; il refuse ordinairement les alimens solides. La maladie chronique fait dépérir insensiblement les animaux qui, pendant son existence, sont moins robustes, plus mous ; les évacuations alvines sont expulsées sans douleurs apparentes, et principalement pendant le travail. Lorsque l'inflammation est aiguë, la saignée convient ordinairement. On retranche au malade une partie de sa nourriture solide ; on lui offre des boissons émollientes ou on lui administre des breuvages de même nature, dans lesquels on ajoute l'opium ou des décoctions de têtes de pavot ; on donne quelques lavemens peu copieux et préparés avec la graine de lin. A mesure que la diarrhée diminue, on remet le cheval à son régime accoutumé et par degré. Quand l'affection est chronique, la saignée n'est pas utile. Il convient d'activer les fonctions de la peau par le bouchonnement et les couvertures, de ne donner que des alimens de facile digestion et en petite quantité à la fois, de diminuer le travail et de faire choix de l'eau dont le cheval s'abreuve. Il est souvent avantageux, vers la fin de la diarrhée, d'ajouter à l'avoine un peu d'orge grillée ou des féverolles, et de donner de tems en tems quelques breuvages de vin tiède.

Quand l'entérite est accompagnée d'épreintes, de vives douleurs de ventre, de violens efforts pour satisfaire au besoin fréquent de rendre des excrémens ou seulement des matières muqueuses sanguinolentes, ressemblant quelquefois à du sang pur, on dit que l'animal a la *dyssenterie*. Le traitement de cette variété d'entérite est analogue à celui de l'entérite diarrhéique aiguë. Seulement il est quelquefois nécessaire d'insister davantage sur l'emploi des moyens antiphlogistiques.

L'*entérite* accompagnée d'expulsion par l'anus, de matières muqueuses semblables à de la graisse, est connue sous le nom de *gras-fondure*. Nous avons consacré un article à cette maladie. Voyez *Gras-fondure*.

Entorse, Mémarchure. Effort violent par suite duquel les tendons et ligamens d'une articulation quelconque se trouvent froissés et meurtris. Ce mot s'applique spécialement à la distension de ceux du boulet. Les causes les plus ordinaires de cet accident sont les faux pas, les chutes, des efforts que le cheval aura faits pour retirer son pied engagé dans un bourbier, entre deux pavés, etc. ; le mal s'annonce par un gonflement douloureux qui fait boiter le cheval, et qui augmente rapidement si l'on n'y porte pas un prompt remède.

Si l'on s'aperçoit de l'effort à l'instant même, et avant que l'inflammation n'ait eu le tems de se développer, il faut tâcher de faire entrer le cheval dans l'eau jusqu'au dessus de la partie offensée, s'il n'est pas en sueur, et l'y laisser une heure ou plus si on le peut. On le saignera ensuite, s'il y a lieu, soit à l'ars, soit au plat de la cuisse, selon le siége du mal, et on frottera la partie souffrante avec le baume vulnéraire ou toute autre préparation analogue.

Si le mal est déjà ancien, et l'enflure déclarée, il faut débuter de suite par la saignée, la diète, les lavemens ; appliquer des fomentations émollientes ou des cataplasmes de même nature arrosés d'extrait de saturne, et passer aux frictions ci-dessus aussitôt que les symptômes inflammatoires seront dissipés : les bains froids seront très utiles pour compléter la cure. Le repos sera nécessaire jusqu'à parfaite guérison.

Eparvin. Tumeur calleuse analogue à la courbe, qui se forme à la partie inférieure interne du jarret (voyez *Courbe*).

On nomme improprement *éparvin mou*, une tumeur molle, élastique, qui se forme en dedans du jarret à la suite d'un effort de cette partie ; on le traite, en général, comme les efforts et entorses quand il est récent.

Enfin, on nomme improprement *éparvin sec*, une disposition qui fait que le cheval *harpe*, c'est-à-dire fléchit le jarret en marchant, beaucoup plus que dans l'état naturel.

Epaules (cheval pris des). Lorsqu'après un exercice forcé, surtout dans les grandes chaleurs, on rentre à l'écurie un cheval baigné de sueur sans avoir soin de le sécher, la transpiration, coulant de l'épaule le long des membres, s'y refroidit, et ces membres se raidissent bientôt au point de rendre la locomotion extrêmement difficultueuse. On dit alors que le cheval est pris dans les épaules. Tous les moyens propres à ranimer la circulation et à redonner du ton aux solides devront être employés : on promènera le cheval d'abord à très petits pas, en ayant soin d'accélérer un peu la marche à mesure que les membres se dégourdiront ; et, en rentrant à l'écurie, on les lui frottera long tems et en tous sens, avec une brosse ou un bouchon de paille. On lui bassinera fréquemment les membres avec des décoctions aromatiques chaudes, en ayant également soin de frotter en tous sens, long-tems, et de ne pas laisser refroidir le liquide sur la partie. Les stimulans actifs, tels que le liniment résolutif ou la pommade ammoniacale, seront employés avec succès en cas d'insuffisance des autres moyens.

Du reste, le plus sûr moyen de prévenir cet accident toujours très sérieux, est de bouchonner le cheval avec soin toutes les fois qu'on le rentrera couvert de sueur ou mouillé.

Cet état des membres n'est pas le seul qui fasse donner à l'animal le nom de *cheval pris des épaules*. Dans le plus grand nombre des cas, les pieds sont douloureux, atterrés, resserrés. Le cheval ne fait son appui que sur la pince ; les muscles des membres antérieurs se fatiguent, s'atrophient, les articulations perdent de leur jeu, le mal envahit tout le membre. Une ferrure appropriée, sans guérir le malade, le met à même de rendre encore quelques services ; c'est celle qui convient aux pieds encastelés.

Épaule (écart à l'). On nomme aussi une boiterie résultant d'un tiraillement violent occasioné dans les parties qui fixent le membre antérieur au thorax, par suite d'un faux pas, d'une glissade, ou de toute autre cause tendant à écarter cette partie du poitrail. On reconnaît que le cheval s'est donné un écart, au gonflement douloureux accompagné de chaleur, qui se manifeste dans la partie lésée, à la difficulté qu'il éprouve à la mouvoir, et à ce qu'il marche en *fauchant*. Si l'on s'aperçoit de l'accident à l'instant même et avant l'invasion des symptômes inflammatoires; il faut appliquer de suite des étoupes trempées dans de l'eau de goulard très froide ou dans telle autre solution résolutive et saline, et les humecter de nouveau à mesure qu'elles s'échaufferont. Si l'inflammation est déclarée, il faut pratiquer de suite une saignée à l'ars, et appliquer des cataplasmes émolliens jusqu'à la cessation des symptômes inflammatoires; alors seulement on aura recours aux résolutifs ci-dessus.

Un repos plus ou moins long est toujours nécessaire à la suite d'un accident de ce genre, et il convient de mettre le cheval au pré si les circonstances le permettent.

Lorsque la maladie résiste aux moyens ci-dessus indiqués, on peut avoir recours au cautère appliqué à la pointe de l'épaule, au séton, aux charges résolutives, et enfin à l'application du feu.

Éruption, maladies éruptives. On désigne sous ce nom générique toute affection du système cutané, qui se manifeste à l'extérieur sous la forme de boutons, pustules, taches écailleuses, etc., tels sont les dartres, la gale, l'érysipèle, les eaux et autres maladies analogues. Chacune de ces affections est décrite particulièrement dans le cours de ce vocabulaire; mais comme elles reconnaissent toutes les mêmes causes, exigent à peu près le même régime et un traitement basé sur les mêmes principes, il convient de jeter un coup d'œil rapide sur ces maladies en général, afin d'éviter des redites inutiles dans les articles particuliers.

On ne doit comprendre sous le nom de *maladies éruptives* que celles qui affectent la superficie de la peau sans interesser les parties sous-jacentes. Elles reconnaissent pour causes tout ce qui peut intervertir le cours des évacuations naturelles, notamment la transpiration, ou altérer la nature des fluides: de ce nombre sont la malpropreté et le défaut de pansage; le séjour d'écuries malsaines; toute transition subite du chaud au froid, notamment une boisson très froide pendant la sueur; le défaut d'exercice; une nourriture trop abondante, ou l'usage habituel d'alimens echauffans ou de mauvaise qualité: la dégénérescence ou la guérison trop brusque d'une maladie primitive.

Tous les efforts doivent tendre à prévenir les maladies en

question, en écartant toutes les causes qui pourraient les faire naître, ce que l'on obtiendra facilement par l'exacte observance des soins hygiéniques ; et quand l'on n'aura pu écarter ces causes, du moins les faire cesser le plus tôt possible, en rappelant l'évacuation supprimée ou corrigeant l'altération des fluides. Un pansage méthodique et soigné, une grande propreté ; une écurie saine, spacieuse, bien aérée, quoique chaude ; un exercice journalier, sans exposer le cheval au froid ni à la grande chaleur ; des frictions fréquentes sur les diverses parties du corps ; de bons alimens, dont le foin formera la moindre partie : quelques boissons farineuses chaudes, rempliront la première indication. On remédiera à l'altération des fluides, par l'emploi à l'intérieur des poudres amères et aromatiques, des diaphorétiques, des sudorifiques, des préparations antimoniales, des purgatifs mercuriels administrés à petite dose et souvent répétés ; à l'extérieur, dans certains cas, les topiques susceptibles de modifier l'irritation cutanée, dans d'autres, ceux propres à redonner du ton à la peau, à déterger et dessécher les excoriations dont elle peut être affectée : telles sont les préparations mercurielles, sulfureuses, saturnées, astringentes et styptiques. Quand l'on emploie des corps gras en friction, il est bon de laver de tems à autre les parties affectées avec une lessive de cendre ou une eau de savon chaude. Lorsque l'éruption est accompagnée de symptômes inflammatoires intenses, il faut débuter par la saignée, le régime adoucissant, les topiques émolliens, et n'appliquer le traitement excitant ci-dessus qu'après avoir dûment préparé l'animal. Ce n'est qu'à l'aide d'un traitement sagement combiné, tant à l'intérieur qu'à l'extérieur, que l'on peut se flatter de guérir radicalement la plupart des maladies éruptives : en se bornant à l'emploi de quelques topiques énergiques, on parvient souvent, à la vérité, à faire disparaître le mal, mais pour reparaître plus tôt ou plus tard avec une nouvelle énergie : beaucoup de maladies incurables ont dû naissance à une éruption répercutée et mal traitée.

Érysipèle. Inflammation superficielle de la peau, par suite de l'une des causes mentionnées dans l'article ci-dessus. L'érysipèle occupe une surface plus ou moins étendue, et change quelquefois de place, il peut être simple, phlegmoneux, œdémateux ou gangréneux. L'érysipèle simple se reconnaît à la rougeur jaunâtre de la peau, sans gonflement bien apparent, avec une démangeaison vive, accompagnée de chaleur et une multitude de petites vésicules remplies d'une sérosité corrosive : il cède ordinairement à l'emploi de la saignée et d'un régime délayant. Quoiqu'il ne convienne pas de pousser trop fortement à la peau, il faut pourtant garantir le cheval du froid, dans la crainte de voir rentrer l'érysipèle, terminaison toujours très fâcheuse : il est bon de bassiner la peau avec des décoctions émollientes tièdes, afin de diminuer les démangeaisons; mais il ne faut employer ni répercussifs ni corps gras. La purgation est presque toujours nécessaire sur la fin de la maladie.

Pour les autres genres d'érysipèle, voyez les mots *Gangrène*, *OEdème*, *Phlegmon*.

Esquinancie, angine. Inflammation aiguë de la membrane muqueuse de la gorge, qui suffoque promptement le cheval si l'on ne s'oppose à tems à ses progrès. Les moyens généraux propres à combattre l'inflammation et la saignée principalement, les cataplasmes émolliens de farine de lin, l'eau d'orge miellée et acidulée, en boisson et en injections dans la gorge, les fumigations émollientes, la diète, etc., doivent être employés sans retard. L'angine gangréneuse est très meurtrière, et demande le même traitement que toutes les maladies analogues, mais sur-tout les boissons acidulées. Voyez *Gangrène*.

Étonnement. Ébranlement produit dans le sabot par un choc quelconque. Cet accident se reconnaît à la difficulté que le cheval éprouve à s'appuyer sur le pied affecté; à la chaleur de cette partie ; à la sensibilité que témoigne l'animal, quand, frappant légèrement tout autour de la muraille, on arrive à l'endroit malade. Il faut saigner en pince dès le début du mal, et baigner le pied dans une forte solution d'extrait de saturne ou sulfate de fer (vitriol vert); mais si l'inflammation locale a eu le tems de se développer, il faut employer de préférence les bains et cataplasmes émolliens.

Étranguillon. Vieux mot, synonime d'*esquinancie.*

Faiblesse. Beaucoup de chevaux restent faibles et valétudinaires, soit pour avoir été mal soignés pendant une longue maladie, exténués de fatigue, soit par toute autre cause. Une nourriture peu abondante mais substantielle; un exercice modéré et un pansage régulier, sont les meilleurs fortifians. On peut y joindre les bains quand la saison le permet, les frictions fortifiantes sur les membres, quelques prises de thériaque ou de poudre cordiale simple ou composée, dans du vin ; les mêmes moyens et surtout les frictions, seront utiles pour les jeunes chevaux dont les jambes n'ont pas encore toute leur force.

Farcin. Maladie du système lymphatique, analogue aux scrophules de l'espèce humaine, et qui se montre chez le cheval sous diverses formes : tantôt ce sont des boutons arrondis, rétrécis à leur base, plus ou moins volumineux, d'un tissu dur et serré, blancs dans leur intérieur, indolens pour l'ordinaire, occupant indistinctement plusieurs parties du corps, et se terminant soit par résolution, soit par suppuration ; tantôt des boutons moins gros, rangés les uns à côté des autres, sur une même ligne, et formant une sorte de cordon ou de chapelet qui suit le trajet des veines lymphatiques, laissant suinter parfois une humeur séreuse, âcre, corrosive, qui finit par amener l'ulcération, et venant très difficilement à suppuration ; tantôt des boutons isolés, rougeâtres, nombreux, parsemés çà et là sur diverses parties du corps, logés dans le tissu même de la peau, et dégénérant promptement en ulcères de très mauvais caractère, et dont la guérison est presque impossible. D'autres fois, enfin, la maladie affecte diverses autres formes : la peau se couvre de gerçures d'où découle une humeur visqueuse, extrêmement âcre qui dessèche à la surface ; de plaies carcinomateuses, de dartres vives, d'ulcères rongeans, et la maladie faisant de rapides progrès, l'animal ne tarde pas à succomber.

On peut assigner pour causes au farcin toutes celles mentionnées à l'article des maladies éruptives. Ce mal n'est dangereux que quand il affecte dès le principe de mauvais caractères, ou qu'on l'a laissé dégénérer par négligence : dans cet état il est d'une guérison très difficile, et demande l'application prompte d'un traitement actif et méthodique, basé principalement sur l'emploi des préparations sulfureuses, antimoniales, mercurielles, des amers, des diaphorétiques, des topiques résolutifs, fondans, astringens ; d'un régime tonique ; en un mot, de tous les moyens propres à corriger la nature de la lymphe, activer la circulation, et redonner du ton aux systèmes lymphatiques et cutanés. Mais l'emploi de ces moyens doit être précédé de la saignée, du régime délayant, et des applications émollientes, s'il existe des symptômes inflammatoires et que le sujet soit fort et vigoureux.

Il y a peu de chose à faire dans la première espèce de farcin ; il suffit ordinairement d'ouvrir les boutons avec l'instrument tranchant, et d'y appliquer ensuite le feu. Dans les autres cas, il faut, si on est appelé à tems, tenter la résolution au moyen des applications résolutives fondantes. Si l'on ne peut parvenir à obtenir la résolution, il faudra, sans perdre trop de tems en efforts infructueux, appliquer sur les tumeurs le liniment n° 77, afin d'amener les tumeurs à suppuration : parvenues à cet état, on se hâtera de les ouvrir ; on les traitera ensuite selon la nature de la plaie (voyez *Plaies, Ulcères*). En même tems on fera usage des bols n° 97, que l'on remplacera, de quatre en quatre jours ou plus rarement, selon les circonstances, par une purgation composée principalement de mercure doux, d'aloès et de savon. On aura soin de faire avaler par dessus chaque bol de l'eau blanche dans laquelle on pourra mélanger de la poudre de genièvre, ou bien le breuvage n° 13. Ce traitement, aidé d'un régime convenable, sera continué jusqu'à parfaite guérison ; mais s'il occasionait trop d'irritation, on le suspendrait momentanément pour recourir, selon les circonstances, aux moyens propres à faire cesser les symptômes inflammatoires. Encore une fois, le farcin négligé peut devenir incurable ou donner naissance à la morve ou à toute autre maladie analogue, et ne souffre point de retard dans l'emploi des moyens destinés à le combattre.

Fatigue. Les chevaux exténués de fatigue sont exposés à devenir fourbus, morveux, ou à contracter une foule de maladies graves si on ne leur donne de suite tous les soins que leur état exige. Voyez, à cet égard, la manière de conduire les chevaux en route et au retour d'un voyage.

Fic. Voyez *Crapaud.*

Fièvre. Accélération du pouls, élévation de la chaleur générale, accompagnée de malaise. En général, la fièvre est moins une maladie qu'un symptôme qui les accompagne presque toutes : elle est le résultat des efforts que la nature fait pour se débarrasser des causes qui gênent et entravent sa marche. On reconnaît qu'un cheval a la fièvre, lorsqu'en posant la main sur la région du cœur ou le trajet de quelque gros vaisseau, on le sent bien distinctement battre plus fort et plus vite qu'à l'ordinaire ; la chaleur et l'aridité de la peau sont un signe auquel il est difficile de se méprendre. On remarque, en outre, une chaleur plus ou moins forte ; le cheval est triste, inquiet, abattu ; son haleine est brûlante et ses yeux enflammés ; il perd le sommeil et l'appétit.

La fièvre doit se traiter par les moyens généraux propres à

calmer l'effervescence du sang (voyez *Inflammation*); et les personnes qui croient devoir administrer force stimulans et force purgatifs avant que les symptômes inflammatoires ne soient entièrement dissipés, font précisément tout le contraire de ce que la nature réclame.

Fièvre charbonneuse. Voyez *Charbon.*

Fistule. Sorte d'ulcère plus ou moins profond, quelquefois sinueux, dont l'ouverture est souvent plus étroite que la cavité, et ordinairement tapissé dans son intérieur d'une sorte de pellicule membraneuse qui s'oppose à la réunion des chairs. Le traitement varie suivant la cause qui entretient la fistule. (Voyez *Plaies*). Quand il y a formation de fausse membrane dans le trajet fistuleux, il faut tenter l'injection de substances irritantes, propres à produire une inflammation capable de détruire la membrane en question et ramener l'ulcère à l'état de plaie simple ; sinon cautériser avec les caustiques ou le feu.

Fluxion. On se sert généralement de ce mot pour désigner l'irruption subite du sang sur une partie quelconque, soit interne, soit externe, où il occasione, par sa stagnation des accidens plus ou moins graves. Les fluxions extérieures s'annoncent par un gonflement plus ou moins apparent et accompagné de tous les signes d'une inflammation locale. Celles qui se jettent sur quelques-uns des organes internes ne sont pas aussi aisées à reconnaître.

Les chevaux sont sujets à des fluxions sur les yeux, qui tantôt sont accidentelles et passagères, et tantôt reviennent à des époques à peu près périodiques. Voyez *Maux d'yeux, Lunatique* ; voyez aussi pour le traitement des fluxions en général, *Inflammation.*

Forme. Tumeur osseuse développée à la couronne, sur le devant ou sur les côtés. Elle est toujours accidentelle; elle dépend quelquefois de l'ossification du cartilage latéral de l'os du pied. On emploie ordinairement le feu pour en arrêter les progrès.

Fortraiture. Sous ce nom insignifiant, on désigne vulgairement toute maladie dans laquelle la lassitude générale, la raideur des lombes et des membres, l'abattement, la tendance à l'inaction, la rétraction et la tension des parois abdominales, l'irritation des voies respiratoires sont marqués. Le repos, la diète, l'eau blanche nitrée, les boissons émollientes, les lavemens de même nature, la saignée quand il y a réaction fébrile, sont les moyens auxquels on doit avoir recours dans le plus grand nombre des cas. Le traitement doit être modifié suivant la maladie principale d'où émanent les symptômes à la réunion desquels on donne le nom de fortraiture. Voyez *Fièvre, Fourbure, Courbature.*

Fourbure. Congestion sanguine dans le tissu réticulaire du pied ou inflammation de ce tissu. Cette affection parcourt ses périodes, tantôt avec rapidité, tantôt avec lenteur; de là sa distinction en aiguë et chronique. La fourbure aiguë est toujours accompagnée de fièvre, de dégoût, et entraîne par fois la chute du sabot; parfois aussi elle engendre une substance fibreuse, lardacée, qui s'établit sous la muraille, ou une humeur séreuse qui s'insinue à travers les feuillets de la corne. La fourbure chronique donne lieu à la fourmilière, au croissant, aux cercles, etc.

L'animal fourbu a les jambes raides, marche difficilement, reste volontiers en place, jette les pieds en marchant de manière à faire son appui sur les talons; il porte presque tout le poids de son corps sur les jambes qui ne sont pas malades; les sabots sont très chauds, les muscles du bras et de la jambe tremblent quelquefois.

Les marches forcées sur un terrain dur ou raboteux, le trop long séjour à l'écurie, l'appui trop prolongé du poids du corps sur un seul pied, l'autre étant malade; la mauvaise ferrure, les plantes vertes, l'avoine ou l'orge mangées en trop grande quantité, les arrêts de transpiration, les boissons froides pendant la chaleur, etc., sont autant de causes qui peuvent déterminer cette maladie. Les sabots petits, étroits, minces de corne, y sont plus exposés que les pieds larges et gros.

Oter le fer pour ne le rattacher qu'à quatre clous, faire une bonne litière, donner de l'eau blanche nitrée pour boisson et la paille hachée pour nourriture principale, sont les premiers moyens à mettre en usage.

Les saignées à la jugulaire, plus ou moins répétées selon la gravité du mal; les bains en eau courante; les cataplasmes astringens de suie de cheminée délayée dans le vinaigre, ou d'argile pétrie avec une forte solution de sulfate de fer; les scarifications à la couronne; les frictions dérivatives d'essence de lavande aux genoux et aux jarrets (1); doivent compléter le traitement de la fourbure récente. Lorsqu'elle est ancienne, les cataplasmes émolliens, les rainures de la pa-

____

(1) Si ces frictions ne sont pas assez énergiques, on aura recours au liniment ammoniacal.

roi ou muraille, ou son amincissement à l'aide d'une râpe peuvent être employés, mais ne réussissent pas toujours s'il y a de très grands ravages.

Fourchette échauffée, pourrie. On appelle *fourchette échauffée* celle d'où suinte une humeur noirâtre, fétide ; et *fourchette pourrie*, la même affection parvenue au point de désorganiser cette partie du pied, et d'amener l'exfoliation de la corne. Cette maladie attaque spécialement les chevaux qui ont constamment les pieds dans l'urine et la malpropreté, surtout s'ils ont la fourchette naturellement serrée. Lorsque l'affection est légère et que le cheval ne boite pas encore, il suffit de tenir dans la fente de la fourchette des étoupes saupoudrées d'alun calciné, d'un mélange de vitriol bleu et de sublimé corrosif, ou imbibées de la mixture nº 78 ; mais si la fourchette est déjà pourrie, il faut enlever avec le bistouri toutes les parties gâtées, mettre la plaie à vif, et la panser ensuite comme toute autre. Le meilleur préservatif de ce mal est une grande propreté, et de faire faire de l'exercice aux chevaux : la fourchette pourrie dégénère quelquefois en crapaud.

Fourmilière. Sorte de décollement par suite duquel il se forme un intervalle entre la chair du pied et la muraille, soit que le sabot ait été heurté fortement, ou desséché par l'application d'un fer trop chaud ; cette affection est très souvent la suite de la fourbure. L'écartement entre la muraille et la pince de l'os du pied est rempli par un tissu de nature cornée formant de nombreuses aréoles ; l'os du pied lui-même fait quelquefois saillie inférieurement, ce qui constitue le croissant. Une bonne ferrure faite de manière à ce que le talon appuie, peut hâter la guérison. Quand le mal n'est pas sérieux, on peut essayer d'obtenir la régénération d'une corne de bonne nature, en enlevant la portion de muraille séparée de la face antérieure de l'os du pied.

Gale. Maladie éruptive, contagieuse, accompagnée de prurit, de démangeaisons qui portent le cheval à se frotter contre les corps qui l'environnent. Les petites pustules arrondies, ordinairement très nombreuses et très rapprochées s'agglomèrent entr'elles de manière à figurer des espèces de plaques plus ou moins larges, s'ouvrent ou se déchirent, laissent échapper un liquide séreux et forment une espèce d'ulcère qui suppure peu, fait place à des croûtes sèches plus ou moins étendues qui dégénèrent en écailles ou enpoussière. La gale de l'encolure constitue le *Rouvieux*.

Les causes les plus ordinaires de la gale sont la malpropreté et toutes celles mentionnées à l'article des maladies éruptives ; aussi les chevaux de trait, qui sont généralement mal soignés et mangent beaucoup de foin , y sont-ils très sujets. L'action souvent répétée de la brosse , les lotions fréquentes , soit avec la solution sulfureuse, l'eau salée ou la décoction de tabac , les frictions mercurielles , une ou deux purgations légères , suffisent presque toujours pour dissiper la gale simple. Lorsqu'elle est plus compliquée, il faut assouplir la peau par des lotions émollientes si elle est rude et écailleuse, sinon employer l'eau de savon ou la lessive de cendres ; ensuite on frottera fortement avec l'onguent citrin ou avec l'onguent anti-psorique n°s 82 ou 83. On emploiera à l'intérieur quelques dépuratifs selon les circonstances, et on terminera la cure par les purgatifs. Voyez *Dartres, maladies éruptives.*

Ganglion. Tumeur dure , plus ou moins volumineuse, qui se forme le plus ordinairement sur la région tendineuse du canon, à la suite d'un coup ou d'un effort , et qui fait boiter l'animal. On peut essayer de résoudre le ganglion récent au moyen du liniment savonneux camphré , après avoir ramolli la tumeur pendant quelques jours par les cataplasmes émolliens ; mais lorsqu'il est déjà ancien , il ne reste plus d'espoir que dans les résolutifs les plus énergiques, tels que le liniment n° 77, la pommade ammoniacale, les vésicatoires, le feu.

Gangrène. Cessation partielle de la vie dans une partie qui aura été frappée d'inflammation, ou meurtrie de manière à désorganiser les tissus et détruire le ressort des solides. Lorsque la gangrène se déclare au-dehors, la peau prend une teinte rouge , livide, qui passe au violet et au noir à mesure que le mal fait des progrès ; il s'y forme quelquefois des phlyctènes ou vésicules remplies d'une sérosité corrosive roussâtre. Les plaies se recouvrent de chairs baveuses, de tâches noires qui finissent bientôt par se réunir en s'élargissant ; il en découle un pus liquide, noirâtre, infect. Les chairs putréfiées se détachent par lambeaux; la sensibilité locale s'éteint à mesure que les autres symptômes se développent, et elle cesse tout-à-fait quand la mortification est arrivée au dernier période. On reconnaît la gangrène des intestins à la couleur noire et à l'odeur infecte et cadavéreuse des excrémens.

Lorsque la grangrène se déclare , il n'y a pas un instant à perdre pour tenter d'en arrêter les progrès. Si elle n'est envore qu'incomplète, il faut étuver fréquemment les parties gangrénées avec le chlorure de chaux où de soude étendu d'eau, qui neutralisera à l'instant même la mauvaise odeur et arrêtera la gangrène, et recouvrir l'appareil avec des compresses ou des étoupes imbibées de l'une ou l'autre des liqueurs susdites. Si la sensibilité est tout-à-fait éteinte, il faut extirper toutes les chairs gâtées, pratiquer même des scarifications jusqu'au vif; mais comme ce moyen nécessiterait quelquefois de trop grands délabremens, on préférera dans ces circonstances le feu employé en assez grande quantité pour produire une inflammation de bonne nature qui sépare les parties vives de celles qui sont mortes. Lorsque l'escharre sera tombée, on pansera avec le suppuratif jusqu'à ce que la plaie soit parfaitement nette. Si les parties environnantes s'enflamment pendant le traitement, ce qui est à présumer, on les recouvrira de compresses imbibées dans la décoction n° 73. Il sera bon d'appliquer en même tems le traitement interne de la fièvre charbonneuse.

Glandes (engorgement des). Il arrive fréquemment que les ganglions lymphatiques, surtout ceux de la ganache, s'engorgent et acquièrent un volume et une dureté surnaturels. Cette disposition est moins une maladie proprement dite, qu'un symptôme commun à beaucoup de maladies, telles que le farcin, la gourme, la morve, et est quelquefois même une crise salutaire; elle se manifeste souvent aussi sans autre cause apparente chez les jeunes chevaux qui n'ont pas jeté leur gourme. Dans ce dernier cas, et dans tous ceux où l'engorgement des ganglions ne coïncide avec aucun autre symptôme de maladie essentielle, il faudra mettre l'animal au régime et à l'eau blanche, lui faire faire de l'exercice, le panser régulièrement, frictionner une fois par jour les parties affectées avec l'onguent mercuriel, lui administrer même, au besoin, quelques prises de la poudre diurétique fondante et quelques purgatifs.

Glossantrax. Voyez *Charbon.*

Gourme. Maladie inflammatoire de la muqueuse des naseaux et de l'arrière-bouche, avec engorgement des glandes de la ganache, qui attaque un peu plus tôt ou un peu plus tard presque tous les jeunes chevaux, surtout quand on les fait passer trop brusquement du régime relâchant des pâturages à l'usage plus substantiel des fourages secs; car elle est bien moins commune dans les climats où les chevaux sont nourris au sec dès leur bas âge, ou accoutumés, au contraire à ne manger jamais que de l'herbe. L'âge du cheval, la toux, la tristesse du malade, la nature du jetage, peuvent faire distinguer cette maladie de la morve, avec laquelle elle a plusieurs points de ressemblance.

La gourme se déclare ordinairement entre la deuxième et la cinquième année : on la distingue ordinairement en vraie ou bénigne, en fausse et en maligne. La première est moins une maladie réelle qu'une dépuration nécessaire à tous les jeunes chevaux qui quittent les pâturages.

Quand rien ne vient troubler la marche de la nature, la maladie s'annonce et se développe de la manière suivante : perte d'appétit, fièvre ordinairement légère, tête pesante, le tissu cellulaire et les glandes de la ganache s'engorgent, l'auge s'emplit, se tuméfie ; les naseaux jettent en abondance une humeur blanche, muqueuse et floconneuse; bientôt l'animal commence à recouvrer l'appétit ainsi que la gaîté, et la maladie est terminée dans une vingtaine de jours. Quelquefois l'écoulement par les naseaux, peu abondant d'abord, augmente de plus en plus, et il se forme sous la ganache une tumeur volumineuse qui perce plus ou moins promptement, et fournit une grande quantité de pus. Dans l'un comme dans l'autre cas, il y a peu de chose à faire : un régime léger, un exercice modéré, un pansage régulier, une température douce; quelques boissons adoucissantes, telles que l'eau blanche édulcorée ou l'eau miellée additionnée de poudre de guimauve ou de réglisse; les moyens propres à favoriser la rupture et la suppuration de l'abcès etc., suffisent dans le cas de gourme bénigne telle que l'on vient de la dépeindre, et l'animal acquiert bientôt une santé florissante.

D'autres fois les symptômes inflammatoires sont fortement prononcés et compliqués : la peau est brûlante, la tête très lourde, l'animal abattu, la respiration difficile, l'air échappé des poumons, très chaud : la bouche se remplit d'une bave visqueuse; le poil est terne et piqué. Cette variété de gourme, quoique plus sérieuse que la précédente, se traite à peu près de même; mais c'est ici le cas d'insister sur les boissons adoucissantes miellées. On pourra s'il y a complication d'affection de poitrine, avoir recours à quelques-unes des préparations béchiques ; on devra pratiquer, en outre, deux sétons au poitrail ; la saignée est nécessaire dans les cas d'inflammation très vive.

Les chevaux d'une constitution débile, qui ont souffert ou que l'on a ruinés par un travail prématuré, sont sujets à une troisième variété de gourme, dont le début et la marche sont beaucoup plus lents, irréguliers, et les suites souvent plus graves. Ici le pouls est tantôt mou, petit, intermittent; tantôt fort et accéléré; la respiration est gênée, les membranes muqueuses à peine colorées; la ganache infiltrée, et le cheval finit souvent par tomber dans quelque maladie chronique, si l'on ne se hâte d'accélérer la marche trop lente de la maladie en relevant les forces de l'économie animale. Dans ce double but, on tiendra le cheval chaudement, sans cesser de lui faire faire de l'exercice; on ne négligera pas le pansage de la main; on lui fera respirer la vapeur des plantes aromatiques bouillies dans le vin ou dans l'eau aiguisée de vinaigre; sa nourriture sera légère et substantielle; on emploiera à l'intérieur les toniques et quelques sudorifiques, tels que la poudre cordiale ou la thériaque dans du vin; les poudres ou les extraits de genièvre, d'aunée, de gentiane, combinés avec l'antimoine diaphorétique ou le kermès, et administrés soit sous forme de bols ou d'opiats, soit délayés dans le vin. On verra que la maladie prend un meilleur caractère, et l'on continuera le même traitement, aussitôt que les naseaux commenceront à jeter ou l'abcès de la ganache à se former. Quand la gourme ne suit pas une marche régulière, quand l'animal ne jette qu'imparfaitement, il arrive souvent que la maladie principale dégénère en une maladie organique du poumon, qui emporte l'animal plus tôt ou plus tard, ou le jette dans le marasme. On appelle *fausse gourme* celle qui, ayant été mal guérie une première fois, reparaît, ou une affection du même genre, qui se manifeste quelquefois chez les poulains au-dessous de deux ans et ne les affranchit pas de la véritable gourme. Lorsque l'humeur qui découle des naseaux est tellement épaisse qu'elle a de la peine à se détacher, ou quand la membrane qui les tapisse est très-enflammée, il faut, pour empêcher que cette humeur ne les corrode, les injecter plusieurs fois par jour avec de l'eau de guimauve tiède, ou avec de l'eau d'orge à laquelle on ajoutera du miel rosat et une à deux onces de vinaigre par pinte.

Gras-fondure. Inflammation de la membrane veloutée des intestins, pendant laquelle l'humeur muqueuse destinée à les lubréfier s'échappe avec les excrémens. Cette maladie, plus commune en été qu'en hiver, attaque surtout les chevaux de fatigue. Le cheval atteint de gras fondure fiente avec peine, et ses excrémens sont mélangés et recouverts de glaires quelquefois sanguinolentes, assez semblables à de la graisse fondue, ce qui a fait donner à cette maladie le nom qu'elle porte, dans la persuasion où on était autrefois que ces matières n'étaient autres que de la graisse. L'animal est dévoré d'une fièvre ardente, regarde son flanc, qui bat avec violence ; perd la vivacité, l'appétit, l'embonpoint, tombe dans le marasme, s'il n'est point traité à tems.

Il faut saigner de suite une ou deux fois selon la gravité des circonstances ; supprimer toute nourriture solide, donner force décoctions émollientes blanchies et miellées, insister sur les lavemens émolliens. Quand les accidens seront dissipés, et que le cheval entrera en convalescence, on lui donnera soir et matin une prise de thériaque dans du vin, et on le tiendra pendant quelques jours à la paille hachée avec de l'orge écrasée, avant de lui rendre le foin et l'avoine. Les purgatifs et les cordiaux, que beaucoup de maréchaux s'empressent de donner dans la gras-fondure, sont contre indiqués par la nature même du mal : qui est inflammatoire et par conséquent demande un traitement antiphlogistique.

Hématurie. Voyez *pissement de sang.*

Hémophtisie. Voyez *hémorrhagie.*

Hémorrhagie, écoulement du sang hors des vaisseaux destinés à le contenir, avec ou sans rupture de leurs parois : ce qui établit deux variétés, l'une *spontanée*, et l'autre *traumatique*. La première est rare à l'extérieur; elle s'effectue le plus ordinairement à la surface ou dans l'épaisseur des organes contenus dans les grandes cavités. La seconde peut dépendre de la blessure des artères, de celle des veines, ou de la division capillaire des vaisseaux. Les hémorrhagies artérielles sont les plus graves. Les hémorrhagies veineuses sont en général moins alarmantes. Les hémorrhagies capillaires sont les plus faciles à arrêter.

Tout ce qui peut donner lieu à la pléthore dispose aux hémorrhagies spontanées. La diète, le repos, les émissions sanguines, l'application des émolliens sur les tissus qui sont le siége des irritations, les révulsifs dans un lieu éloigné du siége de l'hémorrhagie sont les moyens généraux à leur opposer. La saignée ne convient qu'au début. Elle devient inutile ou nuisible quand une hémorrhagie abondante a beaucoup affaibli le cheval. Les corps froids, les acides étendus d'eau sont souvent utiles lorsqu'ils sont employés avec discernement.

Les moyens employés pour mettre un terme aux hémorrhagies traumatiques, sont les réfrigérans, les absorbans, les astringens , le cautère actuel, la compression et la ligature. Les *réfrigérans* (l'eau froide , la glace, la neige), privent la partie de sa chaleur naturelle. On ne les emploie dans les hémorrhagies externes que dans le dessein de hâter la cessation d'un écoulement de sang qui tend naturellement à sa fin. Ils ne seraient point suffisans pour arrêter une hémorrhagie provenant de l'ouverture d'un ou de plusieurs vaisseaux importans; mais ils sont avantageux lorsqu'il s'agit d'une hémorrhagie interne à laquelle la compression, la ligature et la cautérisation ne pouvant être opposés, il ne reste d'autres moyens que de chercher à exciter directement la contractilité du tissu de la peau , afin de déterminer le resserrement des extrémités vasculaires intérieures. On les emploie avec avantage dans les hémorrhagies nasales, en les appliquant sur le chanfrein, et les injectant dans les narines. Les *absorbans* le plus souvent employés sont la charpie ou la filasse, l'amadou et l'éponge sèche. Ils sont utiles dans la plupart dès cas où une plaie fournit un écoulement de sang en nappe, et qui pourrait devenir dangereux par sa continuation. Les *astringens* s'emploient sous forme de liquide; les solutions de sulfate de fer, de sulfate de cuivre, l'eau de rabel, et surtout l'eau alumineuse et l'eau vinaigrée sont les plus employés. On y a recours dans les mêmes cas que les réfrigérans; on en fait usage de la même manière : leur action est plus énergique et plus continue, mais ils ont l'inconvénient de causer de l'inflammation dans les lieux de leur application. La *cautérisation* des vaisseaux se pratique au moyen du fer chauffé à blanc, que l'on applique aussitôt que l'on a retiré l'étoupe ou la charpie avec laquelle on dessèche la partie; elle est impuissante contre les hémorrhagies fournies par de très grosses artères. La *compression* faite sur les parois de l'artère ouverte ne convient guère que pour celles qui ont un point d'appui solide , et qui sont voisines de la peau ; telles sont plus particulièrement la temporale, la palatine et l'intercostale. La compression faite sur l'extrémité de l'artère coupée en travers doit être bornée à certaines hémorrhagies pour la suppression desquelles on emploierait inutilement tout autre moyen. La *ligature* des vaisseaux est le moyen le plus simple, le plus sûr que l'on puisse opposer aux hémorrhagies des vaisseaux de quelque importance; ce n'est que lorsqu'il est impossible de la mettre en usage, qu'il convient d'employer ou la cautérisation ou la compression.

Hydropisie. Accumulation de sérosité dans l'intérieur de l'une des cavités du corps ou dans le tissu cellulaire. Les chevaux dont la fibre est lâche, la constitution molle et lymphatique sont plus sujets aux hydropisies , surtout s'ils habitent des localités basses et humides. Les principaux symptômes appréciables de l'état d'hydropisie, sont la pâleur de la conjonctive et de toutes les membranes muqueuses apparentes, la sécheresse de la peau, la diminution de la sécrétion de l'urine ; quelques symptômes particuliers caractérisent les différentes espèces. Voyez *Hydrotorax, Ascite, OEdème.*

Hydrotorax. Hydropisie de poitrine. Le cheval respire avec difficulté , surtout après l'exercice. Pendant l'acte de la respiration, les côtes se soulèvent avec force ; la respiration est courte, fréquente, la poitrine rend un son mat par la percussion. Il y a souvent œdème. Souvent on entend la sérosité balotter dans la capacité de la poitrine. Les membranes muqueuses sont pâles. Cette maladie, qui résulte, dans le plus grand nombre des cas, de l'inflammation des plèvres, est très souvent mortelle. La ponction ne réussit que rarement. Les diurétiques secondés par l'application des vésicatoires sous la poitrine ont été employés avec quelques chances de succès.

Indigestion. Voyez l'article *Tranchées.*

Inflammation. Engorgement des extrémités capillaires des vaisseaux sanguins , accompagné de douleur, chaleur, fièvre et gonflement. Tout ce qui peut tendre à gêner la libre circulation du sang, et à déterminer sa stagnation dans les vaisseaux capillaires, dispose à l'inflammation. Les causes les plus ordinaires de cet engorgement sont donc toutes celles qui peuvent augmenter le mouvement et la quantité du sang, ou diminuer sa fluidité. De ce nombre sont le trop de nourriture et de repos, qui augmente tout à la fois la quantité de cette humeur et l'épaissit; un exercice trop violent, qui l'échauffe, le dessèche en même tems qu'il augmente son mouvement ; la chaleur extérieure, qui appelle le sang à la peau en trop grande abondance; un froid subit , en produisant l'effet contraire, peut déterminer l'inflammation d'un organe interne; l'application du feu , des caustiques, d'un irritant quelconque, détermine l'inflammation en diminuant la capacité des vaisseaux; une forte contusion amène le même résultat en détruisant leur ressort.

L'inflammation peut être générale ou partielle, interne ou externe. Cette dernière se divise en phlegmoneuse et en érysipélateuse, en simple et en compliquée. L'érysipélateuse est une élévation superficielle de la peau avec chaleur et douleur; la phlegmoneuse est une tumeur douloureuse, dure accompagnée d'une grande chaleur. L'inflammation est simple quand elle n'est compliquée d'aucune autre maladie.

L'inflammation peut se terminer de plusieurs manières différentes; par résolution, quand le sang, accumulé dans les extrémités capillaires des vaisseaux, est rappelé dans la masse; par induration, quand la chaleur et la douleur diminuant et disparaissant, la tuméfaction s'accroît lentement; par délitescence, quand l'inflammation disparait du point où elle s'était primitivement fixée pour se reporter sur une autre partie; par métastase, par suppuration, par gangrène. Il est évident que la première de ces terminaisons est la plus salutaire.

Les signes de l'inflammation externe sont trop évidens pour avoir besoin d'être décrits ici. Ceux de l'inflammation interne sont généralement un état de fièvre et un sentiment de chaleur dans la partie affectée, sentiment qui ne se manifeste pas toujours par des signes extérieurs faciles à saisir.

Le traitement de toute inflammation doit tendre, en général, à diminuer la trop grande quantité du sang; à le rafraîchir, rétablir la régularité de son cours, lui rendre la fluidité nécessaire. Il faut saigner le cheval une ou plusieurs fois selon la gravité des symptômes; lui retirer le foin, l'avoine, et même toute nourriture solide s'il y a lieu; lui donner de l'eau blanche tiède en abondance, et quelques lavemens. En même tems, si quelque partie externe est affectée, on la fomentera fréquemment avec une forte décoction tiède d'herbes émollientes que l'on remplacera un peu plus tard par celle de camomille et de fleur de sureau.

A l'égard du phlegmon, s'il ne paraît pas vouloir se résoudre après l'emploi des moyens généraux, il faudra employer les cataplasmes émolliens et maturatifs pour l'amener à suppuration, et le traiter ensuite comme toute tumeur en suppuration : il faut éviter l'application de tout corps gras tant que l'on conserve l'espoir de voir résoudre l'inflammation, parce qu'ils obstruent les pores de la peau, augmentent la chaleur, et disposent à la suppuration.

Il est inutile de faire observer que l'emploi des moyens généraux dans le traitement des maladies inflammatoires, doit être coordonné d'après la gravité des symptômes, et qu'il faut éloigner en même tems les causes extérieures qui ont occasioné ou pourraient entretenir l'inflammation. Ce qui vient d'être dit dans le courant de cet article, sur le traitement général de l'inflammation, peut s'appliquer, sauf quelques modifications, à toutes les maladies de nature inflammatoire, sous quelque nom qu'on les désigne.

Jardon. Tumeur calleuse, qui occupe la partie inférieure externe du jarret. Lorsque le mal est accidentel, on peut espérer de le résoudre à l'aide des topiques énergiques et du feu ; mais il n'y a rien à faire quand il est héréditaire.

Javart. Tumeur phlegmoneuse qui se manifeste parfois le long des tendons du canon ou du paturon, ou dans le pied, ce qui donne lieu de le distinguer en javart cutané, javart tendineux, javart encorné, et javart cartilagineux. Les boues âcres, le séjour prolongé des pieds dans l'urine, l'humidité et la malpropreté, sont les causes les plus ordinaires des javarts cutané et tendineux ; les deux autres sont le plus souvent occasionés par des coups, desatteintes, ou par du pus qui a soufflé au poil dans quelque maladie de l'intérieur du pied.

Le javart cutané ne demande que des soins de propreté, et tout au plus quelques applications émollientes; c'est une sorte de furoncle qui a son siége dans la peau, et se termine par suppuration. Il faut faire usage des cataplasmes émolliens jusqu'à la chute du bourbillon, et panser ensuite avec des compresses trempées dans du vin chaud. Le javart tendineux cause parfois de vives douleurs, et donne lieu à une abondante collection de pus dans les coulisses ou gaînes tendineuses des articulations inférieures des membres, collection à laquelle il faut se hâter de donner issue afin de prévenir l'exfoliation du tendon. On emploiera avec succès les applications émollientes, que l'on continuera jusqu'à ce qu'il n'y ait plus d'inflammation ; après quoi on ouvrira l'abcès, en ayant soin d'expulser toute la matière purulente, on fera des injections d'eau tiède, et on pansera de manière à préserver la plaie du contact des corps étrangers.

Le javart encorné a son siége dans le sabot, et forme parfois, au biseau de la couronne, des fistules par lesquelles la matière s'écoule : souvent aussi cette matière, au lieu de s'écouler au-dehors, fuse en dessous de la corne, la soulève, détache le sabot, ou gagne même l'os du pied, et dégénère en javart cartilagineux. Dans le cas où la matière se montre à la couronne, un bouton de feu appliqué sur la fistule suffit souvent pour déterminer une bonne suppuration et amener une guérison prompte; mais quand les choses ne se passent pas ainsi, il faut se hâter de pratiquer l'opération dite du *javart encorné*, qui consiste à enlever la portion de corne soulevée ainsi que les parties désorganisées, afin de faire une plaie simple que l'on pansera avec des étoupes imbibées d'eau-de-vie étendue d'eau. Dans le javart cartilagineux, il faut enlever le quartier du sabot, soulever la peau qui recouvre le cartilage, sans la lacérer, emporter avec un instrument convenable tout le cartilage, et même les portions de l'os du pied, atteintes de carie. Si l'opération a été bien faite, on pourra obtenir une cure complète en assez peu de tems; il n'en serait pas de même si l'on avait laissé par mégarde quelque portion de carie, ou offensé la capsule synoviale de l'articulation. Le javart cartilagineux se reconnaît au gonflement douloureux de la couronne, ainsi qu'à la présence d'une ou plusieurs fistules, laissant échapper une matière puriforme souvent parsemée de parcelles verdâtres et d'une odeur propre à la carie.

Il est bon de remarquer que les javarts, surtout cutané et tendineux, sont sujets à reparaître à diverses reprises, ce qu'il faut tâcher d'éviter en purgeant une fois ou deux sur la fin de la maladie.

Jaunisse. Infiltration de la bile dans le tissu des diverses parties du corps. Les signes de cette maladie sont une teinte jaune, très prononcée, répandue dans le blanc des yeux et sur toute l'étendue de la muqueuse des narines et de la bouche; l'urine est d'un jaune brun très foncé; le crottin dur et sec; le cheval est constipé, triste, lourd, abattu, et perd l'appétit.

Il faut débuter par une saignée copieuse, selon la force de l'animal; administrer deux ou trois lavemens dans la soirée du même jour; donner le lendemain une pilule purgative, que l'on répétera une ou plusieurs fois à quelques jours d'intervalle. On pourra employer pour boisson ordinaire la décoction de racine d'asperge ou de fraisier, additionnée d'une once de sel de nitre et de quelques poignées de farine d'orge; et administrer soir et matin, les jours où on ne purgera pas, de quatre à huit gros de rhubarbe en poudre, réduite en pilules ou délayée dans le vin blanc; le son ou la farine d'orge, la paille hachée et les carottes, formeront la base de la nourriture. La saignée, recommandée au commencement de cet article, ne produit ordinairement de bons effets que dès le début de la maladie.

Kyste. Tumeur indolente consistant en un sac membra-

neux, rempli d'un liquide ordinairement huileux et jaunâtre, quelquefois aussi d'un aspect différent. Le kyste peut
se terminer par résolution, quand l'humeur enfermée dans la
poche est absorbée. Cette terminaison étant la plus favorable,
on doit la tenter par l'application des résolutifs les plus énergiques, tels que les vésicatoires, les onctions ammoniacales :
lorsque ces moyens sont insuffisans, ce qui arrive souvent,
il faut ouvrir la tumeur, enlever avec soin tout ce qu'elle
contient, et panser ensuite comme une plaie simple.

Lampas. Voyez *Barbes.*

Langue coupée. La langue du cheval peut être coupée quelquefois, soit par l'effet d'un mauvais mors, soit par la longe
si on la laisse par mégarde dans la bouche, et qu'il vienne à
tirer dessus. Si le mal n'est pas très grave, il faut bassiner la
langue avec le vin tiède miellé et donner du repos au cheval ;
mais lorsque la langue est coupée trop profondément pour
que l'on puisse espérer la réunion, il faut achever de l'enlever, afin d'en prévenir la mortification.

Loupe. Tumeur d'abord molle et indolente, qui se forme
quelquefois entre la peau et les muscles aux environs des
parties membraneuses. Tant que la loupe est mobile sous la
peau, on peut espérer de la voir céder à l'emploi des résolutifs énergiques ; mais l'extirpation devient à peu près le
seul remède, quand la tumeur est très volumineuse, fixe et
adhérente.

Lunatiques (*cheval lunatique, yeux lunatiques*). Fluxion
périodique sur les yeux. Cette maladie revient périodiquement à des époques plus ou moins éloignées : beaucoup de
jeunes chevaux y sont sujets. Les yeux se couvrent d'un
nuage obscur ; les paupières gonflées, rouges, sont presque
toujours fermées. Le cheval finit par perdre la vue au bout
d'un certain nombre de retours périodiques. Il faut, aussitôt que la maladie se déclare, laisser reposer le cheval, lui
retirer les alimens échauffans ; et même toute nourriture solide si la gravité des circonstances l'exige ; pratiquer une
ou deux saignées, établir des sétons à la partie supérieure
de l'encolure ; recourir en outre aux boissons rafraîchissantes, telles que l'eau blanche nitrée ou la décoction de laitue blanchie ; aux lavemens, aux purgatifs doux si l'état du
ventre l'exige ; aux cataplasmes émolliens anodins, auxquels on pourra substituer les collyres résolutifs quand l'inflammation sera un peu dissipée. On remplacera la diète
par de bons alimens de facile digestion à mesure que la con-

valescence approchera, et l'on terminera par une ou deux purgations, si on n'en a pas fait usage pendant le traitement.

Maigreur. Voyez *Faiblesse*, *Convalescence*.

Malandre. Sorte de crevasse qui se forme au pli du genou, et qui fournit une humeur âcre et corrosive. Ce mal, qu'il faut s'attacher à cicatriser de suite, se traite comme les autres crevasses et gerçures. L'onguent dessiccatif astringent serait très propre à consolider la cicatrisation, après avoir bien détergé la plaie par les lotions émollientes.

Mal de cerf ou *Tétanos.* Contraction spasmodique et permanente des muscles d'une ou de plusieurs parties du corps, causée le plus souvent par une douleur vive et prolongée, par la lésion ou la compression d'un nerf, par une plaie grave qui suppure mal, quelquefois par une suite de la castration par bistournage ou par les casseaux ; en un mot, par toutes les causes capables de produire une vive irritation du système nerveux.

Cette affection commence ordinairement par la contraction des muscles de la mâchoire, et gagne de proche en proche ceux de toutes ou plusieurs autres parties du corps. Les muscles ainsi retirés ne peuvent plus reprendre leur extension naturelle, le cheval est frappé d'une immobilité générale ou partielle, et finit par tomber comme une masse pour ne plus se relever. Ce mal est ainsi nommé de ce que le cheval qui en est atteint est raide comme le cerf au moment où il vient d'être forcé. L'animal ne peut remuer ni le cou ni la tête, ni desserrer les mâchoires ; il est raide sur ses jambes lorsqu'elles sont prises, et exposé à tomber au moindre mouvement qu'on veut lui faire faire. Il a le nez tendu vers le ratelier, les oreilles droites, la queue retroussée, l'encolure est si raide qu'il peut à peine la mouvoir ; tous ses muscles sont si fortement contractés, que l'on dirait, en lui voyant les jambes écartées et immobiles, qu'il est cloué sur le pavé. Tous les moyens tant internes qu'externes propres à amener un relâchement doivent être employés ; c'est surtout sur les anti-spasmodiques les plus puissans et l'opium à hautes doses, que l'on doit le plus compter. Bien entendu que l'on doit rechercher avant tout la cause du mal pour la détruire s'il est possible. Les fomentations émollientes sur les parties attaquées, les lavemens de même nature, les frictions d'huile camphrée ; les boissons tempérantes nitrées, le bouchonnement ; l'opium ad-

ministré à l'intérieur, à la dose de deux à quatre gros et
même plus, jusqu'à la convalescence, sont les moyens à mettre en usage; la saignée est souvent bien indiquée. Administrés à tems, ils peuvent produire de bons effets : si le resserrement de l'œsophage ne permet pas d'introduire les médicamens dans l'estomac, il faut les administrer sous forme de
lavement et y revenir à plusieurs reprises.

Mal de taupe ou *de nuque.* Tumeur phlegmoneuse qui survient au sommet de la tête et s'étend quelquefois assez loin
le long de la crinière. Ce mal est presque toujours le résultat
d'un coup sur la tête, d'un frottement réitéré, d'une pression
prolongée; en un mot, de tout ce qui peut froisser et meur-
trir les tissus de cette partie du corps. Il se reconnaît aux
signes communs aux autres tumeurs phlegmoneuses , ainsi
qu'à sa position, et devient dangereux quand on le néglige,
parce qu'il peut attaquer le ligament cervical ou amener la
carie des vertèbres du cou. On rencontre cette maladie
principalement chez les gros chevaux sujets au rouvieux et
mal soignés, qui se frottent quelquefois la tête contre des
corps environnans , au point de produire la meurtrissure en
question, et chez ceux de trait qui reçoivent souvent des
coups de manche de fouet sur la tête.

Aussitôt donc que l'on aperçoit une légère tuméfaction
sur le haut de l'encolure, il faut tenter la résolution au
moyen des embrocations résolutives salines et alcoolisées.
Mais si le mal fait des progrès au lieu de diminuer, ou que
l'on s'aperçoive que les parties sont fortement meurtries, il
faut se hâter de provoquer la formation de l'abcès au moyen
des maturatifs , et en pratiquer l'ouverture sans délai aussitôt qu'il sera mûr, afin de préserver les tendons et les os, en
ayant soin d'ouvrir tous les sinus qui pourraient s'être formés et d'enlever toutes les portions cariées d'os ou de tendons : ensuite, faire des injections d'eau-de-vie affaiblie, et
terminer le traitement comme celui d'une plaie ordinaire.
La taupe exige des secours d'autant plus prompts, que souvent , sans être très apparente elle sillonne profondément ,
ce qui a fait donner à cette maladie le nom qu'elle porte, et
gagne les vertèbres si l'on ne se hâte de donner issue au pus.

Mal de tête. Céphalalgie. Ce mal est presque toujours le
symptôme ou l'avant-coureur d'une maladie principale; le
cheval qui en est atteint a la tête lourde et brûlante, et il ne
faut pas perdre de tems pour s'assurer de la véritable maladie dont il est menacé. Dans tous les cas, on ne risque rien

d'appliquer de suite le régime antiphlogistique, et de pratiquer même la saignée si la gravité des circonstances l'exige.

Mal de tête contagieux. Ce n'est autre chose qu'une fièvre charbonneuse, dans laquelle la tête se trouve fortement embarrassée. Cette partie du corps est brûlante, enflée; les yeux sont gonflés, larmoyans, et sortent de leur orbite; une matière jaune coule des naseaux; on reconnaît tous les symptômes d'une fièvre des plus fortes, et le mal se termine bientôt par la mort, si l'on n'y apporte de prompts secours. Cette maladie demande le même traitement que la fièvre charbonneuse, et les mêmes mesures de précaution que toute contagion. Voyez *Contagion*.

Maux de reins. Un coup, une chute, une charge trop pesante, peuvent occasioner un effort de reins. Ce mal se traite comme tous les autres du même genre; mais s'il est très sérieux, il convient de saigner préalablement le cheval, de lui ôter toute nourriture échauffante, et de lui donner quelques lavemens pour empêcher que les gros intestins ne se remplissent. Un sachet de plantes émollientes placé sur les reins, calmera les fortes douleurs, et on pourra le remplacer par un cataplasme fortifiant sur la fin de la maladie. S'il reste de la faiblesse, on appliquera le feu; dans tous les cas, on ne fera pas travailler le cheval avant qu'il ne soit entièrement guéri.

Les chevaux faibles de reins doivent être traités comme il est dit au mot *Faiblesse*; on pourra, en outre, frotter matin et soir la partie faible avec le liniment savonneux camphré ou tout autre analogue.

L'inflammation interne des reins peut donner lieu à des accidens graves, et il se forme parfois dans la cavité de ces organes, des pierres et graviers dont la présence est fort dangereuse. Voyez *Rétention d'urine*.

Maux d'yeux. Les yeux des chevaux sont, comme ceux de tous les autres animaux, sujets à une foule de maladies qui peuvent résider uniquement dans les paupières et les parties voisines, ou intéresser le globe même de l'œil. Toutes ces maladies découlant en général de la même source, une inflammation générale ou locale, peuvent être toutes traitées d'après les mêmes principes, sauf quelques modifications nécessitées par les circonstances particulières de la maladie.

Ainsi, s'il n'y a qu'un simple gonflement des parties extérieures avec ou sans larmoiement, on les bassinera fréquemment avec une décoction tiède d'herbes émollientes ou de feuilles vertes de laitue, additionnée de laudanum ou d'un peu d'extrait de saturne, ou avec le collyre calmant résolutif. Lorsque l'inflammation sera à peu près dissipée, on substituera à ces lotions une légère infusion de sureau animée d'un peu d'eau-de-vie camphrée, puis enfin une légère solution de pierre divine ou de vitriol blanc, afin de redonner du ton aux parties : on peut même employer, sur la fin, de l'eau de puits bien fraîche, mais tant que l'inflammation est dans sa force, il ne faut appliquer aucun topique froid.

Si le globe de l'œil est fortement offensé, et si ces moyens locaux paraissent devoir être insuffisans, il faut pratiquer une ou deux petites saignées aux jugulaires, et appliquer concurremment les autres moyens généraux prescrits dans tous les autres cas d'inflammation. Voyez *Fluxion, Lunatique, Inflammation.*

Mémarchure. Voyez *Entorse.*

Molette. Tumeur molle et synoviale située au-dessus du boulet, sur les côtés du tendon. Quand elle est récente, on peut en tenter la résolution au moyen des lotions résolutives fortement astringentes ; sinon il faut raser le poil, appliquer un vésicatoire, et si cela ne suffit pas, le feu.

Morfondure. Voyez *Coriza.*

Morsures de bêtes vénimeuses. Les chevaux sont exposés, surtout à la campagne, à être mordus ou piqués par des animaux ou des insectes plus ou moins vénimeux. Le mal s'annonce d'abord par une tuméfaction doulouleuse, accompagnée d'une inflammation quelquefois assez considérable pour causer une véritable fièvre.

Dès que l'on s'aperçoit qu'un cheval a été mordu ou piqué par un animal suspect, il faut laver de suite la partie avec de la lessive ou de l'eau de savon tiède ; examiner s'il est resté un dard dans la piqûre, afin de l'arracher ; élargir le plus que l'on pourra l'ouverture de la plaie, et y faire couler de l'alcali volatil, ou du vinaigre radical ; frotter ensuite les parties environnantes avec un mélange d'alcali volatil et d'huile ; les recouvrir d'un cataplasme de feuilles de rue pilées avec de l'huile, et s'il survient un abcès, le traiter à l'ordinaire (voyez *Charbon, Tumeur*); enfin, mettre le cheval à la diète, l'eau blanche, et lui donner quelques breuvages sudorifiques ; entretenir la liberté du ventre, et terminer s'il est nécessaire par une ou deux purgations.

Dans le cas de morsure de la part d'un animal enragé, il faut enfoncer un fer rouge dans les plaies, et ne pas négliger de le promener même sur les simples égratignures ; les recouvrir d'un emplâtre vésicatoire ou d'un cataplasme de moutarde et d'ail pilé, jusqu'à ce qu'elles soient en pleine suppuration ; et substituer alors le digestif, la térébenthine, et les cataplasmes émolliens, aux autres topiques.

Morve. Maladie organique cancéreuse ou tuberculeuse de la membrane muqueuse des narines, qui se complique quelquefois d'une affection analogue des poumons. Ses causes médiates et immédiates ne sont pas encore bien connues ; mais tout porte à croire que cette maladie est toujours le résultat d'une irritation des membranes muqueuses, quelle que soit la cause originelle de cette irritation.

Il se fait par un des naseaux, rarement par les deux à la fois, un écoulement abondant de mucosités opaques, et quelquefois striées de quelques filets de sang. Un engorgement se manifeste dans les glandes de la ganache du côté du naseau affecté ; l'œil du même côté est souvent larmoyant. L'écoulement devient successivement purulent, jaunâtre ou verdâtre, et s'attache à l'orifice des narines ; il diminue quelquefois, et s'arrête pour reparaître un peu plus tard. Les glandes engorgées deviennent dures, tantôt douloureuses, tantôt indolentes ; la membrane muqueuse des narines prend une teinte blafarde, violacée, livide, et finit par s'ulcerer ; l'affection gagne quelquefois les deux côtés ; il survient aussi parfois des hémorrhagies ; les os du nez et du chanfrein semblent boursoufflés et se soulèvent. Un des signes caractéristiques qui distinguent cette maladie de plusieurs autres avec lesquelles elle a beaucoup de ressemblance, c'est que le cheval morveux ne tousse pas, à moins qu'il y ait complication de phtysie pulmonaire, et ne perd ni l'appétit ni sa vivacité habituelle, à moins que la maladie ne soit parvenue à son dernier période ; car alors l'appétit est nul, l'abattement extrême, la toux fréquente, les jambes enflées, les flancs retroussés, et le cheval meurt de consomption.

La morve est encore considérée comme une maladie incurable. Quand le mal n'est parvenu qu'à son premier ou, au plus, au deuxième degré, on peut essayer le traitement suivant. Nourriture substantielle, composée principalement de carottes, orge écrasée, paille hachée, avoine, eau blanche pour boisson ; vie active sans être trop fatigante, température douce, écurie saine et aérée, soins minutieux de propreté, pansage régulier, frictions fortes et réitérées sur toute la surface du corps, frictions de pommade d'hydriodate de potasse sur les glandes de la ganache ; fumigations émollientes, puis successivement détersives et légèrement stimulantes, dirigées dans les naseaux. A l'intérieur, poudre d'aunée et de gentiane alliées au kermès ou à l'antimoine diaphorétique ; lavemens simples, purgatifs doux répétés à intervalles plus ou moins éloignés. On peut aussi pratiquer dans les narines des fumigations émollientes puis astringentes, auxquelles on substituera de l'eau de chaux ou de goulard.

Quand les ulcères des narines sont bien détergés, la membrane muqueuse peu ou point enflammée, et l'écoulement à peu près arrêté, il faut, surtout si la maladie a été longue et opiniâtre, adjoindre aux injections toniques, les fumigations aromatiques, mercurielles et résineuses : à cet effet, on projettera soir et matin sur des charbons ardens et par petites portions une ou deux onces de poudre de gayac, dont on recevra la vapeur dans un entonnoir renversé et muni d'un tube assez long pour porter ces vapeurs jusque dans les narines. On a conseillé de faire respirer de tems à autre du charbon en poudre très fine pour déterger les ulcères.

La morve est regardée presque généralement, non seulement comme contagieuse, mais encore comme héréditaire. En attendant que cette double question sur laquelle on est encore partagé, soit résolue d'une manière positive, il est prudent d'isoler les chevaux morveux et de ne pas s'en servir pour la reproduction. Les propriétaires ne doivent point ignorer qu'ils ne peuvent traiter un cheval morveux ou suspecté de l'être, sans préalablement avoir fait leur déclaration au maire de leur commune. Ils ne peuvent non plus les faire travailler, les vendre ou les exposer en vente.

Musaraigne. Voyez *Charbon.*

Nerf-ferrure. Gonflement de la région tendineuse du canon occasioné par un coup sur cette partie, ou par toute autre cause extérieure. Des fomentations émollientes, s'il y a inflammation, et les toniques spiritueux ou astringens employés en frictions, suffisent ordinairement pour dissiper la nerf-ferrure, surtout quand la peau n'est pas entamée. La nerf-ferrure négligée peut donner naissance au ganglion.

OEdème. Hydropisie du tissu cellulaire. Tuméfaction molle, indolente, froide, circonscrite, due à l'accumulation de sérosités dans le tissu cellulaire sous-cutané de la partie où elle se montre. La peau est comme soulevée, dépourvue d'élasticité; en appuyant le doigt dessus, la pression en reste marquée et ne s'efface que lentement. Il ne faut pas confondre l'œdème avec les tumeurs phlegmoneuses ou charbonneuses. Voyez *Phlegmon* et *Charbon*.

L'œdème se montre assez souvent sous la poitrine, sous le ventre, au scrotum, au fourreau. Celui qui résulte d'une contusion, d'une opération chirurgicale, d'une compression, se dissipe volontiers de lui-même, lorsque la cause ne subsiste plus. On favorise sa disparition par des frictions spiritueuses, des boissons nitrées et la promenade. S'il tient à une atonie générale du sujet, on donne des alimens substantiels, on administre quelques toniques; quand il est symptomatique d'une autre maladie, il ne se guérit qu'avec l'affection dont il dépend. Lorsqu'il persiste après la cessation de la maladie principale, on y remédie par des frictions sèches, spiritueuses, des applications d'argile, de terre glaise ou de blanc d'Espagne délayés dans du vinaigre. Si ces moyens ne suffisent pas, on fait des scarifications dans l'épaisseur de la tumeur, afin de favoriser le dégorgement. Dans certains cas, on se trouve très bien de l'application du feu en pointes pénétrantes. Des diurétiques et des purgatifs sont parfois nécessaires.

Oignon. Exubérance de la sole des quartiers, le plus souvent des pieds de devant, et qui est due à une tuméfaction de la face inférieure de l'os du pied. La ferrure est le seul moyen qui puisse remédier à cette maladie; le fer doit être couvert et bombé à l'endroit de la tumeur : il faut peu parer la sole en cet endroit.

Ophtalmie. Maladie inflammatoire de l'œil, qui s'annonce par le gonflement des paupières, la rougeur de la conjonctive, le larmoiement, et l'impression douloureuse que la lumière paraît produire sur cet organe. Les collyres et cataplasmes émolliens anodins doivent être employés dès le début; on les rendra un peu stimulans en y faisant entrer successivement l'infusion de fleur de sureau, l'eau-de-vie camphrée, le vitriol blanc ou bleu, etc., à mesure que l'inflammation tombera. Le collyre avec le sulfate de zinc pourra être employé dans le cas d'ophtalmies chroniques et de relâchement des paupières. On joindra aux moyens ci-dessus la saignée et le régime antiphlogistique, quand la gravité des symptômes l'exigera.

Oreille (Mal d'). Il survient quelquefois dans l'intérieur de l'oreille, par suite d'un coup ou sans cause apparente, une tumeur qui obstrue le conduit auditif. Il faut la percer à sa maturité, et injecter dans la plaie du vin chaud, ou toute autre liqueur propre à la déterger et cicatriser promptement.

Osselets. Petites tumeurs osseuses, de même nature que les suros. Ils ont leur siége sur le canon, près du boulet. Ceux qui ne s'approchent point de l'articulation de cette partie, ne nuisent en rien au service de l'animal. Pour le traitement, voyez *Suros*.

Peignes. Eruption de même nature que les arêtes ou grappes, qui a son siége autour de la couronne. Voyez *Arêtes*.

Piqûres d'insectes. Voyez *Morsures*.

Pissement de sang. Les chevaux et le gros bétail sont exposés à cette maladie, surtout dans les grandes chaleurs et les tems orageux. L'eau blanche nitrée, en abondance, et la diète suffisent ordinairement pour la dissiper, sinon il faut appliquer le traitement anti-phlogistique dans toute son étendue.

Plaie. Solution de continuité des solides, avec ou sans perte de substance. Les plaies, en général, sont produites par l'action mécanique et accidentelle d'un corps tranchant, piquant, contondant ; par l'action chimique d'un corps capable de désorganiser les tissus ; par l'ouverture d'un abcès, ou par l'effet d'une cause interne qui occasione l'ulcération de la peau. Elles sont simples ou composées : simples, quand il n'y a que la peau ou les chairs de divisées ; composées, quand quelque partie essentielle, telle qu'un viscère, une artère, un tendon, un os, se trouve lésée.

Les plaies compliquées de déchirures, perte de substance ou contusions, sont les plus difficiles à guérir : aussi celles qui proviennent d'un tranchant bien aigu sont les plus simples de toutes, elles n'offensent aucune partie essentielle, parce que les parties ne sont que divisées sans être déchirées ; tandis que, dans les plaies d'armes à feu et autres corps mousses, il y a tout à la fois déchirure et contusion.

Quand l'on est appelé à panser une plaie récente, il faut commencer par raser le poil tout autour ; presser les bords pour faire sortir le sang caillé ou extravasé : laver la partie avec l'eau additionnée d'eau-de-vie, d'eau vulnéraire, ou avec une décoction émolliente tiède s'il y a déjà inflammation ; enlever avec soin la terre et tous les corps étrangers ; ménager tous les lambeaux de chair ou de peau dont on pourra espérer le recollement, couper ceux qui seraient trop meurtris et déchirés pour pouvoir être conservés ; sonder la plaie si elle est profonde , afin de s'assurer qu'il n'y soit resté aucun corps étranger, et voir s'il n'y a pas quelque os attaqué ; faire la ligature des artères coupées, et employer tels autres moyens que la circonstance exigera pour prévenir ou arrêter l'hémorrhagie. Cela fait , on rapprochera et remettra soigneusement en place tous les lambeaux conservés , afin de tâcher d'en obtenir le recollement ; si l'ouverture est très longue, on en recoudra ce que l'on pourra au moyen d'une aiguille courbe, enfilée d'un fil plat ciré et ployé en plusieurs doubles , et l'on achèvera le pansement selon les indications résultant de la nature de la plaie.

Les plaies superficielles ne demandent qu'à être cicatrisées le plus promptement possible ; il suffit, pour cela, de les étuver avec du vin chaud miellé ou avec l'une des lotions résolutives prescrites pour les contusions , et de les garantir du contact de l'air en les recouvrant d'étoupes fines. Les plaies de tête sont les moins dangereuses de toutes quand le crâne n'est pas intéressé ; elles demandent à être cicatrisées promptement ; mais quand elles sont le résultat de contusions violentes, elles exigent la saignée et la diète afin de prévenir les désordres qui pourraient en être la suite.

Pour les plaies causées par un instrument tranchant qui n'a fait que diviser les chairs, il faut rapprocher les bords le plus exactement possible, et tâcher de les maintenir dans cet état au moyen de la suture ou d'un agglutinatif quelconque. Les plaies de ce genre ont rarement besoin de suppurer.

Il n'en est pas de même de celles qui sont accompagnées de perte de substance, ou qui pénètrent très avant dans les chairs ; parce qu'une bonne suppuration peut seule favoriser la reproduction dans les unes , et que, si les autres se cicatrisent trop tôt, il pourrait se former dans leur intérieur des foyers de pus que l'on serait obligé d'ouvrir plus tard. On doit panser ces plaies avec des plumasseaux enduits d'onguent suppuratif. On recouvrira l'appareil d'un cataplasme émollient, si les environs de la plaie sont enflammés ou que la suppuration ait de la peine à s'établir.

Il faut cicatriser le plus promptement possible les plaies des jointures, parce qu'il serait dangereux de laisser l'articulation à découvert, et en second lieu , parce que la suppuration pourrait offenser les ligamens et cartilages ou produire la carie de l'os. Les plaies de ce genre exigent les soins d'un homme habile, surtout quand elles sont très graves ; il en est de même de celles des tendons : les unes et les autres sont ordinairement fort difficiles à guérir. Il arrive souvent que lorsque les capsules synoviales qui entourent l'articulation ont été lésées, soit par l'instrument qui a produit la blessure, soit par l'effet de la suppuration, il en découle une humeur onctueuse vulgairement appelé *graisse des jointures*, et plus connue sous le nom de *synovie* qui lui est propre ; il faut, dans ce cas, se hâter d'appliquer le feu avec beaucoup de prudence, et se conduire ensuite comme dans toute plaie d'articulation.

Les plaies composées, ou, pour mieux dire, compliquées, demandent des soins tout particuliers. Si un gros vaisseau a été coupé, on s'occupera avant tout d'arrêter l'hémorrhagie, et l'on ne songera plus qu'à rapprocher les chairs s'il n'y a pas perte de substance. Si un os a été brisé, il faudra retirer avec soin toutes les esquilles, dont la présence produirait sans cesse une complication fâcheuse ; si l'os a été simplement mis à nu, il faudra le recouvrir d'étoupes enduites de térébenthine, afin de prévenir la carie et de hâter la cicatrisation.

Il faut toujours tenter la voie de la réunion la plus prompte dans les cas de plaies simples ; en conséquence on emploiera, de préférence aux corps gras, les spiritueux et les vulnéraires balsamiques ; l'on ne levera le premier appareil qu'au bout de quelques jours. Si cependant l'on apercevait de la chaleur et de la tuméfaction autour de la plaie, on la recouvrirait d'un cataplasme résolutif : mais, dans le cas où ces symptômes iraient en augmentant, il n'y aurait plus d'autre parti à prendre que de favoriser la suppuration. Après la levée du premier appareil, il suffit de panser une fois par jour, et même plus rarement, à moins que la suppuration ne soit très abondante et de mauvaise qualité ; en exposant les plaies plus souvent à l'air, on ne ferait que retarder la guérison.

Il faut panser avec ménagement, promptitude, propreté ; la malpropreté attire des mouches, cause des démangeaisons, et dispose à la gangrène ; ne pas fouiller les plaies sans nécessité ; les garantir du contact de l'air ; éviter de déchirer la cicatrice en enlevant l'appareil ; les laver et injecter selon les besoins ; détruire avec le bistouri, les brides, fistules et sinuosités ; emporter de même les productions blanches dites *filandres* ou *os de graisse*, et les cautériser légèrement.

Si la plaie s'enflamme par suite d'une suppuration trop abondante ou d'un pansement négligé, il faut laver souvent avec de l'eau légèrement acidulée; si, au contraire, elle offre une couleur pâle, des chairs molles, il faut redonner du ton au moyen des suppuratifs, des digestifs animés, et de l'eau-de-vie camphrée plus ou moins étendue d'eau. L'alun calciné, le vitriol vert ou bleu, seront opposés avec succès à la reproduction des chairs baveuses : quelquefois aussi les bords deviennent durs et calleux, soit parce qu'ils auront été comprimés par des tentes ou tampons de filasse, soit par toute autre cause. Comme ces callosités rendent toute réunion impossible, il faut les emporter avec le bistouri, et panser avec les suppuratifs.

Les moyens locaux suffisent presque toujours pour les plaies de peu d'importance; quant aux autres, elles exigent en même tems un traitement général, propre à prévenir ou modérer l'inflammation. Ainsi, on débutera, dans le traitement de toutes les plaies graves, par une ou plusieurs saignées selon les circonstances, tant pour diminuer les chances d'hémorrhagie que pour rendre la fièvre de suppuration moins forte et la gangrène moins à craindre. On n'oubliera pas l'eau blanche, les lavemens, la diète; on mettra le cheval à l'orge et à la paille à mesure que l'état de la plaie permettra de lui rendre la nourriture solide, et on terminera s'il est nécessaire le traitement par une ou deux purgations. Si, au contraire, le cheval est déjà exténué, soit par une maladie antérieure, soit par toute autre cause ; si la plaie est pâle, violacée, livide, baveuse; la suppuration presque nulle, la gangrène imminente, il faut, en même tems que l'on applique les irritans à l'extérieur, ranimer les forces à l'aide de bons alimens et de quelques cordiaux.

Les plaies anciennes que l'on ne peut parvenir à cicatriser par les moyens ordinaires, dégénèrent en ulcères. (V. *Ulcères*). Celles qui sont frappées de gangrène demandent à être traitées comme il est dit ailleurs. Voyez *Gangrène*.

Pleurésie, inflammation de la plèvre. Un arrêt subit de transpiration, l'eau très froide bue pendant la sueur, la disparition subite et accidentelle d'une maladie cutanée, les coups sur la poitrine, etc, sont les causes les plus fréquentes de la pleurésie. Cette maladie et la péripneumonie marchent sou-

vent de concert ou dégénèrent facilement l'une dans l'autre, car il est difficile que l'inflammation de la plèvre ne se
communique pas au poumon, et réciproquement. Aussi ces
deux affections ont-elles un grand nombre de points de ressemblance. Cependant, à mesure que la pleurésie se déclare,
elle s'annonce par quelques signes particuliers : une toux
sèche, la respiration est entrecoupée ; l'inspiration courte
et douloureuse, l'expiration lente et prolongée ; le cheval
témoigne une vive douleur quand on appuie la main sur la
région de la poitrine. La maladie se termine par résolution
vers le sixième ou septième jour, rarement par suppuration
ou gangrène, quelquefois par l'hydropisie de poitrine, etc.
La première terminaison étant évidemment la plus favorable, c'est vers elle que doivent tendre tous les efforts. L'apparition de sueurs copieuses ou d'urines abondantes vers le
troisième ou le quatrième jour annonce une crise salutaire.

On peut arrêter dès son principe la pleurésie résultant
d'une transpiration rentrée, en employant de suite les moyens
propres à rétablir les fonctions de la peau, savoir : un bouchonnement vigoureux, l'usage de couvertures, de boissons
chaudes, de breuvages diaphorétiques, composés principalement d'infusions aromatiques miellées, additionnées de
thériaque ou de tout autre sudorifique doux. Mais si l'on a
laissé aux symptômes inflammatoires le tems de se développer, il faut procéder de suite par des saignées générales et
locales, répétées pour ainsi dire coup sur coup, autant de
fois que le cas l'exigera : on appliquera en même tems des
cataplasmes irritans sur la région de la poitrine ; on administrera quelques boissons mucilagineuses miellées, et un
mélange de miel, de poudre de guimauve et de sel de nitre, dont on pourra composer des mastigadours.

Si, malgré l'emploi de ces moyens, la maladie persiste au-
delà du septième jour, ou paraît tendre à la chronicité, il
faut rendre un peu de nourriture, réitérer les applications
irritantes, les bouchonnemens, et administrer en outre quelques cordiaux doux, tels que les décoctions ou infusions
aromatiques miellées, les poudres et extraits de genièvre,
d'aunée, la thériaque, etc. Les sétons au poitrail ou sur les
côtés de la poitrine ne sont pas à dédaigner.

La terminaison par suppuration est toujours fâcheuse ; la
gangrène, qui en est quelquefois la suite, est mortelle.
Voyez *Pneumonie.*

Pleuro-Pneumonie, complication de la pleurésie et de la péripneumonie. Voyez ces deux maladies.

Pneumonie, inflammation de l'organe pulmonaire. Les causes, le diagnostic, le prognostic et le traitement de cette maladie sont, à peu de chose près, les mêmes que ceux de la pleurésie. Voyez *Pleurésie*.

La maladie s'annonce d'abord par les signes généraux décrits à l'article de la *Pleurésie*. L'on s'aperçoit bientôt que la toux est moins sèche, la douleur plus profonde, l'inspiration longue et prolongée, l'expiration courte et pénible; le pouls est grand, plein, accéléré, quelquefois mou, déprimé, inégal. L'animal se plaint quand on veut lui élever la tête, tient les membres antérieurs écartés, refuse de se coucher et de se mouvoir. L'intensité et la rapidité avec lesquelles ces symptômes se déclarent varient selon que l'inflammation occupe un des côtés seulement du poumon, ou les deux à la fois.

Le traitement antiphlogistique prescrit pour la pleurésie doit être employé avec activité, surtout si l'animal est dans la force de l'âge, jusqu'à ce que la gêne de la respiration et la plénitude du pouls soient sensiblement diminuées. Ce sera alors le cas d'appliquer, si les circonstances l'exigent, les vésicatoires, les cataplasmes de farine de moutarde, ou même les sétons au poitrail; on emploiera, en même tems, les boissons adoucissantes, incisives, et le kermès à petites doses souvent répétées. A mesure que les symptômes inflammatoires se dissiperont, que la respiration deviendra plus libre, la toux plus fréquente, plus facile, plus grasse; que la crise paraîtra s'effectuer par les urines et les excrémens; alors, disons-nous, on modifiera peu à peu le traitement anti-phlogistique; surtout si le sujet n'est pas très vigoureux, et on alliera graduellement les diaphorétiques et les cordiaux doux aux remèdes indiqués ci-dessus. Il faudrait même recourir aux excitans si la maladie paraissait tendre à la chronicité. Au-dehors, les vésicatoires, au-dedans, les amers, le camphre, le vin, les substances aromatiques, les fumigations émollientes dirigées dans les naseaux sont très utiles, surtout au moment où ils jettent.

La maladie se termine par résolution en douze ou quinze jours, par suppuration, par gangrène, par suffocation, par induration, etc., etc.; la première de ces terminaisons est la seule favorable; quand les autres ne sont pas mortelles, elles altèrent la santé habituelle de l'animal et l'exposent à des rechutes fréquentes. La suppuration générale du poumon finit par détruire cet organe, et cause la mort ; quand elle est partielle, elle jette l'animal dans cet état habituel, connu sous le nom de *vieille courbature*.

Pousse. Maladie qui a quelque analogie avec l'asthme. Les causes prédisposantes de cette maladie sont, le défaut habituel d'exercice coïncidant avec une nourriture trop forte, l'usage immodéré du foin et autres alimens échauffans, un travail violent immédiatement après des repas copieux, une nourriture habituellement trop sèche. On remarque en effet que les chevaux qui séjournant habituellement à l'écurie, ne travaillent pas et mangent beaucoup, que les chevaux de fatigue qui consomment beaucoup d'avoine, de foin, qui mangent beaucoup à la fois et travaillent immédiatement après, y sont les plus sujets de tous ; tandis que les chevaux qui consomment beaucoup de carottes, navets et autres fourrages frais, deviennent rarement poussifs. Les arrêts fréquens de transpiration peuvent être rangés au nombre des causes ci-dessus.

La pousse s'annonce par la gêne de la respiration, le battement irrégulier des flancs, surtout après l'exercice au trot, la toux sèche, quinteuse et sans rappel, quelquefois par l'émission de mucosités épaisses et blanchâtres par les naseaux ; mais le signe le plus caractéristique est le soubresaut ou contre-tems, qui se fait remarquer surtout dans l'expiration ; le mouvement d'abaissement du flanc est à peine commencé qu'il s'arrête subitement, s'interrompt pour recommencer, et achève de se faire tranquillement. C'est après l'exercice et pendant l'action de manger l'avoine que ce phénomène est plus facile à saisir. Quelquefois le cheval tombe dans l'amaigrissement tout en conservant l'appétit et les autres apparences de la santé ; le ventre devient volumineux, avalé ; les côtes se dessinent fortement sous la peau.

La pousse confirmée est une maladie incurable. Rarement elle attaque les jeunes chevaux, c'est ordinairement après l'âge de six ans qu'elle se déclare ; tous les alimens échauffans, très nutritifs, l'augmentent. Lorsqu'elle ne fait que commencer, on peut en arrêter les progrès, en retirant le foin au cheval, le nourrissant principalement de paille et d'avoine, et en le ménageant, sans pourtant le laisser oisif. Quoique l'hérédité de la pousse ne soit pas encore prouvée, il n'est pas prudent d'employer à la propagation des chevaux atteints de cette maladie.

Pustules. Voyez *Dartres.*

Queues de rat. Voyez *Arêtes.*

Rage. Le cheval qui a contracté cette terrible maladie, par suite de morsures de la part d'un animal enragé, mord sa mangeoire, cherche à mordre tout ce qui l'approche, paraît furieux et s'agite d'une manière extraordinaire ; ses yeux sont enflammés, sa bouche écumante. Il refuse la nourriture, et surtout la boisson ; quelquefois, au contraire, il boit à outrance. Les moyens conseillés contre la morsure des animaux suspects peuvent prévenir la rage ; mais quand la maladie est déclarée, il faut tuer le cheval et désinfecter son écurie. Voyez *Contagion.*

Reins (inflammation des). Cette maladie, extrêmement dangereuse, qui se rencontre assez souvent chez le cheval, se reconnaît aux signes suivans : la région des reins est chaude et sensible, le train de derrière faible et comme disloqué ; les testicules rentrent et sortent fréquemment ; le rectum est chaud et la vessie vide. Quoique l'animal se campe souvent, il ne rend bientôt plus que quelques gouttes de mucosités sanguinolentes ; il trépigne des pieds de derrière, regarde ses flancs avec inquiétude. Des sueurs générales ou partielles et d'odeur urineuse, se déclarent ; le pouls, de petit, dur et accéléré qu'il était, devient mou, lent, insensible, et l'animal finit par succomber s'il n'est promptement secouru.

Les saignées réitérées et copieuses, le régime antiphlogistique dans toute sa sévérité, sont les premiers moyens à mettre en usage : on peut y joindre les boissons mucilagineuses et émollientes miellées, et les cataplasmes émolliens sur les reins, avec le soin de tenir toujours de la paille fraîche sous le ventre.

Rétention d'urine. Cette maladie qui n'a pas besoin de définition, provient, ou d'une inflammation de la vessie, qui resserre le col de cet organe au point de ne plus permettre l'émission des urines, ou de la présence de pierres ou graviers. Dans le premier cas, on reconnaît une chaleur surnaturelle en posant la main sur la région de la vessie entre les bourses et l'anus ; dans le second, l'urine est mélangée de pus ou de sang, ou accompagnée de graviers plus ou moins abondans. Dans l'un ou l'autre cas, le cheval se présente souvent pour uriner, fait des efforts inutiles, ou ne rend l'urine que goutte à goutte ; la fièvre se déclare, l'animal meurt en peu de jours.

La saignée, les lavemens, le son mouillé et la paille pour toute nourriture, ou même la diète absolue ; l'eau blanche ou la décoction de graine de lin blanchie pour boisson ordinaire, et en petite quantité ; les fomentations émollientes sur les reins et les frictions d'onguent d'althæa ou de populéum sur la région de la vessie ; tels sont les moyens généraux les plus convenables dans cette maladie. Les diurétiques feraient beaucoup plus de mal que de bien dans les cas de rétention, puisqu'ils augmenteraient la sécrétion de l'urine sans rendre son émission plus facile.

Rhumatisme. Toutes les causes capables d'arrêter la transpiration, mais surtout l'humidité froide, peuvent produire cette maladie chez les chevaux. Les boissons légèrement sudorifiques, le séjour d'une écurie saine et tempérée, les linimens savonneux camphrés, sont les moyens le plus généralement indiqués dans le traitement des rhumatismes. On doit y joindre un bon pansage.

Rhume. Voyez *Morfondure.*

Rouvieux. Sorte de gale invétérée à laquelle sont sujets les gros chevaux mal soignés, ou habitués à une nourriture échauffante et de mauvaise qualité. La propreté, les lotions émollientes combinées avec l'emploi des antipsoriques, les dépuratifs fondans et autres moyens indiqués pour la gale le sont également pour le traitement du rouvieux.

Seimes. Quand la corne est naturellement sèche ou le devient par une cause quelconque, il s'y forme des fentes qui descendent perpendiculairement de la couronne en bas et traversent quelquefois l'épaisseur de la muraille : ces fentes portent le nom de *seimes.* On appelle seimes en pied de bœuf celles qui viennent en pinces, et seimes quartes celles des quartiers.

Quand la seime est récente et superficielle, il suffit quelquefois de tenir le pied gras pour la faire disparaître : sinon il faut diminuer l'épaisseur de ses bords avec la râpe et chercher à obtenir une avalure de bonne nature, en enlevant une petite portion de la corne au bord supérieur de la muraille, près la couronne, et en pansant avec une étoupade, de manière à prévenir le développement des cerises. Lorsque la corne sera revenue à l'endroit où elle a été enlevée, on recouvrira la surface de la seime d'un emplâtre d'onguent de pied assujetti avec des tours de bandes. Si la claudication est forte, s'il y a matière sous la muraille, et si ces accidens ne cèdent pas à l'application des cataplasmes de farine de lin, il faut avoir recours à l'enlèvement total des bords de la seime. Cette opération doit être faite par un habile vétérinaire. Le meilleur moyen de prévenir les seimes, est de graisser les pieds dont la corne est sèche et cassante, et d'empêcher les maréchaux de râper la corne en ferrant.

Semence (écoulement de). Voyez *Échauffement des poulains.*

Solandres, crevasses qui se forment dans le pli du jarret comme les malandres dans celui du genou. (Voyez *Malandre.*)

Sole (affections de la). La sole est exposée à être chauffée ou même brûlée par l'application prolongée d'un fer trop chaud ; foulée par le fer ou par un corps dur qui se sera introduit entre lui et la sole ; enfin, blessée par une cause quelconque. Quand la brûlure est légère, il suffit ordinairement de donner un peu de repos au cheval et de lui tenir le pied dans un cataplasme émollient saturné ; mais si l'action du feu a été assez forte pour enflammer le tissu velouté, il faut enlever toute la partie brûlée, panser la plaie avec des étoupes imbibées d'eau-de-vie étendue d'eau, et enduire les alentours de populéum ou d'onguent d'althæa. Les pieds plats et combles, ou dont la sole est très mince, sont sujets à cet accident.

Le traitement de la sole foulée ou *battue* consiste à enlever le corps qui a causé la meurtrissure et à tenir le pied dans un cataplasme d'argile détrempée avec une forte solution de vitriol vert, ou de suie de cheminée avec du vinaigre. Si ces résolutifs ne suffisent pas pour arrêter le mal dans sa source, l'inflammation se manifestera avec plus ou moins d'intensité, et amènera la suppuration : il faudra enlever la portion de sole détachée, et panser comme précédemment.

Squirrhe. Tumeur plus ou moins volumineuse, dure, insensible, sans augmentation de chaleur, d'un tissu serré, d'un blanc tirant sur le bleuâtre ou le gris dans son intérieur, et qui se manifeste particulièrement dans les parties où il y a beaucoup de glandes.

Quand le squirrhe est commençant, on peut tenter les résolutifs, tels que le liniment savonneux camphré, le liniment ammoniacal aussi camphré, ou même la pommade ammoniacale. Ces moyens amènent quelquefois la résolution ou au moins la suppuration ; dans ce dernier cas, il faut détruire soigneusement toutes les brides et sinuosités, faire des injections détersives, légèrement stimulantes, et panser avec les digestifs ; on administrera en même tems, à l'intérieur, quelques amers combinés avec les préparations antimoniales ou le carbonate d'ammoniaque, et quelques purgatifs.

Lorsque l'on ne s'y prend pas à tems, ou que l'on ne peut s'opposer aux progrès du mal, il ne reste d'autre espoir de guérison que d'extirper ou de vider la tumeur et d'en cautériser l'intérieur, sans préjudice du traitement interne ci-dessus. Le régime devra être un peu stimulant.

Sueurs. Voyez, au chapitre qui traite de la nourriture, quelles peuvent être les causes des sueurs surnaturelles chez quelques chevaux.

Suppuration. Voyez *Plaie, Tumeur.*

Sur-os. Le sur-os est une tumeur dure, arrondie, de la nature de l'exostose, qui survient à la partie latérale de l'os du canon ; il prend le nom de *fusée* quand il a une forme alongée en manière de navette de tisserand.

Les sur-os, fusées, osselets, etc., demandent l'emploi prompt et réitéré des résolutifs les plus efficaces, l'onguent mercuriel double, la pommade ammoniacale, l'euphorbe ramollie dans le vinaigre, le feu. Quelquefois même ces moyens sont insuffisans ; mais comme les tumeurs en question n'altèrent pas sensiblement la bonté de l'animal, à moins qu'elles ne soient placées de manière à le faire boiter, on peut continuer à s'en servir tel qu'il est.

Taupe. Voyez *Mal de.*

Teignes. (Voyez *Dartres, Gale,* etc.). Les jeunes chevaux sont assez sujets à une sorte de teigne qui cède assez promptement aux frictions mercurielles.

Tétanos. Voyez *Mal de cerf.*

Toux. Expiration sonore, ordinairement courte, fréquente ou profonde, quelquefois suivie d'expectoration de mucosités. Elle reconnait pour causes toutes celles capables de produire de l'irritation dans la gorge ou la poitrine. La toux n'est pas une maladie proprement dite, mais un symptôme commun à toutes celles dans lesquelles les organes de la respiration se trouvent intéressés. La toux exige l'emploi des adoucissans et des calmans toutes les fois qu'elle est sèche, et de béchiques incisifs quand elle est grasse.

Tranchées ou *Coliques*. Douleurs du bas-ventre accompagnées de mouvemens spasmodiques ou convulsifs qui annoncent que le siége du mal est dans le tube digestif ou les organes urinaires. Les tranchées peuvent être divisées, en raison de la diversité de leurs causes, en six classes principales : tranchées de froid, d'indigestion, de vents, d'échauffement, de vers, tranchées inflammatoires ou tranchées rouges.

Les tranchées s'annoncent généralement, sauf quelques modifications, par les signes suivans : le cheval est tourmenté, se remue de côté et d'autre, gratte et frappe la terre de son pied ; fait quelquefois des efforts inutiles pour fienter, regarde son flanc, puis tombe dans des sueurs d'abord chaudes, puis froides ; se couche et se lève fréquemment, se roule sur le dos, et finit quelquefois par être attaqué de convulsions affreuses.

Les tranchées présentent à peu près toutes les mêmes indications : détruire la cause première, et calmer sur-le-champ les effets de l'irritation. On y parviendra plus sûrement par la diète, les adoucissans en boissons et en lavemens, et en débarrassant les intestins, que par les stimulans qui, appliqués sans discernement, ne feraient quelquefois que rendre le mal incurable. Ceux-ci du moins ne peuvent être utiles que quand les symptômes inflammatoires sont sensiblement diminués, ou avant qu'ils aient eu le tems de se développer avec une certaine intensité.

Quand les tranchées proviennent de refroidissement, il faut couvrir le cheval, lui faire boire une bouteille de vin chaud miellé, ou de l'eau blanche chaude dans laquelle on mettra quatre onces de teinture de valériane composée. Si au bout de quelques instans, les accidens augmentent au lieu de diminuer, il faudra saigner le cheval, lui retirer les alimens, le mettre à l'usage de l'eau blanche chaude et des lavemens de graine de lin et de têtes de pavots additionnés de quatre à huit onces d'huile de noix, de lin ou d'œillet.

Si les tranchées proviennent d'indigestion, il faut tâcher de faire boire peu à peu au cheval quelques pintes d'eau tiède, et lui donner des lavemens de savon jusqu'à ce que les évacuations copieuses s'ensuivent ; alors seulement, on

pratique la saignée si elle est nécessaire. On pourra administrer l'un des breuvages ci-dessus quand il n'existera aucun
symptôme inflammatoire : il sera bon de tenir le cheval au
régime pendant quelques jours.

Les tranchées d'échauffement ou tranchées stercorales,
faciles à reconnaître à l'état de constipation qui les a pré-
cédées, ne demandent ordinairement que la diète, l'eau
blanche chaude en abondance, et les lavemens de graine de
lin additionnés d'huile et rendus un peu purgatifs par le sel
de Glauber, après avoir eu la précaution de vider préalablement l'intestin. Si ces moyens ne réussissent pas, il
faudra recourir en outre aux purgatifs minoratifs en breuvages.

Les coliques venteuses sont toujours une suite du mauvais état des digestions, et se traitent à peu près comme
celles d'indigestion. On peut promener le cheval, lui donner une once ou deux de teinture éthérée de valériane ou
de teinture composée de la même plante, dans une décoction émolliente miellée, et pratiquer même sur le ventre de
fortes frictions avec le liniment ammoniacal. Si l'animal est
sujet aux rechutes ou à de fréquentes indigestions, il faudra
le soumettre à un meilleur régime, et le mettre pendant
quelque tems à l'usage des cordiaux stomachiques, tels que
les poudres d'aunée, de gentiane, la thériaque associée
avec l'éther ou l'alcali volatil à petites doses, et administrés
soit dans du vin, soit dans une infusion aromatique quelconque.

Des purgatifs violens, un poison ingéré dans l'estomac,
les alimens échauffés et de mauvaise qualité, l'avoine nouvelle mangée avec excès, la préexistence d'une autre maladie aiguë, la violence extrême des symptômes, etc., sont
autant de causes et d'indices des tranchées rouges ou inflammatoires. Il faut pratiquer de suite et coup sur coup
plusieurs petites saignées, pourvu que l'estomac ne soit pas
plein ; faire boire force décoction de graine de lin blanchie
et miellée, et donner des lavemens émolliens. Si ces moyens
ne suffisent pas, on donnera des breuvages et des lavemens
anodins ; ces remèdes sont très propres à dissiper l'état de
spasme et d'irritation qui subsiste à la suite de violentes
tranchées.

Les tranchées de vers demandent le même traitement
que la maladie principale. Voyez *Vers*.

Transpiration arrêtée. La transition subite de l'état de

sueur au froid, à laquelle les chevaux sont très exposés, est une des causes les plus fréquentes de leurs maladies, et l'on ne saurait prendre trop de précautions pour en prévenir les suites. Lors donc qu'un cheval sera dans ce cas, il faudra lui faire avaler de suite une once de thériaque délayée dans une bouteille de vin ou dans une infusion aromatique, s'il n'y a aucun signe d'inflammation; le bouchonner fortement, le bien couvrir, et lui donner ensuite de l'eau blanche chaude.

Traversine. Crevasse qui se forme au-dessous et en travers du boulet aux pieds de derrière. Voyez *Crevasses.*

Tumeur. Gonflement de la peau et des parties sous-jacentes, circonscrit dans un espace déterminé. Les tumeurs peuvent se diviser en deux grandes classes : tumeurs inflammatoires et tumeurs lymphatiques. Les premières, formées par la stagnation du sang dans les parties tuméfiées, sont toujours accompagnées de symptômes inflammatoires, et se subdivisent en tumeurs phlegmoneuses et en érysipélateuses (voyez *Inflammation*). Les secondes sont produites par l'infiltration de la lymphe, et comprennent principalement les tumeurs œdémateuses, les tumeurs dures des glandes et tendons, les tumeurs sarcomateuses. Il y a aussi un autre genre de tumeurs formées par l'infiltration de la synovie, et que l'on nomme pour cela *synoviales.*

Les tumeurs inflammatoires se terminent comme toute autre inflammation en général ; les tumeurs œdémateuses se terminent par résolution ou induration ; les tumeurs dures, par résolution, ulcération ou induration ; les tumeurs sarcomateuses ne disparaissent guère que par extirpation.

La résolution est la terminaison la plus favorable des tumeurs inflammatoires, surtout quand elles sont situées dans quelque partie très essentielle ; on emploiera, pour l'obtenir, les moyens généraux et locaux prescrits ailleurs (v. *Inflammations* et *Contusions*). On ne négligera pas surtout la saignée, la diète et les autres moyens antiphlogistiques.

Les tumeurs critiques déterminées par une maladie interne, et celles qui ne cèdent pas dès les premiers jours aux moyens ci-dessus désignés, doivent être amenées promptement à suppuration, tant afin d'abréger les souffrances de l'animal que pour prévenir des désordres plus graves. Pour cela faire, on pourra frotter la tumeur avec un onguent suppuratif, et la recouvrir d'un cataplasme de farine de moutarde que l'on aura soin de renouveler deux ou trois fois par jour : si le siége de la tumeur ne permet pas l'application de cataplasmes, on se contentera de frictions fréquentes avec l'onguent vésicatoire fondu ou le basilicum.

On reconnaît qu'une tumeur se terminera par suppuration, lorsque la tension de la peau, la chaleur et le gonflement vent en augmentant : ces symptômes commencent ensuite à décroître quand l'abcès est formé, en sorte que l'on juge qu'il est mûr quand son centre cède à la pression du doigt et que l'on sent de la fluctuation.

Il faut alors l'ouvrir à fond dans toute sa longueur, presser méthodiquement les bords de la plaie afin d'en expulser tout le pus, détruire toutes les brides et sinuosités, panser avec des plumasseaux secs ou enduits de térébenthine, et recouverts d'un cataplasme émollient ; se conduire absolument de même que pour toute autre plaie en suppuration, mais avoir soin de ne pas la laisser cicatriser avant que le noyau de la tumeur ne soit entièrement fondu. Il n'est pas moins dangereux d'ouvrir un abcès avant qu'il ne soit entièrement mûr, que d'attendre trop tard, surtout s'il est situé dans le voisinage d'une articulation. Selon les cas qui peuvent se présenter, voyez *Plaie*, *Gangrène*, *Ulcère*.

Les tumeurs des glandes demandent l'emploi des fondans à l'extérieur, et au-dedans celui des dépura'ifs fondans, des diaphorétiques et même des évacuans. Comme ces tumeurs proviennent souvent d'oisiveté, mauvaise nourriture, ou insalubrité des écuries, il faut avant tout éloigner la cause qui les a produites.

Ulcères, sorte de plaie de mauvais caractère, que l'on ne peut parvenir à cicatriser par les moyens ordinaires, et d'où découle un pus de mauvaise qualité. Les ulcères proviennent d'une cause interne qui a produit l'ulcération de la peau, ou sont la suite d'une plaie ancienne. Ils diffèrent essentiellement de la plaie simple, par une carnation molle, baveuse, blanchâtre ou livide ; par la matière liquide et de mauvaise couleur qui en découle ; par la difficulté que l'on éprouve à les cicatriser. Ils attaquent toutes les parties solides sans exception, et sont plus ou moins rebelles.

Le traitement des ulcères réclame souvent l'emploi à l'intérieur, des médicamens susceptibles de modifier l'économie en général. Voyez *Gale*, *Farcin*, *Morve*, etc.

Il convient de chercher à corriger la mauvaise qualité du pus, déterger la plaie, obtenir une meilleure suppuration, qui peut seule amener la régénération et produire une bonne cicatrice. On remplira la première indication d'où découlent naturellement toutes les autres, par l'emploi sagement combiné de quelques purgatifs toniques, d'un bon régime, et de dépuratifs dont la force et le choix doivent être appropriés à la gravité des circonstances.

On pansera les plaies avec le digestif animé ou la térébenthine; on les bassinera fréquemment avec quelque décoction aromatique ou tonique, animée d'eau-de-vie camphrée; on détruira au fur et à mesure les chairs baveuses et les callosités avec les caustiques ou l'instrument tranchant. Si ces moyens ne produisent pas d'amendement sensible, on emploiera des détersifs plus énergiques, tels que l'ægyptiac, les teintures de myrrhe et d'aloës, et l'on recouvrira l'appareil de plumasseaux chargés du suppuratif. On achèvera la cure par des procédés ordinaires, quand la plaie sera devenue vive et la suppuration de bonne qualité.

Quand l'ulcère offre des sinuosités et des ramifications profondes, il faut les ouvrir dans toute leur longueur si on peut le faire sans danger pour les parties voisines, sinon introduire les médicamens jusqu'au fond de la cavité, sous forme d'injection. Si la plaie est fistuleuse, c'est-à-dire profonde et étroite d'ouverture, il faut la traiter comme fistule. On ne doit songer à cicatriser les ulcères que lorsque la plaie est parfaitement nettoyée et en bon train de guérison. Toute tentative antérieure serait inutile et nuisible.

Varice. Dilatation surnaturelle d'une veine avec ou sans rupture de ce vaisseau. On donne plus spécialement ce nom en maréchallerie à un gonflement de la veine qui passe à la face interne du jarret. Ce mal étant produit par un relâchement des tissus, demande l'emploi de topiques fortement astringens.

Vers. Les signes de cette maladie ne sont pas faciles à saisir; elle existe même quelquefois long-tems avant que l'on puisse en soupçonner l'existence. Il y a lieu de présumer qu'un cheval a des vers quand il est sujet à des tranchées auxquelles on ne peut assigner aucune autre cause connue; qu'il est d'un appétit irrégulier, tantôt vorace, tantôt nul, quand on le voit lécher les murs, frotter sa queue contre les corps environnans, et la tenir dans une agitation perpétuelle, baver copieusement, dépérir à vue d'œil; il ne reste plus d'incertitude quand l'on trouve des vers autour du fondement ou dans la fiente.

Quand la présence des vers est compliquée de tranchées,

il faut d'abord combattre cet accident à l'aide de lavemens composés d'huile de noix et de vin, et par les autres moyens que pourront indiquer les circonstances (voyez *Tranchées*), et recourir ensuite aux médicamens propres, soit à tuer les vers, soit à les expulser. Toutes les substances fortement amères, fétides, les purgatifs drastiques, les préparations mercurielles et antimoniales sont d'excellens vermifuges. De ce nombre sont principalement : les poudres et décoctions de gentiane, absinthe, rue, sabine, valériane, semen-contrà, mousse de Corse, l'assa-fœtida, la suie de cheminée, les huiles et savons empyreumatiques; parmi les purgatifs, l'aloës, la rhubarbe, la gomme-gutte, le mercure doux, le cinabre, le sulfure noir et les autres préparations de mercure. Chacune de ces substances peut être employée seule ou combinée avec une ou plusieurs autres; mais il est bon d'associer les amers aux mercuriels, et surtout aux purgatifs.

Vertigo ou Vertige. Sorte de délire, tantôt tranquille, tantôt furieux, occasioné par une irritation directe ou sympathique du cerveau. On reconnaît deux sortes de vertige, l'essentiel et le symptomatique. Le premier résulte de la lésion directe du cerveau, soit par épanchement de sang ou de sérosités par suite de contusion à la tête, soit par l'inflammation des membranes qui le recouvrent et l'engorgement des vaisseaux de cet organe à la suite d'un coup de soleil, etc.; soit par toute autre cause locale. Dans le vertige symptomatique, au contraire, l'embarras du cerveau provient d'une cause plus éloignée, telle qu'une fièvre, ou l'obstruction des gros intestins par suite d'indigestion ou de constipation opiniâtre.

Le cheval frappé de vertige est triste, dégoûté, abattu; il laisse quelquefois tomber sa tête dans la mangeoire, ou la tient très élevée, le nez tendu vers le ratelier; il s'appuie contre tout ce qui se trouve auprès de lui, comme pour ne pas tomber, se recule en tirant fortement sur sa longe, et se jette ensuite brusquement en avant; ses yeux sont égarés, sa démarche chancelante, ses jambes raides ou tremblantes; il ne peut faire quelques pas sans risquer de tomber; il se jette quelquefois lourdement à terre ou se heurte la tête violemment.

Cette maladie demande de prompts secours, particulièrement des saignées larges et réitérées, la diète, les boissons nitrées, les lavemens. Si elle reconnaît pour cause la plénitude de l'estomac ou l'engorgement des intestins, il faut avant tout désemplir ces viscères, et ne recourir à la saignée, si elle est encore nécessaire, qu'après avoir rempli cette première indication. Après avoir administré les premiers secours, on fera bien dans tous les cas de passer un séton à chaque fesse et un à l'encolure. Il ne faudra pas négliger d'attacher le cheval de manière à ce qu'il ne puisse se blesser, et de garnir de paille tous les corps durs contre lesquels il pourrait se heurter.

Vessigon. Tumeur synoviale, molle, qui survient entre l'os du jarret et le bas du tibia, à la suite d'un effort ou de toute autre cause semblable. On le nomme *simple* quand il n'existe que d'un côté, et *chevillé* quand il se montre à la fois en dehors et en dedans. Le vessigon étant l'effet d'un relâchement, demande l'emploi des linimens savonneux camphrés, de celui d'alcali volatil et d'huile, la pommade ammoniacale, le feu ; en un mot de tous les moyens propres à redonner du ton aux parties.

CHAPITRE VII.

PHARMACIE VÉTÉRINAIRE DOMESTIQUE.

Des médicamens en général.

On nomme médicament toute substance qui, appliquée au-dedans ou au-dehors, dans le cas de maladie, est appelée à produire une médication quelconque, c'est-à-dire à amener un changement favorable à la santé. Sous ce rapport, il est peu de corps dans la nature qui ne puissent devenir, au besoin, autant de médicamens.

Il importe de considérer dans les médicamens, la connaissance, le choix, la préparation, la forme et la composition, le mélange, la prescription. La matière médicale est la science qui traite de l'histoire des médicamens, et enseigne à les choisir ; la pharmacie est l'art de les préparer et de les conserver.

La connaissance embrasse les caractères physiques des substances médicamenteuses, enseigne à les distinguer les unes des autres d'après ces caractères, guide dans leur application. Le choix consiste moins dans la préférence à donner à tel médicament sur tel autre, qu'à savoir discerner les substances qui réunissent les qualités requises, d'avec celles qui sont avariées ou d'une qualité inférieure; cette condition n'est pas moins essentielle que celle de la connaissance, car c'est principalement de l'emploi d'un médicament bon ou mauvais, que dépend le résultat d'une maladie.

Les médicamens en général se divisent en simples, en préparés et en composés. Le médicament simple est celui que l'on emploie tel que la nature le fournit; le préparé est celui que l'on est obligé de soumettre à certaines manipulations préliminaires afin d'en faciliter l'emploi et le rendre propre aux divers usages auxquels on le destine; le composé est celui qui résulte du mélange de plusieurs substances simples ou préparées. On divisait encore les médicamens en internes et externes, mais cette distinction est inexacte puisque la plupart des médicamens peuvent être employés, selon les circonstances, à l'usage interne ou à l'usage externe. Enfin, on les a groupés encore en diverses classes d'après leurs propriétés médicales, distinction assez arbitraire, parce que ces propriétés ne sont pas toujours assez bien déterminées pour que l'on puisse connaître exactement la classe dans laquelle doit être rangée telle ou telle substance.

La préparation est nécessaire dans un grand nombre de substances, pour en faciliter l'emploi et les approprier d'autant plus aux usages auxquels on les destine. Les opérations principales auxquelles la préparation donne lieu sont: le tirage et le lavage, qui servent à dépouiller les substances simples de corps étrangers et de parties inertes ou de moindre vertu; l'incision, la pulvérisation et la pulpation, qui ont pour objet de réduire ces substances en fragmens plus ou moins menus; la dissolution, qui les fait passer de l'état solide à l'état liquide, et qui n'est elle-même qu'un mode de division; la coction, qui les ramollit et les dispose à fournir plus complètement leurs principes médicamenteux; la distillation, qui sépare les principes volatils d'avec ceux qui sont fixes et sans vertus. Chacune de ces opérations se pratique par des procédés qui varient en raison de la nature de la substance sur laquelle on opère et de l'usage auquel on la destine.

Les médicamens composés participent des propriétés de plusieurs substances de vertus analogues, que l'on réunit en plus ou moins grand nombre, à l'effet d'obtenir de leur mélange plus d'efficacité que l'on n'en aurait trouvé dans chacune d'elles employée isolément; ou bien ils sont formés de l'association de plusieurs substances de vertus différentes ou même opposées, destinées à réagir les unes sur les autres de manière à fournir un composé nouveau qui souvent ne participe d'aucun des élémens qui entrent dans sa formation ; tels sont la plupart des produits chimiques. Quelquefois aussi le mélange a pour but de corriger la vertu trop active d'un médicament. Les médicamens composés prêtant beaucoup à la falsification, on doit se tenir soigneusement en garde contre cet inconvénient.

Quant à leur durée, les médicamens se divisent en officinaux et en magistraux. Les premiers sont les médicamens simples et tous les médicamens préparés ou composés qui se trouvent tout prêts dans les boutiques, et dont les formules sont consignées dans les dispensaires pharmaceutiques ou consacrées par l'usage ; les magistraux sont ceux qui, ne pouvant se conserver long-tems, se préparent au fur et à mesure des besoins, ou qui sont composés d'après les prescriptions particulières des praticiens. Quant à la consistance, il y a des médicamens liquides, des mous, solides, secs, gazeux.

Quant à leur forme et au mode de leur application, on divise les médicamens en plusieurs classes principales qui sont : les boissons, les breuvages, les poudres, les opiats, les pilules, les lavemens, les gargarismes, les fomentations, lotions et embrocations, les fumigations, les charges, cataplasmes, linimens, collyres, frictions, mastigadours, etc. L'espèce de la maladie, son siége, les indications particulières à remplir, et plusieurs autres circonstances doivent déterminer laquelle de ces diverses formes il convient d'adopter ; mais en général, toutes les fois qu'on a le choix, il faut administrer les médicamens sous la forme la plus commode, c'est-à-dire celle qui permettra de les réduire sous le moindre volume sans diminuer leurs propriétés ; il faut aussi consulter dans ce choix la difficulté que l'on éprouve à faire avaler au cheval des remèdes d'un goût désagréable, surtout s'ils sont trop étendus ; les bols, les breuvages, les mastigadours, les frictions et onctions, les lavemens, sont les moyens que l'on emploie de préférence pour les animaux.

Le mélange exige par dessus tout la connaissance exacte des propriétés physiques et chimiques des substances qui doivent en faire partie, et des combinaisons nouvelles qui en résulteront : sans cette connaissance, on courrait à chaque instant le risque de commettre de graves erreurs, puisqu'il est vrai que beaucoup de substances ont la propriété

de réagir les unes sur les autres au point de donner naissance
à des composés tout-à-fait nouveaux. Il faut donc avoir soin
de ne pas faire entrer dans les mélanges des élémens qui
puissent se neutraliser réciproquement, à moins que cet
effet ne soit prévu d'avance : il faut en outre faire subir à
chacun en particulier la préparation qui lui est propre, le
peser exactement, et procéder au mélange selon les règles
voulues.

La prescription a pour objet l'application des médicamens ; elle indique la composition, les doses des composans,
la quantité, la forme et le mode d'emploi du composé. On
nomme formule l'ensemble de ces indications. Il y a quatre
choses principales à considérer dans les formules : la base,
l'adjuvant, le correctif et l'excipient. Ce n'est pas à dire cependant que tout médicament composé renferme rigoureusement ces quatre élémens, mais c'est une règle générale
sujette à beaucoup d'exceptions, aujourd'hui surtout que la
médecine des animaux est presqu'aussi simplifiée que celle
des hommes.

La base d'une formule est la substance médicamenteuse
sur laquelle repose la vertu principale du composé ; tous les
autres membres de la formule ne sont que des accessoires
plus ou moins utiles. Beaucoup de formules n'ont qu'une
seule base ; d'autres en ont deux ou plusieurs, c'est-à-dire
qu'elles contiennent plusieurs substances de vertus à peu
près égales, et aussi utiles l'une que l'autre.

L'adjuvant est un corps ayant à peu près les mêmes vertus que la base, et qu'on lui associe à l'effet de la rendre
plus active ; on emploie souvent pour adjuvant une substance qui aurait à elle seule trop d'énergie pour faire la base
de la prescription ; elle n'y entre alors que comme auxiliaire
et à petite dose.

Le correctif est spécialement destiné à modifier le mode
d'action d'une substance trop énergique pour être administrée seule à doses suffisantes : le correctif ne diminue pas
l'action principale du médicament, comme on le ferait en
donnant à moindre dose ; il l'adoucit. Ainsi on emploie le
savon ou le sel de tartre pour adoucir l'action d'une résine
purgative, et la rendre plus soluble dans l'estomac ; l'éther
pourra entrer dans un breuvage susceptible de causer des
tranchées sans l'addition de ce correctif. Enfin on emploie
quelquefois des substances aromatiques ou du miel, sans
autre but que celui de corriger l'odeur ou la saveur trop re-

poussante, précaution bien inutile quand il s'agit des animaux.

L'excipient est l'élément le moins indispensable d'une formule ; il ne sert qu'à incorporer les autres substances et à donner au composé la forme qui lui convient, sans lui ajouter aucune propriété nouvelle. Les excipiens ou véhicules les plus ordinaires sont, le miel, la térébenthine ou les graisses pour les médicamens mous, selon qu'ils sont destinés à l'usage interne ou externe ; l'eau, le vin, l'eau-de-vie ou les huiles, pour les médicamens liquides ; les médicamens secs en ont rarement besoin. La nature de l'excipient n'est pourtant pas indifférente ; il faut, autant que possible, l'approprier à la maladie et surtout qu'elle ne puisse apporter aucun changement dans les propriétés médicales du mélange.

Voyez, pour la manière d'administrer les médicamens aux animaux, ce mot dans le chapitre précédent.

VOCABULAIRE DE PHARMACIE ET DE MATIÈRE MÉDICALE VÉTÉRINAIRES.

Acétates. Sels formés de la combinaison de l'acide acétique (vinaigre) avec une base salifiable (voyez *Acides, Sels*). Ceux de ces sels dont la médecine vétérinaire fait le plus d'usage, sont : les acétates de plomb (extrait de saturne), de cuivre (vert-de-gris), d'ammoniaque (esprit de mindérérus).

L'acétate de plomb est résolutif, astringent, siccatif, répercussif ; il fait la base de l'eau de goulard et d'un grand nombre de compositions siccatives.

L'acétate de cuivre est un violent poison. On l'emploie à l'extérieur comme détersif. Il fait la base de la composition improprement appelée *unguent ægyptiac*, et entre dans une infinité de mélanges escarrotiques, siccatifs, détersifs, etc.

L'acétate d'ammoniaque est diaphorétique et apéritif. Il s'administre intérieurement, à la dose de deux à quatre onces, dans un breuvage approprié, toutes les fois qu'il s'agit de porter à la peau ou aux urines.

Acides. Ce sont des corps doués d'une saveur aigre, de la propriété de rougir la plupart des couleurs bleues végétales, de neutraliser la causticité des alcalis, et de se combiner avec les bases alcalines, terreuses ou métalliques, pour former des sels.

Ceux qui sont employés le plus souvent en nature sont :

l'acide sulfurique ou huile de vitriol, l'acide nitrique, l'acide muriatique et l'acide acétique.

L'acide sulfurique, le plus fort des acides minéraux, qui sont eux-mêmes les plus énergiques de tous, est un puissant caustique, qui brûle et désorganise tous les corps organisés. Étendu dans une très grande quantité d'eau, il sert à former des gargarismes et lotions détersives, des boissons acidulées, rafraîchissantes, antiputrides. Mêlé avec de l'esprit de vin, il forme l'acide sulfurique alcoolisé ou eau de Rabel, dont les propriétés détersives et astrinzentes sont connues. Il entre dans plusieurs compositions escarrotiques et rubéfiantes.

L'acide nitrique ou *eau forte*, possède à peu près les mêmes propriétés générales que l'huile de vitriol ; l'esprit de nitre dulcifié ou acide nitrique alcoolisé, entre à la dose de quatre gros à deux onces dans les boissons tempérantes, diurétiques, rafraîchissantes, antiputrides. L'esprit de nitre pur s'emploie à l'extérieur comme un puissant caustique ; il entre dans la composition de l'onguent citrin.

L'acide muriatique s'emploie à l'extérieur à peu près dans les mêmes cas que le précédent, mais plus rarement. Il entre dans plusieurs topiques escarrotiques. L'acide muriatique oxigéné ou *chlore*, est un des plus puissans moyens de désinfection que l'on connaisse. Voyez, pour la manière de l'obtenir, le mot *Fumigation*.

Le gaz acide carbonique joue un très grand rôle dans la nature ; l'air atmosphérique en contient toujours plus ou moins ; mais comme il s'emploie peu en nature dans la pharmacie vétérinaire, on n'en parle pas ici. Il n'en est pas de même des *carbonates*.

L'acide acétique est le résultat de la décomposition des liqueurs fermentées ; plusieurs autres substances en fournissent aussi. Le vinaigre ordinaire est rafraîchissant, diurétique, antiputride, aiguise l'appétit. On l'emploie à l'extérieur comme réfrigérant, légèrement détersif, répercussif et résolutif. Il entre dans la composition de beaucoup de médicamens, tant internes qu'externes : on en prépare l'ægyptiac, l'extrait de saturne, les oximels simple et scillitique, etc. ; l'acide acétique concentré, *vinaigre radical*, quoique beaucoup moins énergique que les acides minéraux, peut s'employer comme caustique et rubéfiant.

Aciduler. Ajouter à une boisson suffisante quantité d'un acide quelconque, pour lui donner un degré d'acidité agréable au goût. Toutes les boissons acidulées participent des propriétés propres aux acides. Elles conviennent dans les maladies inflammatoires en général ; dans le mal de feu, le vertige, les hémorragies, le charbon, etc., etc.

Adoucissans , Calmans , Béchiques , Emolliens. Médicamens qui ont la propriété de calmer l'irritation, apaiser la douleur, diminuer la tension des solides. Ces diverses dénominations sont à peu près synonymes, de même que les substances médicamenteuses auxquelles elles s'appliquent ont des propriétés analogues entre elles ; il y a pourtant quelques différences à établir : les adoucissans proprement dits et les béchiques (1) ont la propriété de lubréfier en quelque sorte les surfaces irritées, et d'atténuer d'autant l'action du principe irritant : telles sont toutes les substances sucrées, gommeuses, mucilagineuses, les huiles douces. La dénomination de calmantes s'applique plus spécialement aux substances qui paraissent posséder en outre des vertus légèrement narcotiques et propres à émousser la sensibilité des organes affectés. Enfin, les substances émollientes ramollissent, détendent, diminuent la rigidité des fibres ; ce sont l'eau chaude, les feuilles de mauve, guimauve, pariétaire, bettes, épinards, les racines de guimauve, la graine de lin, la mie de pain, les pulpes de fruits, etc., etc.; ces substances s'emploient, selon les circonstances, en décoctions, fomentations, fumigations, cataplasmes, etc.

Alcool. Voyez *Esprit de vin.*

Alkalis. Ce sont des corps d'une saveur âcre, urineuse, caustique, solubles dans l'eau, verdissant les couleurs bleues et rétablissant celles qui ont été altérées par les acides, neutralisant ces derniers corps pour former avec eux différens sels ; ayant en outre la propriété d'être neutralisés à leur tour par les corps gras, et de former avec eux des savons. Quoiqu'un assez grand nombre de substances offrent des caractères d'alcalinité, on reconnaît trois alcalis principaux, qui sont l'ammoniaque, la potasse et la soude.

L'ammoniaque, autrefois alkali animal, fournit à la médecine vétérinaire l'alkali volatil, l'acétate et le carbonate d'ammoniaque. Voyez ces mots.

La potasse et la soude fournissent des savons, différens sels, et la pierre à cautère.

____

(1) Il faut en excepter les béchiques incisifs, tels que le kermès minéral l'iris de Florence, la fleur de soufre, etc.

Alkali volatil. Voyez *Ammoniaque.*

Aloès. Suc extractif concret de diverses plantes de ce nom, qui nous arrive de plusieurs contrées méridionales d'outre-mer, en masses plus ou moins volumineuses, d'un brun jaune tirant quelquefois sur le rouge ou sur le vert. L'aloës est un purgatif tres usité dans la pratique vétérinaire. On le donne à l'intérieur, à la dose d'une à deux onces en pilule ou en breuvage, seul ou associé à d'autres purgatifs. La teinture d'aloës seule ou associée à celle de myrrhe est un bon détersif: l'aloës entre dans beaucoup de préparations internes et externes. On en trouve trois sortes dans le commerce: le succotrin, l'hépatique et le cabalin: la première est la plus estimée de toutes.

Alun. Voyez *Sulfate d'alumine.*

Ammoniaque liquide ou *caustique.* Tout le monde connaît la liqueur alkaline nommée vulgairement *alkali volatil,* et que l'on obtient en saturant l'eau ordinaire d'ammoniaque gazeux. Administré à l'intérieur dans un breuvage approprié, à la dose de deux gros à une once, l'alcali volatil est un puissant diaphorétique qui s'emploie avec succès toutes les fois qu'il faut ou porter fortement à la peau, ou stimuler l'action de l'appareil digestif; mais il faut qu'il soit étendu dans un véhicule suffisant. A l'extérieur, il est, selon qu'on l'emploie seul ou plus ou moins mitigé avec les huiles ou autres corps gras, caustique, rubéfiant, éminemment résolutif: on s'en sert avec succès pour cautériser les morsures et piqûres d'animaux suspects, résoudre les engorgemens lymphatiques, fondre ou amener à suppuration les tumeurs indolentes, etc., etc.: il entre dans la composition d'un grand nombre de linimens, et forme la base de la pommade ammoniacale de Gondret. Voyez ce mot.

Angélique. Plante aromatique de nos climats, dont la tige, les racines et les graines sont employées dans un grand nombre de compositions cordiales, stomachiques, stimulantes. Voyez *Aromates.*

Anis. Cette semence aromatique que tout le monde connaît, est éminemment carminative et antispasmodique. Elle entre comme adjuvant ou correctif dans beaucoup de prescriptions.

Anodins. Médicamens dont la propriété principale paraît être de calmer les douleurs, en émoussant, en paralysant en partie la faculté sensitive; ils ont, comme l'on voit, beaucoup d'analogie avec les narcotiques, et n'en diffèrent peut-être que par un moindre degré d'action. Les adoucissans et émolliens s'associent très bien aux anodins.

Antimoine. Métal que l'on rencontre rarement pur dans la nature, et qui, par les diverses combinaisons dont il est susceptible, fournit une classe nombreuse de médicamens dont la médecine vétérinaire fait un fréquent usage. Les plus usités sont : l'antimoine cru, l'antimoine diaphorétique, le foie d'antimoine ou crocus, le kermès, l'émétique. Toutes les préparations antimoniales jouissent à divers degrés, de propriétés incisives, fondantes, diaphorétiques, vermifuges.

L'antimoine cru ou sulfure d'antimoine, s'emploie fréquemment comme fondant, dépuratif; mais ses propriétés ont très faibles. On le donne à la dose d'une ou plusieurs onces dans toutes les maladies de peau.

L'oxide d'antimoine demi-vitreux, foie d'antimoine, crocus, possède les mêmes propriétés que le précédent, à un degré plus éminent; il est en outre un peu purgatif: on le donne à la dose d'une à deux onces dans les maladies de peau et pour combattre les vers.

L'antimoine diaphorétique (oxide blanc d'antimoine, peroxide d'antimoine) est fondant, incisif, diaphorétique, diurétique même: il s'emploie à peu près dans les mêmes cas que le crocus, mais avec plus de succès et à moindres doses. On préfère pour les usages vétérinaires celui qui n'a pas été lavé.

Le kermès minéral (oxide d'antimoine hydrosulfuré rouge) est un remède dont on fait un fréquent usage dans les affections catarrhales passées à l'état chronique, la plupart des maladies de poitrine, le rhume, etc., etc.; il est éminemment incisif, diaphorétique, fondant. On l'administre à la dose de deux à huit gros en opiat, pilules ou breuvages; il entre dans une foule de préparations magistrales ou officinales.

Le tartrate d'antimoine et de potasse (émétique, tartre stibié) est un purgatif fondant, que l'on peut administrer au cheval, à la dose de demi-gros à un gros et au-delà; on l'associe ordinairement avec le savon, l'aloès ou diverses autres substances et dans un véhicule approprié.

Aromatiques, Aromates. Substances végétales, douées d'une odeur prononcée plus ou moins agréable, d'une saveur analogue, quelquefois âcre et chaude. Toutes les substances aromatiques sont toniques, cordiales, stomachiques, vulnéraires, plus ou moins stimulantes, et l'on peut remarquer généralement que l'énergie de leurs vertus comme médicamens est en raison directe de celle de leurs propriétés physiques. Le bas prix de nos plantes aromatiques indigènes les rend d'un usage très fréquent dans la pratique vétérinaire : on en prépare des poudres, des opiats, des teintures, des extraits, des breuvages, des fumigations, des onguens, etc., etc.

Assa fœtida. Suc gommeux-résineux de la plante de ce nom, qui croît en abondance dans la Perse. Cette substance, d'une odeur fétide et d'une saveur amère, est éminemment anti-spasmodique, vermifuge, fondante, et très propre à réveiller l'appétit. Ces propriétés la font employer avec succès dans le traitement des maladies de peau et des engorgemens lymphatiques, du farcin; dans celui des maladies vermineuses, des affections spasmodiques, du dégoût, des digestions défectueuses, etc.: on la fait entrer à la dose de quatre gros à deux onces dans un grand nombre de formules, où elle est associée souvent aux préparations antimoniales.

Astringens. Médicamens qui ont la propriété de resserrer les tissus relâchés et de redonner du ton aux solides. De ce nombre sont : les écorces de grenades, de quinquina, de chêne, le brou de noix, la racine de bistorte, les noix de galle, l'alun cru ou brûlé, les vitriols bleu, vert et blanc, les acides, et certains sels minéraux, les caustiques en général, l'extrait de saturne, le sel de cuisine, etc.

Les substances en question sont employées dans tous les cas où il y a quelque relâchement à combattre, tels que hémorrhagies, diarrhées chroniques, infiltrations du tissu cellulaire, plaies baveuses et saignantes, etc., etc. Les substances dites styptiques ne diffèrent des astringentes que par une intensité d'action beaucoup plus grande.

Aunée. La racine de cette plante aromatique, qui croît en abondance dans nos climats, est douée d'une saveur aromatique amère très prononcée, chaude, cordiale, stomachique, appétissante, vermifuge, anti-venteuse. On l'emploie avec beaucoup de succès à la dose d'une à quatre onces, dans tous les cas où il s'agit de stimuler l'action de l'organe digestif et réveiller l'appétit, surtout à la suite de maladies. On l'emploie presque toujours en poudre délayée dans du vin, et on la fait entrer dans un grand nombre de préparations cordiales.

Baumes. On désigne en pharmacie, sous le nom de *baumes naturels,* des substances aromatiques et résineuses qui découlent naturellement de certains végétaux; mais l'on a étendu improprement cette dénomination à beaucoup de médicamens composés qui n'ont aucune analogie entre eux ni avec les baumes naturels, et on s'en sert généralement pour désigner tous les onguens dans lesquels on fait entrer des substances résineuses, comme aussi certaines préparations auxquelles on attribue des propriétés très efficaces que souvent elles n'ont pas.

Quoiqu'il en soit, les diverses substances composées connues sous le nom de *baume,* dont la pharmacie vétérinaire fait le plus d'usage, sont :

Le baume ou onguent d'arcéus, mélange de térébenthine, de résine élemi et de graisses. Très bon pour déterger les plaies, et favoriser la cicatrisation ; il entre dans la composition du digestif.

Le baume nerval. Cet onguent, dans la composition duquel entrent plusieurs huiles essentielles et substances balsamiques, s'emploie avec beaucoup de succès en frictions, dans les foulures, les douleurs et faiblesses d'articulations, et dans tous les cas où il s'agit de fortifier les systèmes nerveux ou musculaire.

Le baume de saturne dont la base est l'essence de térébenthine digérée sur l'acétate de plomb, est un puissant détersif et siccatif pour les ulcères et les vieilles plaies.

Le baume de sonfre est de l'essence de térébenthine tenant du soufre en dissolution. Il s'emploie à l'intérieur à la dose de quelques gros, répétée plusieurs fois dans la journée, et dans un breuvage approprié, comme incisif et anti-asthmatique.

Le baume tranquille n'est autre que de l'huile chargée des principes narcotiques et anodins de plusieurs végétaux. Il s'emploie à l'extérieur ou en lavemens, comme calmant.

Béchiques. On désigne spécialement sous ce nom tous les médicamens qui ont la propriété d'adoucir et calmer les irritations de la poitrine. (Voyez *Adoucissans.*) On les associe presque toujours aux calmans ou incisifs.

Bistorte. Racine annulée, tortueuse, ligneuse, d'une saveur acerbe et astringente. (Voyez *Astringens.*) Sa poudre s'administre quelquefois à l'intérieur, à la dose de deux à quatre onces, comme tonique et astringente.

Boisson, Breuvage. On désigne plus spécialement sous le

nom de *boisson* le liquide quelconque destiné à abreuver ou désaltérer l'animal ; et sous celui de *breuvage*, un liquide, médicamenteux peu étendu et doué de propriétés plus ou moins énergiques. La première, en général, n'est destinée qu'à fournir à l'économie la quantité de fluides dont elle a besoin, tandis que le breuvage doit agir plus spécialement comme médicament. L'eau blanchie, miellée, nitrée, acidulée, les décoctions de quelques végétaux, forment, selon les circonstances, la boisson ordinaire des animaux malades ; les breuvages se composent d'un véhicule qui est ordinairement le vin, l'eau, une infusion ou décoction quelconque, et d'une ou plusieurs substances médicamenteuses douées d'une certaine énergie ; on y fait entrer, selon les circonstances, du miel, des poudres simples ou composées, des extraits, des électuaires, des sels, etc., etc. : leur dose ordinaire est d'environ un à deux litres, rarement plus, répétée dans le courant de la journée, autant de fois qu'il est nécessaire.

Bols ou *Pilules*. Médicamens internes de consistance plus ou moins solide, auxquels on donne la forme ronde ou ovale afin qu'ils glissent dans le gosier sans se répandre dans la bouche. On emploie cette forme pour introduire dans l'estomac des substances que l'on aurait de la peine à faire avaler autrement, ou qui se délaieraient difficilement dans un breuvage ; cependant ce dernier mode d'administration doit être préféré pour les chevaux, toutes les fois qu'il ne présente pas de trop grandes difficultés. Les pilules se composent de substances sèches ou molles, incorporées ordinairement avec du miel ou de la térébenthine : il faut avoir soin de les faire assez peu volumineuses ponr qu'elles puissent être avalées facilement, et de ne pas les préparer longtems d'avance, parce qu'il y en a qui durcissent tellement en séchant, qu'elles ont beaucoup de peine à se dissoudre dans l'estomac.

Calmans. La différence qui existe entre les médicamens de cet ordre et les narcotiques, les émolliens, les tempérans, les adoucissans, est si peu tranchée, qu'il est fort difficile de la saisir. *Voyez* ces divers mots.

Camomille. Les fleurs de cette plante jouissent à un haut degré des propriétés communes au autres aromates ; elles sont surtout très propres à dissiper les vents, tuer les vers, anti-spasmodiques, résolutives. On l'administre au-dedans et audehors, en poudre, infusions, lotions, cataplasmes, lavemens, etc.

Camphre. Substance très aromatique, concrète, et regardée généralement comme une huile essentielle, puisqu'il en possède tous les caractères physiques. Voyez *Essences.*) A l'extérieur, dissous dans l'eau-de-vie ou incorporé dans des linimens, il est vulnéraire, antiputride, détersif, fortifiant, résolutif; administré à l'intérieur à petites doses, il est tempérant, anti-spasmodique, anti-septique; à plus forte dose, il devient tonique, échauffant, excitant, et même fortement irritant si la dose est très forte; on l'associe fréquemment avec le nitre, l'opium, l'éther, le quinquina, etc., selon le cas pour lequel on l'emploie.

Cantharides. Tout le monde connaît les propriétés extrêmement vénéneuses, âcres et corrosives de ces insectes. Ils sont par cela même d'un puissant secours toutes les fois qu'il faut produire une forte irritation à la peau. La poudre de cantharides appliquée soit à nu, soit incorporée en suffisante quantité dans un onguent approprié, est rubéfiante, épispastique, et fait lever des ampoules. La teinture que l'on en prépare, employée en frictions, est résolutive, fortifiante, très propre à résoudre les engorgemens froids, irritante et même rubéfiante : on l'associe quelquefois avec le camphre.

Carbonates ou *Sous-Carbonates.* Sels résultant de l'union de l'acide carbonique avec une base; on nomme plus spécialement ces sels *sous-carbonates,* quand la base n'est saturée qu'incomplètement, et *bi-carbonates,* ou simplement *carbonates,* quand elle l'est avec excès d'acide. Les plus usités dans la pharmacie vétérinaire sont les suivans :

Le sous-carbonate de potasse (sel de tartre) est un sel alcalin d'une saveur âcre, urineuse : celui de soude présente à peu près les mêmes caractères physiques; mais comme il est moins âcre, on le fait entrer dans les prescriptions de préférence à l'autre. Ces sels passent pour des puissans fondans, qui conviennent dans tous les engorgemens lymphatiques et du farcin. On les associe souvent comme correctifs aux purgatifs drastiques; ils entrent dans la composition des savons, et fournissent plusieurs composés chimiques. La dose à laquelle on les administre en nature est de deux v huit gros.

Le sous-carbonate d'ammoniaque est très employé comme

fondant, diaphorétique, dépuratif, tonique ; c'est un puissant stimulant du système lymphatique, que l'on emploie avec succès dans le traitement du farcin, des engorgemens froids et chroniques, de la plupart des maladies de peau, etc., etc. ; on l'emploie à la dose de deux à quatre gros.

Le carbonate de fer. Voyez *Oxide brun de fer.*

Le carbonate de magnésie (magnésie blanche, magnésie carbonatée) est très peu usité dans la pratique vétérinaire.

Carminatifs. On désigne sous cette dénomination collective les substances qui ont la propriété de chasser les vents contenus dans l'estomac et les intestins : telles sont les fleurs de camomille, les semences d'anis, de coriandre, l'angélique, la menthe, la lavande et presque toutes les plantes aromatiques ; le camphre, l'éther, l'alcali volatil, la teinture de valériane composée ; mais quelle que soit celle de ces substances que l'on choisisse, elle ne peut convenir qu'en l'absence de tous symptômes inflammatoires.

Cataplasmes. Médicamens externes, mous, de consistance pâteuse, destinés à être appliqués pendant un laps de tems plus ou moins long, sur une partie quelconque du corps. Ces topiques peuvent être émolliens, relâchans, adoucissans, calmans, résolutifs, maturatifs, répercussifs, anodins, antiseptiques, toniques, fortifians, astringens, irritans et rubéfians. Les farines de lin, d'orge, de seigle, de fèves, l'eau pure, les décoctions émollientes de têtes de pavots, les infusions de camomille et de sureau, forment la base et le véhicule de la plupart des cataplasmes. On y ajoute souvent de l'extrait de saturne ou du vinaigre pour les rendre plus résolutifs ; des poudres de camomille ou de sureau dans le même but ; de l'opium, du laudanum, de l'extrait de pavot, du camphre, du baume tranquille, de populeum, pour augmenter leur propriété calmante et narcotique ; des onguens, des graisses, des huiles, des oignons cuits, pour les rendre maturatifs et suppuratifs. On fait des cataplasmes fortifians, antiputrides, astringens, avec des poudres de quinquina, d'écorces de chêne ou de grenades, de plantes aromatiques, etc., incorporées dans un cataplasme résolutif ou délayées avec le vin ou les décoctions aromatiques. Enfin, on fait des cataplasmes rubéfians avec la farine de moutarde délayée à froid avec le vinaigre ; on y ajoute, au besoin, des gousses d'ail écrasées, du sel de cuisine, des poudres de cantharides, d'euphorbe, etc., etc. La plupart des cataplasmes sont cuits et s'appliquent chauds, quelques-uns sont crus et s'appliquent froids.

Les cataplasmes doivent être bien cuits, bien liés, homogènes, sans grumeaux, de bonne consistance; il faut les renouveler à mesure qu'ils commencent à sécher ou à se refroidir si on les applique chauds.

Caustiques. Susbtances âcres qui ont la propriété de brûler et désorganiser les chairs, en laissant une croûte noire ou *escarre* qui se détache par la suppuration et donne lieu à une plaie vive, ce qui les a fait nommer aussi *escarrotiques.* Les caustiques s'emploient à l'extérieur pour cautériser les morsures venimeuses, pour consumer les chairs molles et baveuses, ranimer les plaies indolentes, détacher les escarres gangréneuses, ramener les ulcères à l'état des plaies simples, ouvrir certaines tumeurs, etc. Les caustiques les plus usités sont l'alun brûlé, le sulfate de cuivre (vitriol bleu), le sublimé corrosif, l'arsénic, le beurre d'antimoine, la pierre infernale, la potasse ou la soude caustique (pierre à cautère), les acides nitrique, sulfurique, muriatique, le feu.

Céruse (sous-carbonate de plomb, oxide blanc de plomb). Elle s'emploie à l'extérieur comme siccative et astringente; elle forme la base de plusieurs onguens et poudres siccatives.

Charge. On nomme ainsi une sorte de médicamens externes particuliers à la pratique vétérinaire, et qui tiennent le milieu pour la composition et la consistance, entre les cataplasmes et les pommades ou onguens. Ce sont en général, des préparations fortifiantes et résolutives dans lesquelles on fait entrer des onguens, de la poix, de la térébenthine, du savon, des essences, de l'eau-de-vie camphrée, etc.; le meilleur mode de les appliquer, est de bien frictionner la partie malade, et d'y laisser des étoupes enduites de la composition employée.

Cinabre (sulfure rouge de mercure). Cette poudre s'emploie à l'intérieur comme fondante, dépurative, diaphorétique, particulièrement dans les maladies de peau; et à l'extérieur pour ranimer les chairs molles et baveuses. Le cinabre entre dans une foule de préparations anti-farcineuses, anti-psoriques, anti-dartreuses; on le donne intérieurement à la dose de deux à huit gros.

Ciguë. Cette plante très vénéneuse est employée à l'extérieur comme fondante, résolutive, anti-cancéreuse. On pile

la plante froide avec de l'huile, et on l'applique en guise de
cataplasme sur les morsures vénimeuses ou sur les tumeurs
squirrheuses, ou bien on incorpore la poudre dans les cataplasmes résolutifs.

Colcothar (oxide rouge de fer).

Collyres. C'est le nom que l'on donne à tous les médicamens destinés à être appliqués sur les yeux; il y en a de liquides, de mous, de secs et de gras. En général, on rend
les collyres liquides, émolliens et calmans, résolutifs et fortifians selon les divers périodes de l'affection qu'ils sont
destinés à combattre; les premiers se composent ordinairement de décoctions émollientes dans lesquelles on ajoute
souvent des têtes de pavots ou du laudanum, et s'appliquent tièdes; les infusions de sureau, de mélilot, de camomille, forment la base ordinaire des collyres résolutifs; on
peut y ajouter, selon les circonstances, l'extrait de saturne,
le camphre, le vitriol blanc en petite quantité : on les applique ordinairement froids. Le vin tiède, l'eau froide animée
d'eau-de-vie camphrée, le vitriol bleu, l'alun ou la pierre
divine dissous dans l'eau composent la plupart des collyres
fortifians.

Les collyres secs sont des poudres légèrement corrosives
et astringentes que l'on insuffle dans l'œil pour détruire une
taie ou redonner du ton à cet organe dans certaines affections chroniques ; de ce nombre sont le sucre, l'alun, le vitriol blanc ou bleu, la tuthie; le sel ammoniac, etc. Les collyres mous sont des cataplasmes; enfin les collyres gras sont
des pommades que l'on place dans l'angle des paupières afin
que le clignotement des yeux les étende.

Confection d'hyacinthe. Voyez *Electuaires.*

Cordiaux. Expression vicieuse par laquelle on désigne vulgairement une série nombreuse de substances simples ou
composées, qui, dans l'enfance de l'art, étaient censées *fortifier le cœur,* mais qui, au fait, exercent une action stimu-
lante plus ou moins prononcée sur l'ensemble de l'économie
animale; d'où s'ensuit que ce mot peut être considéré comme
synonyme de tonique, fortifiant, corroborant, si ce n'est
que les cordiaux proprement dits n'agissent qu'à l'intérieur.
Voyez *Stomachiques, toniques.*

Coriandre. Les propriétés de cette graine sont, à très peu
de chose près, les mêmes que celles de l'anis.

Crême de tartre (tartrate acidule de potasse). Ce sel est
rafraîchissant, diurétique, tempérant ; à plus haute dose il

devient purgatif minoratif. On l'administre, selon l'effet que l'on en veut obtenir, à la dose d'une once à quatre, et même plus.

Cristal minéral. On appelle ainsi le sel de nitre fondu.

Crocus. Voyez *Foie d'antimoine.*

Dépuratifs. On a nommé ainsi des médicamens auxquels on attribuait la propriété spéciale de *purifier le sang* : tels sont les incisifs et les fondans, les diaphorétiques, diurétiques, purgatifs. Ceux des médicamens auxquels on peut attribuer plus spécialement la propriété dépurative, sont : le savon, l'assa-fœtida, la gomme ammoniaque, l'aloës, la rhubarbe, les amers ci-dessus désignés, l'oxide demi-vitreux et surtout l'oxide blanc d'antimoine, le kermès, le soufre, le cabonate d'ammoniaque, celui de potasse ou de soude, le cinabre, le mercure doux, etc., etc.

Dessiccatifs. Médicamens externes de nature plus ou moins astringente, qui, appliqués sur les plaies, ont la propriété de s'opposer à la sécrétion du pus et de les dessécher : tels sont la céruse, l'extrait de saturne et toutes les préparations de plomb, en un mot, toutes les substances légèrement astringentes. Il est dangereux de faire trop tôt usage des dessiccatifs, surtout pour les plaies accompagnées de perte de substances et pour toutes celles qui ont évidemment besoin de suppurer. Voyez chapitre précédent, *Plaies.*

Diaphorétiques, Sudorifiques. Ces deux mots sont à peu près synonymes, et désignent les médicamens qui ont la propriété d'accroître la transpiration ; toute la différence entre eux consiste en ce que l'action des sudorifiques est plus énergique que celle des diaphorétiques. Quoiqu'il en soit, les médicamens de ce genre les plus usités sont : les infusions chaudes de sureau, de sauge ou de quelque plante aromatique que ce soit ; les décoctions en poudre, de gayac, sassafras, squine, salsepareille, bois de génevrier; les préparations antimoniales, l'alcali volatil à plus haute dose, l'esprit de mindérérus, toutes les substances aromatiques sous quelque forme que ce soit, la thériaque dans le vin, l'eau-de-vie, etc. Ces substances étant toutes plus ou moins échauffantes, on doit s'en abstenir toutes les fois qu'il y a des symptômes inflammatoires ou que l'on doit les craindre.

Détersifs. Médicamens qui ont la propriété de déterger ou nettoyer les plaies : tels sont, pour les ulcérations superficielles, l'eau d'orge acidulée, le miel rosat, l'oximel, l'eau de Rabel; pour les plaies, l'eau-de-vie camphrée, les teintures de mirrhe et d'aloës camphrées ou non , le vin miellé, les infusions aromatiques, les suppuratifs, etc. , etc.

Digestifs. Médicamens externes qui ont la propriété de favoriser le travail de la suppuration et la formation des chairs. Le plus simple de tous est la térébenthine; on lui associe au besoin le basilicum si la suppuration a besoin d'être excitée, le styrax, l'onguent d'arcœus, de camphre, les teintures de myrrhe et d'aloës, l'essence de térébenthine.

Diurétiques. Médicamens propres à augmenter la sécrétion et l'excrétion des urines, ce qui les rend très propres à seconder l'action des autres dépuratifs. Les diurétiques les plus usités sont le sel de nitre, le camphre à très petites doses, les carbonates de potasse et de soude, l'esprit de nitre dulcifié, l'antimoine diaphorétique non lavé; la crême de tartre, le savon ; parmi les substances végétales, la scille, les racines de fraisier, d'asperge, de chiendent, l'oximel simple ou scillitique, la térébenthine, le vin blanc, etc. Ces diverses substances s'emploient suivant les circonstances et selon le choix du praticien, soit une à une, soit associées dans divers mélanges.

Eau. L'eau est non seulement le véhicule le plus ordinaire des médicamens liquides, mais elle possède encore par elle-même des propriétés médicales assez marquées; l'eau très froide ou glacée est employée en médecine comme un très bon résolutif dans les contusions récentes et dans plusieurs autres circonstances analogues ; l'eau chaude employée en fomentations ou à l'état de vapeur, est émolliente.

Eau-de-vie. Voyez *Esprit de vin.*

Eau de Rabel. Voyez *Acide sulfurique.*

Eau-forte Voyez *Acide nitrique.*

Eau-de-vie camphrée. Elle est essentiellement résolutive, vulnéraire, fortifiante, antiputride; on l'emploie à l'extérieur pour résoudre les engorgemens, fortifier les muscles et tendons, déterger les plaies, combattre la gangrène; elle entre dans beaucoup de topiques résolutifs et antiseptiques; on l'administre aussi quelquefois à l'intérieur. Voyez *Camphre.*

Eau-de-vie de savon. L'eau-de-vie ordinaire ou camphrée, chargée de savon, est un très bon résolutif employé avec succès dans les écarts, entorses, faiblesses d'articulations, engorgemens froids.

Eau végéto-minérale (eau blanche, eau de Goulard). C'est un mélange d'extrait de saturne et d'eau-de-vie; elle est résolutive, siccative, répercussive, rafraîchissante, et s'emploie avec succès dans le traitement des contusions graves, de certaines tumeurs, des brûlures et des vieilles plaies. On ne l'administre pas à l'intérieur.

Eau ou *esprit vulnéraire.* Mêmes propriétés à peu près que l'eau-de-vie camphrée.

Ecorce de chêne. Elle possède plusieurs des propriétés du quinquina , mais à un moindre degré. On en prépare des décoctions astringentes et anti-septiques; on en saupoudre quelquefois les plaies qui ont des dispositions à la gangrène.

Ecorce d'orange, de citron. Leur propriété, très aromatique les fait admettre au nombre des substances cordiales, stomachiques, carminatives.

Electuaires. On donne le nom d'électuaires, opiats, confections, à des médicamens composés, mous, qui ont le miel pour excipient, et s'administrent ordinairement sous forme de bol ou délayés dans un breuvage. Comme ces préparations se composent, en général, de substances énergiques réunies en assez grand nombre, on leur attribue de très grandes propriétés : il est peu de substances que l'on ne puisse y faire entrer. Les électuaires officinaux les plus usités dans la pratique vétérinaire sont la thériaque et la confection d'hyacinthe; mais on donne cette forme à une foule de prescriptions magistrales.

Quoique la thériaque ait beaucoup perdu de son ancienne célébrité, elle est encore un des médicamens les plus précieux que l'on puisse employer dans la médecine des chevaux. La thériaque bien préparée est stomachique, légèrement diaphorétique et astringente, vermifuge, carminative. On l'emploie avec beaucoup de succès à la suite des maladies longues, dans toutes les circonstances où il s'agit de réveiller l'appétit et de fortifier l'estomac; dans les maladies épidémiques, charbonneuses, vermineuses, les diarrhées chroniques, les arrêts de transpiration, les indigestions, les piqûres et morsures suspectes, etc., etc. On l'administre en bol, mais le plus souvent délayée dans le vin ou dans une infusion aromatique, à la dose d'une à deux onces par jour, quelquefois davantage. Cet électuaire peut être considéré comme le cordial par excellence, et remplacer la plupart des autres préparations analogues.

La confection d'hyacinthe possède à peu près les mêmes propriétés que la thériaque, mais à un degré un peu moindre; elle est employée plus spécialement pour absorber les acides de l'estomac ; on l'administre à la même dose et de même manière que la thériaque.

Du reste, il est peu de médicamens sur lesquels la cupidité s'exerce autant que sur les électuaires, en raison de la facilité qu'ils prêtent aux falsifications.

Emétique. Voyez *antimoine.*

Emolliens. On appelle ainsi des médicamens qui ont la propriété de ramollir, de relâcher les fibres, de détendre les tissus; ils ont beaucoup d'analogie avec les adoucissans et les calmans. Les meilleurs émolliens sont : l'eau chaude et sa vapeur; les feuilles, fleurs et racines de mauve, de guimauve, de bouillon blanc; les feuilles de laitue, de pariétaire, de morelle, de bourrache, d'épinards, de bette; les semences de lin, les pulpes de pomme de terre, de carotte et de plusieurs autres racines, un grand nombre de farines. Les émolliens conviennent toutes les fois que la peau a besoin d'être ramollie, humectée, détendue, et qu'il y a des symptômes inflammatoires à combattre tant au dehors qu'au dedans. Les médicamens de cette classe s'administrent en lotions, fumigations, fomentations, cataplasmes, en boissons et lavemens. Ils opèrent beaucoup mieux à l'aide d'une chaleur douce et humide, qu'à froid.

Encens. Voyez *Résine.*

Epispastiques. Substances qui, appliquées à l'extérieur, ont la propriété de soulever l'épiderme et de produire des ampoules remplies de sérosités, avec tous les symptômes d'une véritable brûlure. Les épispastiques les plus usités sont les cantharides et leurs diverses préparations, telles que l'onguent vésicatoire et la teinture; l'alcali volatil, et surtout la pommade ammoniacale; on peut y joindre la moutarde, le suc d'oignon, les liquides bouillans, en un mot, toutes les substances propres à produire une irritation prompte et vive: les épispastiques ou vésicans brûlent à la manière des caustiques, avec la différence que ces derniers produisent, au lieu d'ampoules, des escarres qui persistent plus ou moins longtems.

Espèces. Nom générique que l'on donne à des substances de même nature et propriétés, que l'on mélange ensemble afin de leur donner réciproquement plus de vertus. Ainsi, on prépare dans toutes les pharmacies des espèces émollientes, amères, vulnéraires, vermifuges, pectorales, etc., etc., qui ne sont autre chose que des réunions de plantes ayant les mêmes propriétés, coupées menues et mélangées ensemble. On doit avoir l'attention, en préparant ces mélanges, de n'y admettre que des substances ayant à peu près la même pesanteur, et divisées en fragmens à peu près égaux. Ces espèces s'emploient de la même manière que les plantes qui entrent dans leur composition; les poudres composées sont infiniment préférables aux espèces proprement dites.

Esprit de vin. L'esprit de vin ou alcool est une liqueur beaucoup plus légère que l'eau, volatile, très inflammable, d'une saveur très chaude mais agréable, que l'on retire par le procédé de la distillation, du vin ou de toute autre liqueur fermentée. Ses propriétés médicales sont éminemment cordiales, vulnéraires, antiputrides, sudorifiques; ses usages sont très multipliés. On s'en sert pour dissoudre les résines et gommes-résines, les huiles essentielles, le camphre, quelques huiles grasses, pour fabriquer les éthers, l'eau de Rabel, les esprits de nitre et de sel dulcifiés, les eaux aromatiques spiritueuses, les teintures et une foule de préparations officinales ou magistrales. La liqueur si connue sous le nom *d'eau-de-vie* n'est autre chose que l'esprit de vin alongé d'eau; elle jouit des mêmes propriétés, mais à un degré plus faible.

Esprit de nitre, de sel. Voyez *Acides.*

Esprit de Mindérérus (;acetate d'ammoniaque). C'est une combinaison de l'ammoniaque avec l'acide acétique (vinaigre distillé). Il est employé fréquemment comme diurétique, diaphorétique et dépuratif. On le donne, selon la force de l'animal et selon l'effet que l'on veut obtenir, à la dose d'une à quatre onces dans un breuvage approprié.

Éther sulfurique. L'éther sulfurique, le seul dont on fasse un usage fréquent dans la médecine des animaux, est un liquide blanc, plus léger et plus inflammable que l'esprit de vin, d'une odeur suave très pénétrante; appliqué sur la peau, il se volatilise incontinent en laissant une sensation froide très prononcée. L'éther est un puissant antispasmodique et calmant; à plus haute dose il devient excitant. On en fait un grand usage dans toutes les affections spasmo-

diques, les coliques venteuses et autres, les suites d'indigestion, les convalescences difficiles. On l'administre, selon les
circonstances, à la dose d'une à plusieurs onces, dans un
breuvage ou antispasmodique, ou fortifiant. La propriété
qu'il a d'absorber instantanément le calorique de tous les
corps qu'il touche, pour se volatiser, en fait un très bon remède contre la brûlure.

Euphorbe. C'est un suc gommo-résineux concret, d'une
saveur extrêmement âcre, que l'on n'emploie ordinairement que dans les préparations irritantes destinées à l'u-
sage externe. La teinture d'euphorbe est un très bon résolutif et s'emploie en outre avec succès pour déterger les vieux
ulcères.

Extraits. On nomme ainsi les principes solubles des végétaux, obtenus par expression et rapprochés en consistance
presque solide par l'évaporation de l'humidité.

Les extraits que la médecine vétérinaire emploie le plus
fréquemment sont ceux de genièvre, de rhubarbe, de gentiane, d'aunée, de pavot, de séné, etc.; l'opium l'aloës et plusieurs autres substances exotiques sont de véritables extraits.

Les médicamens en question possèdent, sous un moindre volume, la plupart des propriétés de la plante d'où ils
sont tirés; leur consistance molle permet de les employer
en bols ou en breuvages; on les administre généralement à la
dose d'une once à trois ou quatre.

Farines. On désigne ainsi la plupart des semences réduites en poudre, surtout les semences dites farineuses. Les
plus usitées sont celles de lin, de seigle, d'orge, de fèves,
de lupins. Elles sont toutes plus ou moins émollientes et résolutives; on les emploie principalement à faire des cataplasmes; les farines proprement dites servent à blanchir la boisson des chevaux malades, afin de la rendre émolliente et
adoucissante. La poudre ou farine de moutarde sert à faire
des cataplasmes rubéfians.

Fenouil. Cette semence aromatique jouit des mêmes propriétés que celles d'anis et de coriandre.

Fer. Ce métal a figuré pendant long-tems parmi les médicamens les plus héroïques; on le considérait comme le tonique par excellence. Quoiqu'il ait perdu beaucoup de son ancienne renommée, il fournit encore à la matière médicale

de nombreux produits, dont les propriétés toniques, apéritives, astringentes, ne sont pas à dédaigner.

La limaille de fer porphyrisée se donne à la dose de deux à quatre onces, en bols ou en opiat, dans l'ydropisie et la plupart des maladies provenant du relâchement des solides.

Le safran de mars apéritif (oxide brun de fer) et l'éthiops martial (oxide noir) possèdent, à un degré supérieur, les mêmes propriétés que la limaille ; on les administre dans les mêmes cas, à la dose d'une à deux onces; le safran de mars est le plus usité, on l'associe parfois au quinquina.

La préparation connue sous le nom de *boule de Nancy* est un tartrate de potasse et de fer; on l'emploie comme vulnéraire, résolutive et astringente.

Foie d'antimoine. Voyez *Crocus.*

Foie de soufre. Voyez *Sulfure de potasse.*

Fomentation, embrocation, lotion. On donne ces divers noms à des liquides médicamenteux destinés à l'usage externe. L'application au moyen de compresses ou d'étoupes, d'un liquide aqueux et chaud, s'appelle fomentation ; c'est une embrocation si le liquide est froid. On emploie souvent pour ce dernier usage des solutions salines, de l'eau-de-vie camphrée, des huiles, des mélanges divers. Enfin la simple lotion consiste à laver et bassiner plus ou moins fréquemment la partie malade; tous les liquides faisant la matière des fomentations et embrocations peuvent également servir en lotions. En général, les fomentations sont émollientes, quelquefois anti-septiques ; les embrocations, plus souvent résolutives, répercussives, astringentes; les lotions, détersives, siccatives, astringentes.

Formule. Voyez *Médicament.*

Fortifians. On doit comprendre sous ce nom toutes substances médicamenteuses ou alimentaires susceptibles de relever les forces générales de l'économie animale. Ce mot pourrait être considéré comme synonyme de tonique, si ce n'est que l'action des toniques proprement dits paraît être plus locale et moins étendue que celle des fortifians.

Fougère mâle. La racine de cette plante, amère, astringente, est un vermifuge que l'on peut donner au cheval à la dose d'une à quatre onces, en poudre, soit seule, soit combinée avec quelques autres anthelmintiques.

Fumigation. On entend par ce mot, ou l'action de diriger certaines vapeurs sur une partie du corps, à l'effet d'y produire une médication quelconque, ou un moyen de désinfecter les lieux insalubres. Les vapeurs d'eau ou de décoctions chaudes; et les fumées d'aromates que l'on fait brûler lentement, sont la matière ordinaire des fumigations; on les rend, à volonté, émollientes, détersives, aromatiques, etc. Ces émanations sont conduites par les moyens convenables, dans la gorge ou les naseaux.

Les fumigations désinfectantes se bornent ordinairement à faire brûler des substances aromatiques; mais ce moyen est fort illusoire, en ce qu'il ne fait que masquer les mauvaises odeurs sans détruire les miasmes contagieux. Le procédé suivant est beaucoup plus efficace : après avoir évacué et nettoyé l'écurie que l'on veut désinfecter, on en calfeutre les fenêtres; on place au milieu une petite terrine de grès contenant une livre de sel marin, deux onces et demie de manganèse et huit onces d'eau ; on verse sur le mélange huit onces d'acide sulfurique concentré; on se retire précipitamment, et l'on ferme la porte, en ayant soin de ne rentrer dans l'écurie qu'au bout de dix à douze heures, et de n'y ramener les chevaux qu'après l'avoir bien aérée. Les doses ci-dessus indiquées suffisent aisément pour une écurie de trente chevaux et plus; il faudrait les augmenter si elle était beaucoup plus grande.

Galanga. Cette racine, qui nous vient de l'étranger, possède à un très haut degré les propriétés stimulantes des aromates énergiques. Elle entre dans la plupart des poudres et confections cordiales. On peut la faire entrer dans les prescriptions, à la dose de quelques gros à une once et plus.

Gargarismes. Médicamens liquides destinés à injecter ou étuver l'intérieur de la bouche et de la gorge. L'eau d'orge ou de guimauve miellée et quelquefois acidulée, forme la base la plus ordinaire des gargarismes adoucissans; on les rend quelquefois plus détersifs par l'addition du miel rosat, de l'eau de Rabel, de l'eau-de-vie camphrée, etc.

Gaïac. Voyez *Sudorifiques.*

Genevrier. Cet arbrisseau, très commun dans nos climats, jouit d'une très grande réputation en médecine. Son bois est un très bon sudorifique, qui pourrait suppléer le gaïac si celui-ci n'était déjà à très bon marché; ses baies, très aromatiques, sont cordiales, stomachiques sans être irritantes, on en prépare une poudre et un extrait qui sont très usités. On peut administrer l'une ou l'autre de ces préparations à la dose d'une once à quatre, toutes les fois qu'il s'agit de réveiller les forces digestives sans trop échauffer.

Gentiane. Cette racine, extrêmement amère, est éminemment stomachique, tonique, fébrifuge, anti-vermineuse, dépurative, légèrement diaphorétique, échauffante. Son usage dans le traitement des maladies des chevaux, est extrêmement répandu ; on l'associe souvent aux préparations antimoniales et aux autres dépuratifs, à la dose de deux à quatre onces ou au-dessus.

Gingembre. Aromate énergique dont les propriétés très stimulantes sont analogues à celles du galanga.

Gomme arabique. Cette gomme est très adoucissante, pectorale, émolliente, calmante ; on l'emploie avec succès dans toutes les maladies qui proviennent de l'irritation des voies aériennes, et dans le traitement des affections inflammatoires en général; on en compose des breuvages et opiats, dans lesquels on peut la faire entrer à la dose de plusieurs onces par jour. Les gommes de nos climats jouissent à peu de chose près des mêmes vertus, et coûtent moins cher.

Gomme-gutte. Purgatif drastique que l'on ne doit employer qu'avec ménagement ; on la donne à la dose de deux à huit gros, rarement seule.

Gommes résines. Les gommes résines sont des sucs laiteux qui découlent de certains végétaux et durcissent à l'air. Elles se dissolvent assez bien dans l'eau-de-vie faible, mais mal dans l'esprit-de-vin ou dans l'eau. Les plus employées dans la pratique vétérinaire sont l'assa fœtida (*voyez* ce mot), la gomme ammoniaque, le galbanum, l'euphorbe, la myrrhe et l'encens.

Quoique la gomme ammoniaque ne présente pas tout-à-fait les mêmes caractères physiques que l'assa fœtida, elle jouit à peu près des mêmes propriétés et s'emploie de la même manière et dans les mêmes cas, particulièrement dans le traitement du farcin et des maladies analogues.

Goudron. Cette résine s'emploie souvent à l'extérieur comme résolutive, nervale, fortifiante ; elle entre dans la plupart des charges, et dans quelques préparations onguentaires.

Graisse. La graisse récente est émolliente, adoucissante, onctueuse, provoque la suppuration, surtout quand elle est chaude ; on l'emploie en nature pour nourrir la corne, lui donner du liant et l'empêcher de se fendre ; elle forme la base et l'excipient de tous les onguens ; on la fait aussi entrer dans les cataplasmes maturatifs ; les graisses les plus usitées sont celles de porc ou *saindoux* et le suif de mouton.

Guimauve. Les diverses parties de cette plante entrent dans la plupart des prescriptions émollientes tant internes qu'externes. La poudre de la racine est d'un usage presque général ; on la donne aux jeunes chevaux qui jettent leur gourme ; on en compose avec le miel des mastigadours adoucissans ; on la fait entrer dans presque tous les breuvages ou opiats adoucissans ; on la fait manger avec le son, ou on la donne en boisson aux moindres signes de rhume, etc. Voyez *Poudres.*

Huiles. Les huiles se divisent en deux grandes classes : en huiles grasses ou fixes, et en huiles volatiles ou essentielles. Les premières, fournies par les règnes végétal et animal, sont des liquides gras, onctueux, combustibles, se combinant avec les alcalis pour former de véritables savons: telles sont les huiles d'olive, d'amande douce, de lin, de noix, de colza, de poisson, d'os, etc.; elles possèdent à peu de chose près, les mêmes propriétés médicales que les graisses, et servent à une foule d'usages pharmaceutiques ; on en compose des savons, des onguens, des emplâtres, des linimens et embrocations ; on les fait entrer dans des cataplasmes, des lavemens, etc. Comme les vertus de ces huiles diffèrent peu entre elles, on choisit de préférence les moins chères pour les usages vétérinaires. Cependant les huiles animales sont généralement plus grasses et plus onctueuses que celles que l'on retire du règne végétal ; celle de lin est résolutive et siccative.

Les huiles essentielles ou essences se distinguent des précédentes, par leur volatilité, leur odeur aromatique et leur saveur chaude ; elles sont aussi bien plus inflammables, se dissolvent parfaitement dans l'alcool et les huiles grasses, et ne se combinent qu'incomplètement avec les alcalis ; on les retire par expression ou distillation des végétaux aromatiques. Les plus usitées dans la pharmacie vétérinaire sont les essences de térébenthine, de lavande, de romarin; elles sont très pénétrantes, résolutives, fortifiantes. On les emploie fréquemment en frictions dans les foulures des tendons, faiblesses d'articulations, efforts, engorgemens froids, etc. : l'essence de térébenthine, plus active que les autres, a l'inconvénient de faire tomber les poils ; elle est très employée dans les pansemens comme digestive, détersive, et propre à arrêter les progrès de la gangrène. Les essences d'anis et autres semences aromatiques, de camomille, de genièvre, etc., sont stomachiques, anti-spasmodiques et anti-venteuses. Les essences ci-dessus désignées entrent dans la plupart des linimens, charges, et autres topiques fortifians et nervins.

Huile de laurier. C'est une huile épaisse comme du beurre, fournie par les baies du laurier commun, et qui tient des huiles grasses et des essences ; on en fait un fréquent usage à cause de ses propriétés à la fois résolutives, nervales, fortifiantes et émollientes.

Huile de cade. Elle s'obtient par la combustion d'une espèce de genevrier ; elle est épaisse, noire, d'une odeur analogue à celle du goudron, et s'emploie principalement dans le traitement de la gale.

Huile empyreumatique. C'est un des produits de la décomposition des matières animales par le feu. C'est un puissant vermifuge et anti-spasmodique, dont on fait un fréquent usage principalement dans le traitement des maladies vermineuses ; on s'en sert aussi dans le traitement de la gale. La dose est de quatre gros à deux onces ; on en prépare un savon dont l'usage est beaucoup plus commode que celui de l'huile en nature.

Incisifs. Médicamens dont l'action principale paraît être de diviser et détacher les mucosités qui s'attachent aux membranes muqueuses des organes de la respiration, et de faciliter l'expulsion de ces humeurs. Tous les médicamens susceptibles de stimuler légèrement lesdites membranes, peuvent être considérés comme de bons incisifs. Tels sont, dans l'ordre de leur énergie, les poudres de guimauve, réglisse, iris, aunée, scille ; le savon, la gomme ammoniaque, l'assa fœtida, l'oximel simple et le scillitique, le kermès et la plupart des autres préparations d'antimoine ; l'émétique à petites doses.

Jalap. La racine de cette plante et son extrait résineux sont un purgatif drastique que l'on emploie rarement seul pour le cheval, mais que l'on associe quelquefois aux autres purgatifs comme adjuvant.

Kermès. Voyez *Antimoine.*

Lavanae. Cette plante jouit des mêmes propriétés que la plupart des autres aromates ; le bas prix de son huile essentielle la rend d'un fréquent usage dans la pratique vétérinaire. Voyez *Huiles essentielles.*

Lavemens. Médicamens liquides destinés à être introduits dans le rectum. Voyez au chapitre précédent le mot *Lavement.*

Laxatifs. Synonyme de purgatifs doux. Le miel à hautes doses, les boissons émollientes chaudes, la manne grasse et la crème de tartre sont les plus usités.

Laudanum. On appelle ainsi la teinture d'opium composée ; c'est un très bon calmant que l'on emploie d'une infinité de manières différentes. La dose à l'intérieur est de quatre gros à deux onces.

Linimens. Médicamens externes d'une consistance moyenne entre les huiles et les onguens, et destinés à être employés sous forme de frictions. Le savon, les huiles, onguens et autres corps gras, forment la base des linimens ; on y ajoute, selon les indications, des essences, de l'ammoniaque liquide, de la teinture de cantharides, quelquefois des acides concentrés, etc., etc.

Lotion. Voyez *Fomentation.*

Mastigadour. Médicament de consistance plus ou moins solide que l'on roule dans une toile en forme de boudin, afin de le suspendre dans la bouche du cheval. On administre ainsi des substances destinées à stimuler l'action des glandes salivaires, ou des médicamens adoucissans que l'on veut faire couler lentement dans la gorge. Les poudres aromatiques et plus ou moins irritantes forment ordinairement la base des premiers ; celles de guimauve ou de réglisse composent la plupart des mastigadours adoucissans ; le miel est l'excipient le plus ordinaire de ces diverses compositions ; on emploie souvent les mastigadours chez les chevaux dégoûtés, ou dans les affections de la gorge.

Menthe poivrée. Cette plante est anti-spasmodique, vulnéraire, cordiale, anti-venteuse, et possède à un haut degré toutes les autres propriétés des plantes aromatiques en général ; elle s'administre de même en infusion ; sa poudre entre dans plusieurs composés. La mélisse possède les mêmes propriétés à un degré moins énergique.

Mercure. Ce métal fournit à la médecine une foule de médicamens héroïques, notamment le mercure doux, le sublimé corrosif, l'éthiops minéral (sulfure noir de mercure), le cinabre, le précipité rouge ou blanc ; mais la plus usitée de ses préparations est l'onguent mercuriel. *Voyez* ces divers mots.

Mercure doux (muriate ou hydrochlorate de mercure). Ce sel est un puissant fondant, vermifuge, purgatif et dépuratif ; on le donne à la dose d'un à quatre gros, particulièrement dans le traitement du farcin, des maladies vermineuses et de peau, de la morve, etc.

Miel. Il n'a par lui-même d'autres propriétés médicales que d'être très adoucissant, légèrement purgatif ; il entre dans tous les breuvages pectoraux, incisifs, dans les électuaires, les bols, etc. Il convient beaucoup dans le traitement de toutes les maladies d'irritation.

Muriates. Sels formés de l'union de l'acide muriatique avec une base ; la médecine vétérinaire emploie les muriates de soude (sel marin), d'ammoniaque (sel ammoniac), de mercure doux et corrosif, etc., etc.

Nicotiane. Voyez *Tabac.*

Nitrates. La médecine vétérinaire fait un fréquent usage des nitrates de potasse et d'argent fondu. *Voyez Sel de nitre* et *Pierre infernale.*

Oliban ou *encens.* L'oliban et la myrrhe sont deux gommes résines que l'on fait entrer dans beaucoup de fumigations aromatiques et de teintures détersives et vulnéraires.

Onguens. Ce sont des médicamens composés, de consistance molle, destinés à l'usage externe, et qui ont pour base des corps gras ; on donne pourtant ce nom à l'ægyptiac, quoiqu'il ne soit autre chose qu'un oximel de cuivre. Ces compositions participent toutes plus ou moins des propriétés médicales des corps gras en général (voyez *Graisse*), sauf celles qu'elles empruntent des substances qui entrent dans leur composition. Quoique la liste des onguens employés dans l'art vétérinaire soit encore assez nombreuse, on peut réduire aux suivans le petit nombre de ceux dont l'utilité ne peut être révoquée.

Onguent de pied. Il est destiné à nourrir la corne du sabot et à en entretenir la souplesse ; il résulte d'un mélange à chaud de parties égales d'axonge, de cire et de térébenthine.

Onguent mercuriel. Excellent fondant que l'on emploie

avec le plus grand succès dans le traitement de tous les engorgemens, celui du farcin, de la gale et de toutes les maladies cutanées ; il a de plus l'avantage de favoriser la crue du poil et de le rendre lisse et luisant, loin de l'altérer.

Onguent vésicatoire. Résolutif énergique, irritant, épispastique, suppuratif ; on l'emploie dans une foule de circonstances, et surtout pour résoudre les engorgemens froids qui ont résisté à l'usage de l'onguent mercuriel.

Onguent basilicum. Il est utile pour le pansement des sétons et celui des plaies qui suppurent mal.

Onguent de laurier. C'est un très bon remède, qui possède toutes les propriétés de l'huile de laurier. *Voyez* ce mot.

Onguent d'althéa. Il est émollient, relâchant, calmant et adoucissant ; l'onguent de peuplier possède les mêmes propriétés à un degré bien plus prononcé. Ils sont utiles l'un et l'autre pour ramollir les tumeurs inflammatoires et apaiser les vives douleurs qu'elles causent.

Opiats. Voyez *Electuaires.* Comme presque toutes les substances médicamenteuses peuvent être administrées sous cette forme, d'ailleurs très commode, on peut multiplier à l'infini le nombre des préparations de ce genre ; elles sont converties elles-mêmes en bols ou breuvages, afin d'en faciliter l'emploi.

Opium. Extrait gommo-résineux du pavot oriental. Ce médicament, l'un des plus héroïques que l'on connaisse, possède par excellence les propriétés négatives : il est essentiellement calmant, tempérant, narcotique, stupéfiant, anti-spasmodique, propre à émousser la sensibilité et à engourdir toutes les facultés vitales ; mais il devient fortement excitant, administré à très grande dose. On l'emploie avec succès à petite dose, toutes les fois qu'il s'agit de calmer une irritation quelconque, de paralyser plus ou moins l'action d'un purgatif trop violent, de mettre fin à une évacuation chronique, de diminuer l'action trop exaltée de l'une des facultés vitales ; on le donne à plus haute dose pour combattre les affections tétaniques. Les doses peuvent varier, selon l'effet que l'on veut obtenir, depuis un gros jusqu'à quatre, et même au-dessus : le cheval est beaucoup moins sensible que l'homme aux effets délétères de ce médicament.

L'opium est la base du laudanum et de la plupart des préparations narcotiques et calmantes ; on l'administre sous toutes les formes, mais comme il est d'un prix très élevé, on le remplace souvent par l'extrait de pavot indigène, en ayant soin de doubler ou de tripler la dose, afin d'obtenir les mêmes résultats.

Oxides. Produits de la combinaison de l'oxigène avec un corps simple ; ces corps fournissent à la médecine vétérinaire et humaine une série nombreuse de médicamens dont les principaux sont :

Les divers oxides d'antimoine, de fer, de mercure, de plomb. *Voyez* ces divers mots.

Oxigène (air vital). Fluide élastique et invisible qui forme la partie respirable de l'air atmosphérique, et qui joue un très grand rôle dans la nature, par la variété de ses combinaisons avec les corps.

Oximel. Liquide sirupeux composé de vinaigre et de miel ; on en use de trois sortes : le simple, le scillitique et l'oximel de cuivre.

Les deux premiers s'emploient, à l'intérieur, à la dose de deux à quatre onces répétées plusieurs fois dans la journée, comme rafraîchissant, tempérant, incisif et diurétique ; ces deux dernières propriétés appartiennent plus spécialement à l'oximel scillitique.

L'oximel de cuivre, plus connu sous le nom d'*onguent ægyptiac* quoiqu'il n'ait aucun caractère des onguens, ne s'emploie qu'au dehors, comme rongeant, détersif et cicatrisant.

Pavot. Les diverses parties de cette plante possèdent les mêmes propriétés que l'opium, quoiqu'à un degré moins prononcé ; les *têtes* ou capsules qui renferment la graine, sont fréquemment employées dans les boissons, cataplasmes, lavemens calmans et anodins. L'extrait que l'on en prépare peut remplacer celui du pavot d'Orient.

Pectoraux. Voyez *Béchiques.*

Pétrole. C'est une huile minérale bitumineuse ; elle entre dans les charges et autres topiques fortifians.

Pierre infernale, pierre à cautère. Voyez *Caustique.*

Pilules. Voyez *Bols.*

Plomb. Ce métal fournit à la médecine plusieurs oxides qui ont tous la propriété siccative et astringente ; de ce nombre sont l'oxide rouge ou minium, la céruse, l'oxide demi-vitreux ou litharge, qui servent à la préparation de l'acétate de plomb et à celle des onguens de consistance emplastique.

Poix blanche, poix grasse, poix de Bourgogne. Voyez *Térébenthine.*

Poix noire. C'est un produit actificiel que l'on retire des résidus de la térébenthine et de la poix naturelle. La poix noire est très usitée comme fondante, maturative et fortifiante ; elle entre dans la composition de plusieurs charges et onguens.

Potasse. Voyez *Alkalis.*

Poudres. Les poudres sont des substances sèches, réduites en fragmens aussi menus que possible ; il y en a de magistrales et d'officinales, de simples et de composées : celles-ci peuvent être considérées comme des espèces (*voyez ce mot*). La pratique vétérinaire fait un fréquent usage des poudres de guimauve, de réglisse, d'aunée, de gentiane, de rhubarbe, de gaïac, de lin, de quinquina, de kermès, de genièvre, de diverses plantes aromatiques ; des poudres cordiales, vermifuges, et d'un grand nombre de préparations de ce genre, plus ou moins composées, et magistrales pour la plupart.

Les poudres possèdent les propriétés de la substance qui les a fournies ou de celles qui entrent dans leur composition ; leur usage est très étendu, parce qu'il est fort commode. On en compose des breuvages et boissons, des électuaires et opiats, des bols, des mastigadours, des cataplasmes, des mélanges de toutes formes ; délayées dans l'eau chaude, elles remplacent parfaitement les décoctions. Beaucoup de poudres s'administrent à l'intérieur, mélangées avec le son ; celles dont la saveur serait trop forte, en breuvage ou en bols ; la plupart des poudres stomachiques et cordiales, délayées dans le miel. La dose est subordonnée à la nature du médicament et aux circonstances particulières, mais elle est le plus souvent de deux à quatre onces au plus, pour les poudres qui ne possèdent pas des propriétés très énergiques.

Précipité. On nomme ainsi divers oxides de mercure, le blanc, le jaune ou turbith minéral, le rouge. Ce dernier est le plus usité dans la pratique vétérinaire : il est détersif, légèrement escarrotique et rongeant, peu employé au-dedans.

Purgatifs. Médicamens qui ont la propriété de provoquer les évacuations intestinales ; on les distingue, d'après leur degré plus ou moins prononcé d'énergie, en laxatifs ou simplement relâchans, ce sont les plus faibles; en minoratifs ou lents; en drastiques ou actifs. Les purgatifs les plus usités dans la pratique vétérinaire, sont la manne, la crême de tartre, le sel de Glauber, le séné, la rhubarbe, le mercure doux ou calomel, l'aloès, la gomme-gutte, le jalap. On associe souvent le savon aux drastiques, comme correctif.

Quinquina. Cette écorce précieuse est d'un très grand usage, justifié par ses propriétés toniques, fébrifuges, anti-putrides, astringentes ; propriétés qu'aucune autre substance, soit amère, soit aromatique, ne possède à un degré aussi éminent. C'est le meilleur spécifique que l'on puisse employer dans les maladies gangréneuses, charbonneuses, épizootiques, les fièvres chroniques, et dans toutes les circonstances où les propriétés vitales ont besoin d'être promptement relevées. On l'administre à l'intérieur, à la dose d'une once à quatre, délayé dans le vin ou tout autre liquide approprié, ou en forme de bols; à l'extérieur, on en saupoudre les plaies de mauvais caractère, et on le fait entrer dans les fomentations, cataplasmes et lavemens anti-septiques. On l'associe souvent au camphre, à l'opium, aux substances aromatiques, à l'éther, etc.

Rafraîchissans. On donne ce nom aux substances médicamenteuses ou autres qui ont la propriété de diminuer la chaleur surnaturelle du corps et de modérer la trop grande activité du sang. De ce nombre sont l'eau blanche, les décoctions émollientes, les boissons acidulées, l'oximel simple, le sel de nitre, la crême de tartre.

Réglisse. Cette racine, d'une saveur très sucrée, est pectorale, incisive, légèrement diurétique, très adoucissante; on l'emploie dans la plupart des préparations béchiques et incisives, presque toujours associée avec le miel et la poudre de guimauve.

Relâchans. On appelle ainsi les médicamens qui ont la propriété de diminuer la rigidité des solides; ou de rétablir la liberté du ventre. Ce mot est, en conséquence, synonyme de laxatif ou d'émollient. Voyez *Émolliens, laxatifs.*

Résines. Ce sont des sucs concrets, plus ou moins odorans, qui découlent de certains végétaux, naturellement ou par des incisions pratiquées exprès (Voyez *Baumes, Gommes, Résines, Térébenthine*). Leur principal caractère distinctif est d'être inflammables, insolubles à l'eau, solubles dans l'alcool et les huiles ; ce sont des espèces d'huiles essentielles desséchées.

Résolutifs. On nomme ainsi les médicamens auxquels on attribue la propriété de diviser les humeurs accumulées sur un point quelconque de la surface du corps , et de faciliter leur rappel dans le système général de la circulation. Ils paraîtraient au premier abord être la même chose que les fondans ; mais ils en diffèrent d'une manière assez sensible, en ce que ces derniers agissent spécialement sur les engorgemens chroniques, tant au dedans qu'au dehors ; tandis que les résolutifs proprement dits sont employés contre les tumeurs et autres engorgemens ayant un caractère inflammatoire. Les solutions salines, les liquides spiritueux , l'eau de Goulard , la teinture de cantharides, la glace , le vinaigre, sont des résolutifs ; le savon, l'onguent mercuriel double, la poix noire et de Bourgogne , l'onguent vésicatoire , l'assa fœtida , la gomme ammoniaque, les préparations mercurielles et antimoniales , l'aloès, etc. , sont considérées comme de véritables fondans.

Rhubarbe. Cette racine exotique, d'une saveur âcre et aromatique , est un excellent purgatif tonique et vermifuge ; mais on l'emploie bien plus souvent comme stomachique que comme évacuant, à moins que ce ne soit mélangée avec des purgatifs plus énergiques ; elle est même légèrement astringente quand elle ne purge pas.

On l'administre en poudre, à la dose de quatre gros à deux onces selon l'effet que l'on s'en propose. Elle entre dans la plupart des compositions cordiales, stomachiques, vermifuges ; elle convient beaucoup dans les diarrhées chroniques , à la suite des indigestions et de la gras-fondure.

Ricin. Les semences de cette plante , douées d'une propriété purgative très énergique , se donnent au cheval, à la dose d'un à deux gros, pilées avec un peu de miel ; l'huile que l'on en retire, beaucoup plus douce, s'administre à la dose de quatre à huit onces , et devient un très bon laxatif.

Romarin. Cette plante possède à un très haut degré les propriétés aromatiques , et s'emploie souvent , ainsi que son huile essentielle. Voyez *Aromates, Huile essentielle.*

Rue. Plante d'une saveur amère et désagréable et d'une odeur très fétide. Elle est vermifuge, anti-venteuse, vulnéraire, anti-spasmodique, administrée à petites doses. Pilée avec de l'huile, on en compose des topiques résolutifs ; son huile essentielle possède à un degré éminent ces diverses propriétés et s'emploie fréquemment à l'extérieur.

Sabine. Cette plante possède à peu près les mêmes propriétés que la précédente, quoique ne présentant pas les mêmes caractères physiques. On l'emploie dans quelques poudres composées.

Safran de mars. Voyez *Fer.*

Sauge. Cette plante possède à peu près les mêmes propriétés que le romarin. On l'emploie souvent à l'intérieur, soit seule, soit associée à d'autres excitans ; l'infusion de sauge miellée est un très bon sudorifique doux, très propre à prévenir les suites des arrêts de transpiration.

Savon. La combinaison des alkalis avec les huiles et corps gras donne naissance à divers produits auxquels on donne le nom de *savons.* Il y en a de plusieurs sortes : le savon ordinaire s'emploie fréquemment, tant à l'intérieur qu'à l'extérieur, comme résolutif fondant, dépuratif, diurétique ; on en compose des linimens très utiles dans les foulures des tendons ; ses propriétés fondantes s'allient très bien à celles de l'aloës, du mercure doux, de l'assa-fœtida, de la gomme ammoniaque ; on l'adjoint comme correctif à un grand nombre de substances. L'eau de savon est le meilleur antidote des acides concentrés et des poisons minéraux. Le savon mou, ou savon vert est préférable pour l'usage externe.

On compose avec l'huile empyreumatique animale, un savon qui en rend l'emploi à l'intérieur infiniment plus commode, et que l'on administre comme vermifuge, à la dose de quatre à seize gros.

Scille (oignon de). C'est une racine bulbeuse très âcre, et dont les propriétés énergiques la font employer fréquemment comme diurétique, incisive, fondante. Elle entre dans quelques composés officinaux ou magistraux ; mais le plus fréquent usage que l'on en fait est en forme d'oximel.

Sels. On donne ce nom à des produits chimiques résultant de la combinaison des acides avec des terres, des alcalis et certains métaux. On nomme *bases salifiables* toutes les substances susceptibles de subir cette combinaison. Ces composés fournissent une série nombreuse de médicamens, parmi lesquels nous remarquerons les suivans :

Le *sel marin* (muriate de soude) est résolutif, fondant, diurétique, purgatif, administré à haute dose ; on l'emploie souvent à l'intérieur pour aiguiser l'appétit, en matigadour pour stimuler l'action des glandes salivaires dans les épizoo-

ties ; on le fait entrer dans des lotions résolutives et dans plusieurs préparations anti-psoriques.

Le *Sel de Glauber* (sulfate de soude) et le *sel d'Epsom*
(sulfate de magnésie) s'emploient comme purgatifs minoratifs , à la dose de quatre onces.

Le *Sel ammoniaque* (muriate d'ammoniaque) sert à composer des lotions résolutives ; on l'emploie à l'intérieur , à
la dose de quatre à huit gros, comme fondant, diurétique,
diaphorétique ; il est très utile dans le traitement du farcin
et de tous engorgemens lymphatiques des glandes.

Le *sel de chaux* (muriate de chaux) possède à peu près
les mêmes propriétés que le précédent, mais à un degré
bien plus énergique ; il s'emploie dans les mêmes circonstances.

Le *Sel de nitre* (nitrate de potasse) est diurétique, rafraîchissant, tempérant ; on l'administre à la dose de deux à
huit gros et plus , dans les cas où les antiphlogistiques sont
indiqués ; il est cependant bon de remarquer que ce médicament devient excitant quand on l'administre à trop haute
dose.

Le sel de tartre n'est autre que le sous-carbonate de potasse. Voyez *Alcalis*.

Séné Cette feuille entre, à la dose d'une à deux onces,
dans plusieurs purgatifs composés. Mais elle n'agit pas assez sur le tempérament du cheval pour être employée seule.

Soufre. Ce corps, par les nombreuses combinaisons qu'il
est susceptible de subir, donne naissance à un très grand
nombre de composés , tous très employés dans les arts. Il est
l'origine des acides sulfurique et sulfureux , et par conséquent de la série nombreuse des sulfates et sulfures. La médecine l'emploie en nature comme anti-psorique , incisif,
dépuratif, diaphorétique ; il entre dans une foule de prescriptions par lui ou par ses composés. On donne la fleur de
soufre à l'intérieur, à la dose d'une once à quatre.

Stimulans. On donne ce nom à toutes les substances qui,
appliquées soit au dedans, soit au dehors, accroissent l'activité de la circulation ; ils tiennent le milieu, quant à leur
mode d'action , entre les fortifians et les irritans. De ce nombre sont tous les spiritueux, les aromatiques sous quelque
forme qu'on les administre, le camphre et les amers à haute
dose, l'ammoniaque liquide , la teinture de cantharides en
frictions, l'exercice un peu forcé, etc. , etc. Les stimulans,

en général, sont indiqués toutes les fois qu'il faut ranimer quelques-unes des propriétés vitales.

Sublimé corrosif. (muriate sur-oxigéné de mercure). Ce sel est un puissant escarrotique, très employé dans la chirurgie vétérinaire ; sa dissolution est un très bon détersif pour les ulcérations farcineuses et dartreuses ; on l'administre quelquefois à l'intérieur à la dose de trente-six à quarante grains, dans le traitement des maladies cutanées rebelles et de la morve ; on l'incorpore avec le savon, la gomme ammoniaque ou l'assa-fœtida, pour le convertir en bols.

Sudorifiques. Voyez *Diaphorétiques.*

Sulfates. Sels formés par l'acide sulfurique.

Sulfate d'alumine (alun). Ce sel possède une propriété astringente très énergique, qui le fait employer avec succès toutes les fois qu'il faut resserrer fortement et brusquement les tissus relâchés. On le fait entrer dans beaucoup de lotions astringentes, et on en saupoudre les ulcérations légères et les plaies molles et baveuses ; mais on l'emploie rarement à l'intérieur.

Sulfate de soude, de potasse, etc. Voyez *Sel de Glauber, d'Epsom.*

Sulfates de fer, de cuivre, de Zinc. Voyez *Vitriol.*

Sulfures. Ce sont des corps composés résultant de l'union du soufre avec les bases terreuses, alcalines ou métalliques. Voyez *Antimoine, Mercure.*

Sulfure de potasse (foie de soufre). Il est employé avec succès à l'extérieur dans le traitement de la gale, des dartres, de plusieurs maladies de peau, et comme fondant. Il sert à composer des lotions sulfureuses et des pommades anti-psoriques.

Sureau. L'infusion des fleurs de cet arbrisseau s'emploie à l'extérieur comme résolutive, et au dedans comme diaphorétique.

Tabac. On prépare avec les feuilles de cette plante des topiques résolutifs dans le genre de ceux de rue ; avec sa décoction additionnée d'huile de noix, des lavemens purgatifs ; avec la même décoction chargée de sel marin, des lotions qui, employées à chaud, secondent très bien les diverses onctions dans le traitement de la gale et de toutes les maladies de peau. Administré à l'intérieur, même à petite

dose, le tabac en poudre est un violent purgatif. Les diverses préparations de tabac sont très bonnes pour détruire la
vermine dont les animaux sont quelquefois dévorés, et pour
écarter les mouches.

Tartrate acidule de potasse (crème de tartre). Elle est
tempérante, rafraîchissante, diurétique, laxative ; on la donne
à la dose de deux à quatre onces ou au-delà, selon l'effet
que l'on veut obtenir.

Teintures. Les teintures ne sont autre chose que de l'esprit plus ou moins affaibli, chargé de tous les principes solubles des corps. Celles dont l'usage est le plus répandu
dans la pratique vétérinaire sont :
La *Teinture de cantharides.* Voyez *Cantharides.*

La *Teinture de myrrhe* est très utile dans le traitement
des lésions des tendons avec ou sans solution de continuité,
et dans le pansement des plaies de mauvais caractère ; elle
est digestive, tonique, détersive, cicatrisante, légèrement
irritante, et favorise l'exfoliation des parties cariées.

La *Teinture d'aloës* possède à peu près les mêmes propriétés que la précédente ; elle est en outre stomachique, et
s'emploie comme telle à la dose de deux à six onces, dans
un breuvage approprié.

Teinture de valériane composée. Elle s'administre à la dose
d'une à quatre onces dans les affections spasmodiques, vermineuses, les coliques venteuses et autres tranchées non inflammatoires, mais surtout dans les indigestions.

Térébenthine. C'est un suc résineux, fluide, qui découle
naturellement ou par incision, du tronc de tous les arbres
de la famille des pins. Elle est très usitée dans la pratique
vétérinaire ; on l'administre quelquefois à l'intérieur comme
diurétique, incisive et comme pectorale. Appliquée au dehors, elle est digestive, résolutive, vulnéraire, fortifiante ;
on en compose des onguens, des charges et autres topiques
analogues : on s'en sert pour le pansement des plaies simples.

Les substances connues sous le nom de *poix grasse*, *poix
de Bourgogne*, *poix-résine*, ne diffèrent de la térébenthine
que par une consistance plus ou moins solide, qu'elles doivent à l'action de l'air ou des manipulations particulières
qui les ont privées plus ou moins complètement de cette
huile essentielle à laquelle la térébenthine doit sa fluidité.
Elles jouissent à peu de chose près des mêmes propriétés

que la térébenthine, et s'emploient fréquemment dans les charges et autres topiques fondans, résolutifs et fortifians. La poix-résine est entièrement privée d'huile essentielle et sèche ; on la pulvérise pour saupoudrer les plaies qui donnent du sang.

Thériaque. Voyez *Electuaire.*

Toniques. On nomme ainsi toutes les substances auxquelles on attribue la propriété d'accroître graduellement l'énergie des propriétés vitales, tant au dedans qu'au-dehors. Ce mot est, par conséquent, à peu près synonyme de cordial, fortifiant, stimulant ; mais il y a quelques différences dans le mode et le degré d'action de ces divers ordres de substances ; ainsi, par exemple, l'action des cordiaux proprement dits est plus vive et plus passagère ; ils n'agissent d'ailleurs que du dedans au-dehors ; celle des fortifians est lente et soutenue. Les stimulans agissent encore plus vivement que les cordiaux et peuvent s'appliquer à l'extérieur comme à l'intérieur ; les toniques agissent à très peu de chose près comme les fortifians. Les substances auxquelles on accorde le plus généralement ces diverses propriétés sont toutes celles désignées à l'article des stimulans, la thériaque, les diverses préparations de genièvre, les préparations martiales, la glace, etc., etc. ; il faut y joindre les moyens hygiéniques. Les toniques sont nécessaires dans la plupart des convalescences, et toutes les fois que les forces ont besoin d'être soutenues ou ranimées ; mais l'on doit s'en abstenir toutes les fois qu'il y a des signes d'inflammation.

Valériane. Cette racine, d'une saveur âcre et d'une odeur extrêmement désagréable, est anti-spasmodique, tonique, tue les vers et dissipe les vents. Elle forme la base de la teinture de valériane composée, dont il est parlé plus haut, et entre dans plusieurs mélanges.

Vermifuge. Voyez, au précédent chapitre, le mot *Vers.*

Vert-de-gris. Voyez *Acétate de cuivre.*

Vin. Cette liqueur n'est pas moins utile aux animaux dans leurs maladies, qu'aux hommes ; il est éminemment tonique, fortifiant ; il est le véhicule de beaucoup de breuvages destinés à relever les forces, et s'administre à la dose d'une à deux pintes. Le vin chaud miellé est un très bon vulnéraire qui cicatrise promptement les plaies légères et déterge les vieilles ; celui dans lequel on a fait bouillir des plantes aromatiques, est un puissant fortifiant. Enfin le vinaigre est résolutif, rafraîchissant, tempérant, et réveille l'appétit ; il entre dans un grand nombre de composés magistraux ou officinaux.

Vitriol. Il y a trois sels vitrioliques : le blanc (sulfate de zinc), le vert (sulfate de fer), le bleu (sulfate de cuivre). Le premier est résolutif, astringent ; il s'emploie dans les collyres et dans quelques préparations siccatives et astringentes. Le vitriol vert est très astringent ; il s'emploie à l'extérieur dans un grand nombre de préparations styptiques et fortement résolutives ; on l'administre aussi au dedans à la dose de deux à quatre gros et plus, comme apéritif, tonique et astringent. Enfin, le vitriol bleu, plus actif que les deux autres, s'emploie spécialement comme caustique ; il entre aussi dans des collyres et lotions.

Vulnéraires. Médicamens qui ont la propriété de guérir les blessures : tels sont le baume vulnéraire, l'eau-de-vie camphrée, l'eau de boule, les diverses liqueurs spiritueuses, les plantes aromatiques, etc., etc.

FORMULES

DES PRINCIPALES PRÉPARATIONS MAGISTRALES PRESCRITES DANS CE MANUEL.

1. *Boisson adoucissante.*

Faites bouillir huit ou douze onces d'orge dans une petite quantité d'eau ; rejetez ce premier décoctum ; remplacez-le par sept ou huit pintes d'eau ; soumettez de nouveau à l'ébullition jusqu'à ce que le grain soit bien ramolli, bien renflé ; retirez du feu ; délayez une livre de miel dans la boisson, et présentez au malade.

2. *Boisson tempérante, rafraîchissante.*

Dissolvez une livre d'oximel simple dans huit pintes d'eau blanchie par la fécule, ou dans une égale quantité d'eau d'orge préparée comme ci-dessus, d'eau de guimauve ou de graine de lin.

3. *Breuvage adoucissant.*

Faites bouillir deux onces de racine de guimauve, une once de graine de lin et une once de racine de réglisse concassée, dans deux litres d'eau ; ajoutez quatre onces de miel.

4. *Breuvage adoucissant et calmant.*

Faites une décoction de têtes de pavot dans une suffisante quantité d'eau pour en avoir un litre ; passez et ajoutez une once de gomme arabique, deux onces d'huile d'olive et quatre onces de miel.

5. *Autre.*

Faites bouillir, dans un litre et demi d'eau, quatre têtes de pavot et deux onces de racine de guimauve ; passez et ajoutez quatre onces de miel.

6. *Breuvage anti-spasmodique.*

Faites infuser, dans une pinte d'eau, deux onces de valériane ; broyez quatre gros de camphre dans un mortier, en y ajoutant quelques gouttes d'alcool ; incorporez dans deux jaunes d'œufs ; délayez le tout dans l'infusion, et faites prendre en une dose.

6. *Bis.*

Infusion de valériane ci-dessus, une pinte ; camphre, opium, deux gros de chaque, esprit de nitre dulcifié, une once. Mêlez et administrez comme ci-dessus.

7. *Breuvage anti-spasmodique et anti-putride.*

Quinquina concassé, trois onces ; racine de valériane, une once ; faites bouillir pendant une demi-heure dans deux pintes d'eau ; passez, ajoutez six onces de miel, deux onces d'acétate d'ammoniaque, et divisez en deux ou trois doses à prendre dans la journée.

8. *Breuvage anti-spasmodique et carminatif.*

Racine de valériane, deux onces. Faites bouillir pendant quelques minutes ; ajoutez une once de fleur de camomille, passez au bout d'une heure d'infusion. Ajoutez à la colature : éther sulfurique, une once ; opium exotique, deux à trois gros. Pour un breuvage à faire prendre froid une ou plusieurs fois dans la journée.

9. *Breuvage béchique.*

Baume de soufre, une once ou une once et demie ; miel, trois onces ; mêlez et délayez dans une pinte de décoction émolliente chaude, ou de têtes de pavot si la toux est fréquente et sèche.

10. *Breuvage calmant.*

Huile d'amandes douces, huit onces ; sirop de miel, quatre onces ; teinture d'opium, quatre gros, Mêlez pour faire avaler en une ou deux doses.

11. *Breuvage contre la météorisation du cheval.*

Faites infuser deux onces de fleurs de camomille romaine et une once d'anis dans deux pintes d'eau bouillante ; laissez refroidir, ajoutez deux onces d'éther sulfurique ; administrez en deux fois.

12. *Autre.*

Mettez, dans une pinte d'eau ou de vin, deux onces d'ammoniaque et deux onces de thériaque ; faites prendre en deux fois.

13. *Breuvage diaphorétique.*

Râpures de gaïac, trois onces ; baies de genièvre, deux onces ; fleurs de houblon, une once. Faites bouillir le gaïac pendant un quart d'heure dans deux pintes d'eau : ajoutez alors le genièvre, le houblon, et laissez infuser pendant deux heures. Passez la décoction, et ajoutez-y six onces de miel avec une once de carbonate d'ammoniaque ou quatre onces d'esprit de Mindérérus. Partagez en deux doses.

14. *Breuvage diurétique.*

Faites deux pintes de décoction de graine de lin ; dissolvez dans le décoctum deux onces de nitrate de potasse, et administrez en deux fois.

15. *Autre.*

Faites deux pintes de décoction de graine de lin ; incorporez deux onces de thérébenthine fine dans quatre jaunes d'œufs ; délayez le tout dans le décoctum, et administrez en deux fois.

16. *Autre.*

Vin blanc, deux livres ; assa fœtida, sel de nitre, de chaque, quatre gros ; oxymel scillitique, quatre onces. Mêlez comme ci-dessus.

17. *Breuvage purgatif minoratif.*

Faites bouillir dans un litre et demi d'eau, une once de

séné; coulez et ajoutez six onces de sulfate de magnésie ou de soude.

18. *Breuvage purgatif drastique.*

Dissolvez dans un litre d'eau, trois onces de sulfate de magnésie, ajoutez une once d'aloès en poudre et deux onces de miel.

19. *Breuvage purgatif tonique.*

Séné, deux onces; rhubarbe, une once; anis entier, demi-once. Faites infuser pendant deux heures dans une pinte d'eau bouillante; passez en exprimant fortement, ajoutez à la colature quatre onces de miel et quatre onces de sel d'epsom.

20. *Breuvage stimulant.*

Bois de gaïac râpé, quatre onces; racine de gentiane, deux onces; feuilles de sauge, une forte poignée; eau, trois litres. Faites selon l'art, et ajoutez à la décoction refroidie, une pinte d'eau-de-vie et une once d'ammoniaque liquide; divisez en quatre doses à prendre dans la journée.

20 *bis.*

Poudres de gaïac, huit onces; de gentiane, quatre onces; sel de nitre, deux onces. Mêlez, et divisez en huit paquets dont on donnera un, soir et matin, dans une pinte d'eau chaude ou de vin.

21. *Breuvage stimulant, carminatif.*

Faites infuser dans deux litres d'eau bouillante, deux onces de menthe poivrée et quatre gros de camomille romaine.

22. *Breuvage stimulant et anti-septique.*

Écorce de chêne ou de quinquina, deux onces. Faites bouillir, pendant une demi-heure, dans une pinte d'eau et autant de vin rouge; jetez une poignée d'espèces aromatiques dans la décoction avant de la retirer du feu; laissez infuser pendant une heure, et passez.

22 *bis.*

Faites bouillir doucement deux onces de quinquina concassé dans une pinte d'eau; laissez refroidir; passez; ajoutez six onces d'acétate d'ammoniaque, et administrez en une seule fois.

23. *Breuvage stimulant fébrifuge.*

Faites bouillir deux onces d'écorce de saule ou de chêne dans une pinte d'eau ; ajoutez deux scrupules de sulfate de quinine, ensuite quelques gouttes d'acide sulfurique.

24. *Breuvage tempérant.*

Faites infuser pendant une heure environ, six onces de feuilles de bourrache dans deux litres d'eau ; passez et ajoutez huit onces d'oxymel simple.

25. *Autre.*

Faites bouillir deux poignées de feuilles d'oseille dans deux litres d'eau ; passez et ajoutez quatre onces de miel.

26. *Breuvage tonique.*

Faites bouillir dans un litre et demi d'eau, deux onces de racine de gentiane, une once de petite centaurée et une demi-once d'absinthe ; coulez et administrez tiède.

27. *Breuvage tonique carminatif.*

Thériaque, une once ; éther, de quatre à huit gros ; miel, quatre onces. Mêlez le tout dans une bouteille de vin.

28. *Breuvage vermifuge.*

Mêlez une once d'huile empyreumatique avec deux jaunes d'œufs ; ajoutez une once de miel et délayez le tout dans un litre d'eau ou une infusion de plantes amères ; réitérez pendant plusieurs jours de suite.

29. *Cataplasme astringent.*

Délayez quatre ou six poignées de suie de cheminée dans suffisante quantité de vinaigre.

30. *Cataplasme anodin.*

Faites bouillir une poignée de racine de guimauve et quatre ou six têtes de pavot concassées dans suffisante quantité d'eau. Ajoutez suffisante quantité de farine de lin ou de mie de pain ; déposez ce cataplasme sur un bandage ; arrosez la surface avec une demi-once de laudanum, et appliquez de suite.

31. *Cataplasme émollient.*

Faites cuire un instant, en remuant continuellement,

suffisante quantité de farine de lin dans suffisante quantité d'eau ; laissez refroidir au degré convenable et appliquez.

32. *Cataplasme émollient résolutif.*

Herbes émollientes sèches et hachées, une forte poignée ; faites-les cuire dans suffisante quantité d'eau ; délayez alors une livre de farine d'orge ; cuisez en consistance de cataplasme, et ajoutez, en le retirant du feu, une once d'extrait de saturne. Si l'on emploie les herbes fraîches, il faudra doubler la dose.

33. *Autre.*

Dans une forte décoction de feuilles de laitue et de têtes de pavot, faites cuire suffisante quantité de farine de lin et de poudre de guimauve pour un cataplasme, auquel on pourra ajouter un gros de camphre incorporé dans un jaune d'œuf, par livre.

34. *Autre.*

Faites un cataplasme avec une livre de farine de seigle et une forte décoction de fleurs de sureau et de têtes de pavot ; ajoutez-y une once de camphre divisé à l'aide d'un peu d'huile ou d'essence de térébenthine.

35. *Cataplasme maturatif.*

Mêlez suffisante quantité de feuilles d'oseille cuites, quelques oignons cuits sous la cendre et environ une once ou deux d'onguent basilicum.

36. *Cataplasme résolutif.*

Farine de moutarde, une livre ; de lin, huit onces ; gousses d'ail pilées, une poignée. Délayez le tout avec sufisante quantité de fort vinaigre pour faire un cataplasme cru.

37. *Cataplasme rubéfiant.*

Mêlez suffisante quantité de vinaigre et de poudre de moutarde ; appliquez chaud sur la partie.

38. *Cataplasme tonique, résolutif.*

Faites infuser deux poignées de feuilles de sauge ou de menthe dans suffisante quantité de vin ; ajoutez suffisante quantité de mie de pain ou de son ; appliquez tiède ; arrosez le cataplasme avec une nouvelle quantité de vin.

39. *Autre.*

Farine de seigle, espèces aromatiques en poudre, de chaque huit onces; alun, une once; vin rouge, suffisante quantité pour un cataplasme cru.

40. *Charge résolutive.*

Faites fondre huit onces de poix noire, deux onces de térébenthine et deux onces d'huile d'olive.

41. *Autre.*

Faites fondre huit onces de térébenthine, huit onces de poix noire, et deux onces d'onguent de laurier; laissez un peu refroidir et ajoutez une once d'essence de térébenthine et une once d'huile essentielle de lavande.

42. *Collyre émollient.*

Ce collyre se compose ainsi que les lotions douées des mêmes propriétés, avec des fleurs de mauve, de guimauve, la graine de lin, etc. On passe la décoction dans un linge fin.

43. *Collyre résolutif.*

Faites infuser une once de fleurs de roses rouges dans un litre d'eau bouillante, passez sur un linge fin, et ajoutez deux gros de sulfate de zinc.

43. *bis.*

Faites infuser demi-once d'iris dans une pinte de décoction de laitue et de tête de pavot, passez, ajoutez de deux à quatre onces d'eau-de-vie camphrée, un gros de vitriol blanc et autant de safran en poudre.

44. *Fumigation adoucissante.*

Feuilles de mauve, guimauve, laitue verte, de chaque deux poignées; six têtes de pavot; deux onces de graines de lin. Faites bouillir le tout dans suffisante quantitité d'eau, pour fumigations ou injections.

45. *Gargarisme adoucissànt.*

Mêlez quatre onces de miel avec un litre de décoction d'orge.

46. *Gargarisme détersif.*

Mêlez dans un litre d'infusion de sauge, quatre onces de miel et deux gros d'acide muriatique.

47. *Gargarisme rafraîchissant.*

Mêlez dans un litre de décoction d'orge, quatre onces de miel et quatre onces de vinaigre.

48. *Gargarisme irritant-résolutif.*

Miel rosat, quatre onces, eau de Rabel, deux gros; *ou bien*, miel rosat, quatre onces; teinture de myrrhe et d'aloës, une once de chaque.

49. *Liniment adoucissant.*

Faites bouillir deux onces de racine de guimauve dans un litre d'eau; passez, ajoutez quatre onces d'huile d'olive; agitez le mélange dans une bouteille et employez de suite.

49 *bis.*

Mêlez parties égales d'onguent populeum, d'huile de laurier et d'huile de pied de bœuf.

5o. *Liniment calmant résolutif.*

Onguens populeum et d'althea, trois onces de chaque; camphre une demi-once. Divisez le camphre à l'aide d'un peu d'huile, et mêlez.

5i. *Autre.*

Huile de camomille camphrée, quatre onces; éther sulfurique et teinture d'opium, une once de chaque. Mêlez pour un liniment.

52. *Lavement anti-putride.*

Triturez deux gros de camphre dans un jaune d'œuf, ajoutez-y demi-once de laudanum, et suffisante quantité de décoction de graine de lin pour un lavement.

63. *Lavement contre les coliques vermineuses.*

Valériane, trois onces, six têtes de pavot; faites bouillir dans deux pintes d'eau; passez, ajoutez à la décoction tiède, huile empyreumatique, deux onces, camphre deux gros, opium demi-once. Pour deux lavemens à donner à peu de distance l'un de l'autre.

64. *Liniment contre les brûlures.*

Mêlez huit onces d'eau de chaux et une once d'huile d'o-
live ; agitez fortement dans une bouteille, et employez de
suite.

65. *Autre.*

Mêlez quatre onces d'huile d'olive et quatre gros d'extrait
de saturne ; préparez comme ci dessus.

66. *Liniment résolutif.*

Huile d'olive, quatre onces ; essence de térébenthine,
deux onces ; ammoniaque liquide, une once et demie: camphre, une demi-once. Mêlez pour un liniment.

Ou bien, savon vert, huile d'olive, quatre onces de chaque ; huile essentielle de thym et ammoniaque, de chaque,
une once ; camphre, quatre gros. Dissolvez le camphre dans
l'huile; incorporez-y le savon, et ajoutez l'huile essentielle
et l'alcali volatil.

67. *Lotion anti érysipélateuse.*

Faites cuire quatre fortes poignées d'herbes émollientes
ou de feuilles de laitue et douze têtes de pavot dans quatre
pintes d'eau ; ajoutez une forte poignée de fleurs de sureau ;
passez après une heure d'infusion hors du feu, et employez
cette décoction tiède.

68. *Lotion anti-psorique.*

Dissolvez deux onces de sulfure de potasse dans quatre
litres d'eau ; ajoutez une once d'acide sulfurique; employez
de suite.

69. *Autre.*

Faites dissoudre une once de sulfure de potasse et quatre
onces de savon vert dans deux litres d'eau.

70. *Lotion astringente.*

Alun, quatre onces ; vitriol bleu et blanc, deux onces de
chaque ; eau-de-vie camphrée, une livre ; eau de rivière,
trois livres : mêlez. Cette lotion, qui est très astringente,
peut être étendue d'eau si elle se trouve trop forte, ou remplacée par la suivante, si elle ne l'est pas assez.

71. *Lotion astringente et répercussive.*

Faites infuser deux onces de noix de galle pendant quatre

jours, dans une pinte de vinaigre; passez, et ajoutez à la colature, vert-de-gris et vitriol vert, une once de chaque.

Cette préparation, extrêmement énergique, ne doit être employée, seule ou étendue d'eau, qu'avec beaucoup de circonspection; elle est utile dans les vieilles eaux des jambes qui ont résisté à tous autres remèdes, et dans tous les cas où l'usage des astringens énergiques est indiqué.

72. *Lotion émolliente.*

Faites bouillir, dans suffisante quantité d'eau, feuilles fraîches de mauve, guimauve, bouillon blanc, laitue verte, pariétaire, de chaque parties égales; passez en exprimant légèrement. On peut substituer à ces plantes toutes celles qui sont reconnues jouir des mêmes propriétés; n'en employer qu'une seule, ou en faire entrer un plus grand nombre.

On rend ces décoctions anodines en faisant bouillir avec les plantes quelques têtes de pavot, ou en ajoutant une once de laudanum par litre de décoctum.

73. *Lotion résolutive.*

Fleur de mauve, de guimauve, de camomille, de sureau, de chaque, une poignée. Faites infuser dans deux pintes d'eau bouillante; passez avec expression. On ajoutera un peu d'eau-de-vie camphrée dans cette infusion tiède, au moment de s'en servir.

73 bis. *Autre.*

Prenez de l'eau de rivière ou de fontaine; faites y fondre autant de sel de cuisine ou de sel ammoniac qu'elle en pourra dissoudre; ajoutez quatre onces d'eau-de-vie camphrée par pinte; agitez ce mélange chaque fois que vous en emploierez.

74. *Mixture astringente résolutive.*

Extrait de saturne, une once; vinaigre, six onces, ou eau-de-vie camphrée, deux à quatre onces; eau, deux livres.

Ayez soin d'agiter le mélange chaque fois que vous vous en servirez.

75. *Mixture irritante et résolutive.*

Versez doucement et avec précaution, une once d'acide sulfurique sur deux onces d'essence de térébenthine, et mêlez exactement.

76. *Autre.*

Essence de térébenthine, teinture de myrrhe et d'aloës, parties égales de chaque.

77. *Autre.*

Essence de térébenthine, deux onces; ammoniaque et teinture de cantharides, une once de chaque. Mêlez.

78. *Autre.*

Essence de térébenthine, trois parties; esprit de sel, une partie. Mêlez avec précaution.

79. *Autre.*

Prenez de l'eau-de-vie camphrée, et faites-y fondre autant de savon qu'elle en pourra prendre; on donnera plus d'énergie à ce médicament en y ajoutant une à deux onces d'alcali volatil par livre, ou de deux à quatre onces de teinture de cantharides.

80. *Onguent anti-psorique.*

Mêlez dans un mortier huit onces d'onguent mercuriel double, six onces de fleur de soufre, une once de cantharides en poudre, et une livre de saindoux.

81. *Autre.*

Onguent mercuriel double, quatre onces; savon vert et huile de cade, deux onces de chaque.

82. *Autre.*

Onguent mercuriel, six onces; savon vert, six onces; fleur de soufre, deux onces; poudre de staphisaigre, une once; essence de térébenthine, une once.

83. *Autre.*

Onguent mercuriel et savon vert, cinq onces de chaque; sulfure de potasse en poudre, teinture de cantharides, essence de térébenthine, de chaque deux onces. Mêlez.

84. *Onguent dessiccatif.*

Céruse, une livre; sulfate de zinc et sel de saturne, deux onces de chaque. Broyez sur un porphyre, en ajoutant petit à petit, suffisante quantité d'huile d'olive pour en former une pâte molle ; faites fondre, d'autre part, quatre livres de saindoux avec quatre onces de cire jaune ; ajoutez la pâte ci-dessus , et mêlez exactement.

Cet onguent est un excellent dessiccatif, qui convient dans toutes les circonstances où il importe d'obtenir une cicatrisation prompte.

85. *Onguent digestif.*

Triturez dans un mortier deux onces de térébenthine et deux jaunes d'œufs ; incorporez peu à peu suffisante quantité d'huile.

On anime ce digestif en y ajoutant un peu d'onguent ægyptiac, ou de teinture de cantharides.

86. *Opiat béchique adoucissant.*

Mêlez deux onces de poudre de guimauve , deux onces de réglisse et autant de gomme arabique , avec huit onces de miel.

87. *Opiat béchique incisif.*

Mêlez deux onces de poudre de guimauve et deux onces de kermès minéral avec huit onces de miel.

88. *Autre.*

Poudres de guimauve et réglisse , huit onces de chaque ; d'iris , kermès , sel de nitre , de chaque quatre onces ; baume de soufre , trois onces ; miel , quantité suffisante pour faire un électuaire , dont on donnera deux onces plusieurs fois dans la journée.

90. *Opiat tonique et narcotique.*

Poudres de quinquina , une livre ; d'aunée , huit onces ; limaille de fer porphyrisée , extrait de pavots , huit onces de chaque. Faites, avec quantité suffisante de miel, une masse que vous diviserez en seize pilules.

91. *Pilules anti-putrides.*

Quinquina en poudre , quatre onces ; camphre , demi-once ; térébenthine , q. s. pour faire une masse que l'on divisera en quatre pilules.

92. *Pilules anti-vermineuses.*

Poudres de fougère mâle , une once ; de sabine , demi-

once; savon empyreumatique , une once ; miel, suffisante
quantité pour deux ou trois pilules, à répéter plusieurs jours
de suite.

93. *Autres.*

Aloès et séné en poudre, une once de chaque ; savon empyreumatique, demi-once ; mercure doux, un gros ; miel,
suffisante quantité pour deux pilules.

94. *Autres.*

Mêlez dans suffisante quantité de miel deux onces de racine de fougère mâle en poudre, une once d'aloès, deux
gros de mercure doux , quatre gros de poudre de gentiane ,
et quatre gros d'huile empyreumatique. Divisez en six ou
neuf pilules , à faire prendre de deux à trois chaque jour à
jeun.

95. *Pilules béchiques adoucissantes.*

Mêlez quatre onces de gomme arabique , quatre onces de
poudre de réglisse ou de guimauve, et quatre gros d'extrait
de pavot dans une suffisante quantité de miel pour former
dix pilules.

96. *Pilules béchiques incisives* (1).

Mêlez quatre onces de fleur de soufre, et quatre onces
de kermès minéral avec suffisante quantité de miel pour
former dix pilules.

97. *Pilules diaphorétiques.*

Antimoine diaphorétique, deux onces : gomme ammoniaque, quatre onces ; poudre de gentiane, huit onces.
Faites, avec suffisante quantité de miel, une masse que
l'on divisera en huit pilules ; on en donnera une matin et
soir.

98. *Pilules fondantes.*

Mercure doux, une once ; gomme ammoniaque et assa-
fœtida, de chaque, deux onces ; savon blanc, quatre onces ;
miel, s. q. Faites comme ci-dessus.

99. *Autres.*

Racine de guimauve en poudre, et savon blanc, une livre
de chaque. Incorporez avec suffisante quantité de miel ou

____

(1) Voyez l'article *Poudres* de ce formulaire.

de térébenthine pour faire une masse que l'on divisera en seize pilules.

100. *Autres.*

Térébenthine fine, savon blanc, nitre purifié, fleur de soufre, gingembre, camphre, foie d'antimoine lavé et porphyrisé, quatre onces de chaque. Faites, avec suffisante quantité de miel, une masse que l'on divisera en quatorze pilules.

101. *Pilules purgatives.*

Mêlez dans suffisante quantité de miel, huit à douze gros d'aloës, une once de séné en poudre, une once de savon blanc et un gros de sel de tartre.

102. *Autres.*

Mêlez dans suffisante quantité de miel quatre ou six gros d'aloës, une once de rhubarbe, une once de savon, et trente-six ou quarante-huit grains de tartre stibié.

103. *Autres.*

Mêlez dans suffisante quantité de miel, quatre gros d'aloës, quatre gros de poudre de séné, six gros d'extrait de rhubarbe, et une once de savon.

104. *Autres.*

Aloës et poudre de séné, de chaque, une once ; mercure doux, un gros ; miel, suffisante quantité pour former deux pilules.

105. *Autres.*

Aloës et rhubarbe en poudre, de chaque, une once ; tartre stibié, de dix-huit à trente-six grains ; miel, suffisante quantité pour deux pilules.

106. *Autres.*

Aloës, sept gros ; résine de jalap, gingembre et savon, de chaque, deux gros ; huile de sassafras, un gros. Faites comme ci-dessus.

107. *Poudre anti-vermineuse.*

Poudres de fougère mâle, de séné, d'aloës, de gentiane, d'aunée, de chaque, une once ; de sabine, de rue, d'absynthe, de valériane, de chaque, demi-once ; tartre stibié, un gros. Mêlez et divisez en quatre paquets, dont on administrera un tous les matins, soit en breuvage dans une pinte d'eau miellée, soit en bol.

108. *Autre.*

Suie de cheminée préparée et pulvérisée, deux onces; assa-fœtida et poudre de valériane, de chaque, demi-once; foie d'antimoine porphyrisé, une once. Mêlez et employez comme ci-dessus.

109. *Poudre béchique.*

Poudre de guimauve, huit onces; de réglisse, d'iris, de chaque, quatre onces; kermès, quatre onces; sel de nitre, deux onces. Mêlez et divisez en seize doses, dont on en donnera de deux à quatre par jour.

110. *Autre.*

Poudre de guimauve, de réglisse, de chaque, quatre onces; d'aunée, kermès minéral, deux onces de chaque. Mêlez et divisez en deux doses, dont on donnera de huit à quatre par jour, soit sous forme de bols ou dans une pinte ou deux d'eau blanche miellée et tiède.

111. *Autre.*

Poudre d'aunée, de guimauve, de chaque, une livre; oxide demi-vitreux d'antimoine, sel de nitre, huit onces de chaque. Mêlez et divisez en seize doses, dont on pourra administrer une soir et matin; si l'on substitue l'antimoine diaphorétique ou le kermès à l'oxide demi-vitreux, le médicament en sera plus efficace.

112. *Autre.*

Poudres de réglisse, de guimauve, de chaque une once et demie; miel, quatre onces; oxymel scillitique, deux onces; eau chaude, deux livres. Pour un breuvage, que l'on pourra répéter deux ou trois fois par jour.

113. *Poudre contre la diarrhée chronique.*

Baies de genièvre en poudre, une livre; rhubarbe, huit onces; gingembre, quatre onces. Mêlez, et partagez en seize doses.

114. *Pommade contre les ulcères..*

Alun et vitriol vert, de chaque, huit onces; noix de galle

en poudre, quatre onces ; sublimé corrosif, une once. Réduisez le tout en poudre fine, et l'incorporez dans quatre livres de miel ou de graisse. Cette pommade est efficace dans tous les cas de vieilles ulcérations à la peau.

115. *Teinture d'euphorbe composée.*

Euphorbe en poudre, trois onces ; myrrhe et sous-carbonate de potasse, de chaque, une once ; camphre, une demi-once. Faites digérer le tout pendant une semaine dans un litre d'esprit-de-vin, à la chaleur des cendres chaudes. La teinture d'euphorbe composée est un excellent détersif des vieux ulcères et un résolutif énergique.

TROISIÈME PARTIE.

CHAPITRE IX.

DES MOYENS DONT ON SE SERT POUR DRESSER LES CHEVAUX.

De la longe, du caveçon, des piliers.

La longe est une longue corde de la grosseur du petit doigt, au bout de laquelle est une boucle attachée à un cuir que l'on passe dans l'anneau du milieu du caveçon. Elle est très commode pour les jeunes chevaux que l'on veut faire trotter sur un cercle pour les assouplir, pour ceux qui sont rétifs, ramingues, ou qui retiennent leurs forces par malice ; elle sert encore à plusieurs usages.

Il y a deux sortes de caveçon : celui de cuir et celui de fer. Le premier est une sorte de muserolle qui entoure le nez du cheval, avec deux bandes qui montent sur les côtés pour s'attacher à une têtière derrière les oreilles, et un frontal sur le devant. Le caveçon de fer ne diffère de celui-ci qu'en ce que la muserolle est formée par une bande de fer sur le devant. Ce caveçon est garni de trois anneaux de fer, dont un de chaque côté et le troisième au milieu sur le nez.

Les effets du caveçon diffèrent essentiellement de ceux de la bride, en ce que celle-ci agit directement sur les bar-

res, au lieu que l'action de celui-là porte en entier sur le
nez. Or, cette partie étant beaucoup moins sensible que la
première, le caveçon donne les moyens de plier un cheval
encore neuf, à tous les mouvemens que l'on veut lui faire
exécuter, sans lui fatiguer la bouche; le prépare aux effets
de la bride, et ménage la bouche des chevaux que l'on con-
fie à des commençans.

Les piliers sont deux poteaux ronds, de six pieds de haut,
plantés au milieu d'un manége, à cinq pieds l'un de l'autre, terminés par une tête, et percés de trous ou garnis
d'anneaux dans leur hauteur. On attache entre ces deux
piliers par les anneaux de côté du caveçon, le cheval que
l'on veut dresser au piaffer ou à certains airs relevés, ou à
qui l'on veut donner de la vigueur. Mais ce moyen, vanté
par d'habiles écuyers, blâmé par d'autres, demande, de la
part de celui qui donne la leçon, beaucoup de tact, d'expérience, et une grande habitude dans l'art de manier à
propos la chambrière : car sans ces qualités, la leçon des
piliers pourrait fort bien ne servir qu'à fausser l'intelligence
du cheval ou à le confirmer dans les défauts que l'on voudrait corriger.

De la bride, du mors, et de leurs divers effets.

La bride doit être, dans la main d'un habile écuyer, non
un instrument de contrainte, mais une aide et un moyen
d'avertissement. Elle se compose de quatre parties principales, qui sont : le mors, les branches, la gourmette et les
rênes ; les brides françaises ont en outre une muserolle,
une sous-gorge, un frontail et une têtière. Les brides anglaises ont quatre rênes au lieu de deux, un bridon indépendamment du mors, et point de muserolle.

Le mors ou embouchure, est un morceau de fer tantôt
droit, recourbé ou articulé, que l'on met dans la bouche du
cheval. Cette pièce se nomme le *canon*; les deux extrémités, où sont attachées les branches, les *fonceaux*; et la partie qui appuie directement sur les barres, le *talon*.

Après avoir beaucoup diversifié la forme des mors, on
s'est arrêté à trois principales, qui sont généralement adop-
tées aujourd'hui, savoir : le mors simple, brisé dans le milieu, ce qui le rend la plus douce des embouchures ; le
mors à trempe, ou d'une seule pièce légèrement courbée à
angle obtus, qui est le plus dur de tous ; le mors à gorge de
pigeon ou liberté de langue, assez courbé pour que la lan-

gue puisse se loger dans l'espace vide du milieu. Celui-ci est le plus généralement usité ; le mors à canon, simple ou brisé, convient davantage aux jeunes chevaux qui ne sont pas encore bien habitués à sentir le fer dans la bouche. Rien n'est plus important pour un cavalier que de connaître l'effet des différens mors sur la bouche de son cheval ; car c'est de la manière dont cette partie de la bride est ordonnée, que dépend l'obéissance du cheval, et souvent la sûreté du cavalier. Cette connaissance ne s'acquiert que par l'habitude ; on attribue souvent à l'insuffisance du mors ce qui n'est que l'effet de l'ignorance du cavalier.

Les branches sont deux montans de fer auxquels le canon est attaché par les fonceaux ; c'est par elles que le mors tient à la bride, et que la main du cavalier fait jouer l'embouchure. On faisait autrefois des branches contournées de diverses manières et très compliquées ; aujourd'hui on se sert généralement de branches toutes droites, ou *à l'anglaise*. On y distingue trois parties principales : l'œil, qui est un trou placé au bout de la courte extrémité ; le corps ou *banquet*, où s'attachent les fonceaux ; l'anneau du touret, à l'opposé de l'œil. L'écartement des branches, et par conséquent la longueur de l'embouchure, doivent être proportionnés à la conformation de la bouche du cheval. Le porte-mors, ou montant de la bride, est une petite courroie qui part de chaque œil et va s'attacher aux rênes.

La gourmette est une chaîne de fer composée de mailles, de maillons, d'une S et d'un crochet, qui passe derrière la barbe et s'attache à l'œil de chaque branche.

Les rênes sont deux longues courroies qui, d'un bout, s'attachent au touret, et se joignent de l'autre dans la main du cavalier. Dans la bride anglaise, la seconde paire de rênes s'attache au bridon.

En récapitulant ce qui vient d'être dit sur les quatre parties de la bride, on voit qu'elle se compose : d'un mors destiné à appuyer sur les barres à un doigt au-dessus du crochet, afin de faire connaître au cheval, par les divers degrés de pression imprimée à cette partie très sensible de la bouche, la volonté de son cavalier ; de deux branches, qui sont les leviers moteurs de ce mors ; d'une gourmette, qui en augmente l'action, et la seconde en pressant elle-même la barbe chaque fois que le cavalier fait sentir le mors ; enfin des rênes, qui sont les moteurs de toutes les autres parties de la bride.

Le bridon est une sorte de canon brisé fort mince, monté
sans branches, sans muserolle et sans gourmette, et qui
porte plutôt sur les lèvres que sur les barres; on s'en sert
pour les jeunes chevaux que l'on commence à dresser et à
qui l'on n'a pas encore mis le fer dans la bouche. Le bridon,
que l'on ajoute généralement aujourd'hui à la bride ordinaire, est presque indispensable, en ce que, si la bride
éprouve un accident qui la rende inutile, le cavalier recourt
de suite au bridon et n'est pas à la merci de son cheval. Il
offre d'ailleurs le moyen de soulager la bouche, en se servant alternativement de la bride et du bridon.

Du choix de la bride selon la qualité de la bouche.

Il faut, dit M. *de La Guérinière*, de qui j'emprunte cet
article; il faut ajuster un mors selon la structure intérieure
de la bouche du cheval, les branches suivant la proportion
de l'encolure, et la gourmette suivant la sensibilité de la
barbe.

Le mors doit porter sur les barres, à un doigt au plus des
crochets de la mâchoire inférieure; car s'il portait plus haut,
il froncerait les lèvres, ce qui aurait fort mauvaise grâce et
d'ailleurs les meurtrirait. Il faut, pour que l'embouchure
soit bien assise en son lieu propre, que le talon soit tout
droit depuis le banquet jusqu'à la naissance de la liberté de
langue, c'est-à-dire dans une longueur de dix-huit lignes
environ; sinon l'action en serait fausse dans la bouche. Il
faut encore que l'appui se fasse à un demi-doigt de la naissance de cette liberté, autrement les barres et la langue seraient blessées; que la lèvre du cheval soit si exactement
logée, que l'on ne voie pas du tout l'embouchure; enfin,
que toutes les pièces du mors soient bien polies et bien
jointes. La gourmette doit porter à plat immédiatement
au-dessous de l'os de la barbe; car plus haut ou plus bas,
son effet serait à peu près nul.

La force du mors doit être proportionnée à la grandeur
de la bouche. Quand l'on donne trop de fer, c'est-à-dire
un canon trop gros à une bouche peu fendue, il fait nécessairement froncer la lèvre; si au contraire il n'est pas assez
fort pour la fente de la bouche, il entre trop avant, et l'on
dit alors que le cheval *boit sa bride*.

Quoiqu'une bonne bouche ne s'offense d'aucun mors, il
vaut mieux lui en donner un doux, afin de la conserver
long-tems en bon état. Quant aux chevaux qui ont la bou-

che défectueuse ou qui s'arment, il faut corriger ces défauts par la forme particulière de leur embouchure.

On nomme bouches égarées ou trop sensibles, celles qui ne peuvent supporter l'action du mors. Cette excessive sensibilité, qui provient ou de barres trop élevées et tranchantes, ou de blessures causées par une mauvaise embouchure, fait qu'au moindre mouvement de bride, le cheval la secoue fortement comme pour s'en débarrasser, donne des coups de tête, et bat à la main. Les bouches naturellement sensibles demandent un mors brisé, avec les fonceaux un peu forts, les branches droites et la gourmette un peu lâche. Si cette sensibilité est accidentelle, le remède n'a pas besoin d'être indiqué.

La bouche forte est celle qui tire à la main et résiste à l'action du mors, soit parce que les barres étant rondes, charnues et trop basses, le mors appuie plus sur la langue que sur elles, soit parce que la trop grande épaisseur des lèvres et des gencives recouvre les barres. Le mors à gorge de pigeon est le plus convenable pour ces sortes de bouches, parce que la langue s'y trouve en liberté ; et, afin de le rendre plus sensible, il faut le choisir un peu mince surtout près des fonceaux.

Les bouches faibles, qui ne prennent que très difficilement appui sur le mors quelque doux qu'il soit, sans pourtant battre à la main, demandent le même genre d'embouchure que les bouches trop sensibles.

Les chevaux qui ont la tête charnue, l'encolure épaisse, les barres et la langue grosses, pèsent à la main, c'est-à-dire s'appuient beaucoup sur le mors. Il faut leur donner l'embouchure à gorge de pigeon ; avec peu de fer, dont la liberté soit proportionnée au volume de sa langue ; une gourmette mince et un peu serrée, parce que les chevaux dont il s'agit ont ordinairement la barbe épaisse et peu sensible. Souvent aussi un cheval pèse à la main par faiblesse naturelle, soit des pieds, des reins ou des hanches ; il cherche alors à se soutenir sur le mors ; la conformation de la bride ne peut corriger ce défaut.

Les bouches trop fendues demandent une embouchure plus forte, dont la gourmette soit placée un peu bas ; sans cette dernière précaution, la gourmette ne produirait aucun effet quand l'on voudrait ramener le cheval.

Les chevaux qui ont le cou long, effilé et très souple ; ceux qui ont l'encolure renversée, le gosier tendu, les muscles de cette partie très gros et la ganache serrée , sont sujets à s'armer de deux manières différentes, ce qui rend l'action du mors à peu près nulle : c'est-à-dire que dans le premier cas, ils font le cou de cigne, baissent la tête, et appuient les branches contre le poitrail ; et que, dans le second , ils portent la tête en avant sans baisser le front , et appuient contre le gosier , ce qui lâche en même tems la gourmette. Il faut aux chevaux qui arment contre le poitrail , une embouchure très douce, ou même un simple bridon , et donner aux autres des branches très hardies. La pression trop forte de la gourmette suffit quelquefois pour faire armer un cheval ; il suffit, en ce cas, de détruire la cause pour faire cesser l'effet.

De la manière de brider et débrider.

On se placera du côté du montoir, tenant la bride sur le pli du bras gauche ; on débouclera le licou pour dégager la tête de la muserolle. On saisira la têtière de la bride, de la main droite ; le mors de la bride et celui du bridon, de la main gauche ; on appuiera en même tems le pouce sur la barre gauche, pour forcer le cheval à ouvrir la bouche, dans laquelle on passera aussitôt les deux mors : on passera immédiatement après la têtière par dessus les oreilles , en commençant par la droite ; on jettera les rênes sur le cou ; on bouclera la muserolle, la sous-gorge ; on dégagera les crins du toupet, on accrochera la gourmette, et l'on fera attention que toutes les parties de la bride et de l'embouchure soient placées comme elles doivent l'être.

Pour débrider, on commencera par décrocher la gourmette, et déboucler la sous-gorge et la muserolle. On ramènera les rênes vers la têtière, et l'on déplacera celle-ci de la même manière qu'on l'a placée ; les autres parties de la bride suivront d'elles-mêmes.

Telles sont à peu près les principales précautions à apporter dans le choix de la bride ; mais il ne suffit pas de savoir l'approprier à toutes les bouches, si l'on n'a d'ailleurs la main bonne , habituée à ses effets, et accoutumée à la manier ; car la meilleure de toutes les brides deviendrait à peu près inutile entre les mains d'un mauvais cavalier.

De la selle et de ses diverses parties.

Un cavalier doit apporter d'autant plus d'attention dans la conformation et le choix de la selle, qu'elle peut non seulement blesser son cheval d'une manière dangereuse, mais lui causer à lui-même de grandes fatigues et des souffrances aiguës. Une selle, pour être bonne, doit être, quelle que soit sa forme, juste à la taille du cheval, pour ne pas causer de frottemens; peu rembourrée, mais bien unie afin qu'elle porte également de partout, et ne cause point de meurtrissure. Il faut aussi, pour qu'elle soit commode au cavalier, qu'il s'y trouve assis à l'aise, que le siége soit bien uni, un peu dur, pas plus haut sur le devant que sur le derrière; et qu'il y ait peu d'épaisseur entre ses cuisses et le corps du cheval.

. Les parties dont une selle se compose sont: les arçons, les bandes, les bâtes, le pommeau, le garrot, le siége, les panneaux, les quartiers, les contre-sanglons. Ses parties accessoires sont la croupière, le poitrail, les sangles, et les étrivières ou porte-étriers.

Les arçons sont deux pièces de bois de hêtre, tournées en rond pour embrasser le dos du cheval; ce sont eux qui donnent la forme à la selle et supportent les autres parties. L'arçon du devant se compose du pommeau, des mamelles et des pointes; le pommeau est cette partie arrondie qui surmonte le garrot; les mamelles sont les côtés de l'arçon; les extrémités des mamelles forment les pointes. L'arçon de derrière est plus évasé et plus arrondi que celui du devant, en raison de la forme plus large des reins; il est surmonté, dans les selles françaises, d'une espèce de rebord qui entoure les reins du cavalier, et que l'on appelle *troussequin*.

Les bandes sont deux petites planchettes de bois, larges de trois ou quatre doigts et de la longueur de la selle, qui lient et assujétissent les arçons. Elles doivent porter exactement le long du dos au dessous de l'épine, afin d'empêcher que les arçons ne portent sur le garrot et sur les reins.

Les panneaux sont deux coussins de toile rembourrés en crin, en poil de vache ou de cerf, qui garnissent les deux côtés de la selle. On doit les faire en toile fine, parce qu'elle ne s'imprègne pas de la sueur autant que la grosse; la bourre de crin ou de poil de cerf est aussi celle qui convient le mieux.

Le siége est le dessus de la selle. On a vu au commencement de cet article les qualités qu'il doit avoir: il est à remarquer qu'un siége trop rembourré échauffe et écorche plus promptement les fesses du cavalier.

Les quartiers sont les côtés extérieurs de la selle; quelle

que soit la matière dont on les compose, il faut qu'ils soient larges et longs ; car des quartiers trop courts incommodent beaucoup le cavalier, et lui écorchent quelquefois le jarret.

Les bâtes ou liéges sont un rebord que l'on remarque à chaque côté du pommeau des selles françaises, et qui sert à soutenir les cuisses du cavalier.

Les contre-sanglons sont de petites courroies clouées aux bandes des arçons, au nombre de trois de chaque côté, et qui servent à attacher les sangles.

Les sangles servent à fixer et assujétir la selle sur le dos du cheval ; elles doivent être larges et assez fortes pour résister à tous les efforts qu'il pourrait faire. Elles sont généralement au nombre de trois ; mais l'on emploie de plus quelquefois un *surfaix* : c'est une quatrième sangle qui passe par dessus la selle et s'attache sous le ventre, afin de renforcer les sangles.

Le poitrail est une pièce de cuir à trois angles, à chacun desquels est une petite courroie, dont deux servent pour l'attacher aux côtés de l'arçon de devant, et la troisième passe entre les jambes pour aller s'attacher à la première sangle sous le ventre. Le poitrail sert à empêcher que la selle ne se porte en arrière et ne blesse les reins : il ne doit pas descendre au-dessous de la jointure de l'épaule, pour n'en pas gêner les mouvemens.

La croupière est une courroie attachée à l'arçon de derrière, et terminée par une sorte d'anneau dans lequel on passe le tronçon de la queue afin de retenir la selle et d'empêcher qu'elle ne porte sur le garrot et les épaules. L'espèce de bourrelet dont cet anneau est formé, se nomme *culeron* : il doit être un peu gros, afin de ne pas blesser le cheval sous la queue, accident qui arrive assez souvent en été, particulièrement aux chevaux bas du devant.

Les étrivières, ou porte-étriers, n'ont pas besoin de description.

On appelle rase, la selle qui n'a ni bâtes ni troussequin. On a généralement reconnu la commodité et l'agrément des selles de cette forme, et l'on n'en emploie presque pas d'autre aujourd'hui ; telles sont les selles anglaises : mais toutes les fois que l'on est dans le cas de placer derrière soi un porte-manteau, il est bon d'avoir un troussequin pour garantir les reins. Comme la sueur dont s'imprègnent les panneaux de la selle les durcit au point de blesser quelquefois le cheval, il est bon de garnir cette partie d'une peau de veau ou de chevreuil, pour les chevaux qui transpirent beaucoup.

Manière de seller et de desseller.

Après avoir relevé sur le siége, les sangles, les étrivières et la croupière, on passera la main gauche sous le garrot, et la droite sous le troussequin, pour enlever la selle et la poser doucement sur le dos du cheval, un peu en arrière ; on passera alors derrière le cheval, pour prendre de la main gauche la queue et la tortiller autour du tronçon, afin de la passer dans la croupière, en ayant soin de dégager tous les crins de dedans le culeron pour qu'ils ne se cassent pas ou ne blessent pas le cheval. Revenant ensuite du côté du montoir, on soulèvera la selle pour l'avancer vers le garrot, en observant toutefois que l'arçon de devant se trouve à trois travers de doigt des épaules, et que la croupière ne tire pas trop, auquel cas il faudrait la desserrer. On attachera le poitrail par devant, et l'on finira par attacher les sangles.

Si l'on place sur le dos du cheval une couverture ou une schabraque, il faudra bien prendre garde qu'elle ne fasse aucun pli. Il faut observer aussi que si la selle était placée trop en avant ou trop en arrière, elle blesserait le garrot ou les reins et gênerait le mouvement des épaules ou des hanches.

Pour desseller, on commencera par détacher le poitrail et les sangles, on tirera la selle en arrière pour retirer la queue de dedans le culeron ; on relèvera sur le siége les étrivières, la croupière et les sangles, après les avoir nettoyées si elles sont malpropres ; on soulevera la selle en la tirant à soi pour l'enlever, et on l'emportera de la même manière qu'on l'a apportée : on s'occupera alors de laver les jambes du cheval, de le bouchonner, après quoi on lui mettra sa couverture et on le conduira à l'écurie.

Des aides et châtimens.

Les aides sont divers signes utiles pour avertir le cheval des mouvemens qu'il doit exécuter ; les châtimens sont les moyens employés pour le corriger quand il fait quelque faute. Il y a quatre sortes principales d'aides : les divers mouvemens de la main de la bride, la cravache ou la gaule, l'appel de la langue, les diverses manœuvres des cuisses et des jambes du cavalier.

Les mouvemens de la main de la bride sont le moyen d'avertissement que l'on emploie le plus fréquemment, et l'action que la bride produit dans la bouche du cheval est l'effet des différens mouvemens de la main. La main bonne doit être légère, douce et ferme, qualités qui dépendent non seulement de son action, mais encore de l'assiette du cavalier sur sa selle ; car lorsque le corps n'est pas assuré, la main ne peut l'être. Il faut encore que les jambes s'accordent avec la main, autrement l'action de celle-ci ne serait jamais juste : cela s'appelle, en termes de l'art, *accorder la main et les talons*, ce qui est la perfection de toutes les aides.

La main légère est celle qui ne sent pas l'appui du mors sur les barres ; la main douce, celle qui sent un peu l'effet de l'embouchure sans donner trop d'appui ; la main ferme est celle qui tient le cheval dans un appui à pleine main. Il est essentiel de savoir accorder ces trois divers mouvemens de la main selon la nature de la bouche de chaque cheval, sans contraindre et sans abandonner tout-à-coup le véritable appui de la bouche ; c'est-à-dire qu'après avoir rendu la main, il faut la retenir doucement pour chercher peu à peu l'appui du mors, et reprendre ensuite l'appui à pleine main. il ne faut jamais passer brusquement de la main ferme à la main légère, ni de celle-ci à la première, parce qu'en agissant ainsi on ruinerait bientôt la meilleure bouche.

La main doit toujours donner le premier avertissement, et les jambes doivent accompagner ce mouvement ; car il est de principe général que dans toutes les allures du cheval, la tête et les épaules doivent partir les premières. Or, comme le cheval a quatre allures principales, qui sont d'avancer, de reculer, d'aller ou à droite ou à gauche, la bride doit aussi produire quatre effets différens ; rendre la main, retenir la main, la tourner à droite ou à gauche.

Il y a deux manières de rendre la main : la première est de baisser la main en tournant un peu les ongles en dessous ; la seconde est de prendre les rênes avec la main droite en les lâchant un peu dans la main gauche, ce qui fait passer le sentiment du mors de celle-ci dans l'autre, et enfin de laisser tomber la main droite sur le cou du cheval, en lâchant tout-à-fait les rênes de la main gauche, ce qui s'appelle *descendre la main*. L'action de rendre ou de descendre la main est pour pousser le cheval en avant. Le vrai tems de l'exécuter utilement est après avoir marqué un demi arrêt, et lorsque le cheval plie les hanches, mais non tandis qu'il est sur les épaules.

L'action de retenir la main se fait en rapprochant la main contre l'estomac, les ongles un peu tournés en dessus ; elle a pour but d'arrêter le cheval, de marquer un demi-arrêt, ou bien de reculer. Il faut, pendant ce mouvement, ne pas trop peser sur les étriers, et mettre en même tems les épaules un peu en arrière afin que le cheval arrête ou recule sur les hanches.

Les troisième et quatrième mouvemens sont de tourner la main à droite ou à gauche : les ongles doivent être en dessus dans le premier cas, afin de faire agir la droite. Le cheval obéissant à la main, est celui qui en suit aisément tous les mouvemens.

Il y a trois manières de tenir les rênes : séparées dans les deux mains ; égales dans la main gauche ; ou l'une plus longue que l'autre selon le côté où l'on travaille le cheval.

Les rênes séparées sont nécessaires pour les chevaux qui ne sont pas encore accoutumés aux effets de la main de la bride, ou pour ceux qui s'en défendent et qui refusent de tourner à une seule main. Il faut alors baisser la main gauche quand on tire la rêne droite pour tourner de ce côté, et réciproquement ; autrement le cheval ne saurait à quelle rêne obéir.

On tient les rênes égales dans la main gauche pour conduire, dans quelque circonstance que ce soit, un cheval obéissant. Mais au manège, on tient la rêne de dedans un peu raccourcie afin de placer la tête du cheval du côté où il va ; car un cheval qui n'est pas plié, a mauvaise grâce dans un manège : il est beaucoup plus difficile de plier un cheval à droite qu'à gauche, tant parce que la plupart des chevaux sont plus raides à la première main, que par rapport à la disposition des rênes dans la main de la bride ; il y a même fort peu de personnes qui sachent bien se servir de la rêne droite.

Il faut tenir la main un peu haute pour les chevaux qui portent bas, afin de leur relever la tête ; elle doit être plus basse et rapprochée de l'estomac pour ceux qui portent le nez au vent, afin de les ramener et de leur faire baisser la tête. Lorsque l'on porte la main en avant, cette action lâche la gourmette et diminue l'effet du mors ; le contraire arrive lorsqu'on la rapproche de l'estomac, ce qui est bon pour les chevaux qui tirent à la main. Tout écuyer qui ne connaîtrait pas parfaitement les divers effets des rênes de la bride, travaillerait sans règles et sans principes.

L'appel de la langue que tout le monde connaît, réveille l'attention du cheval, l'anime et le rend attentif aux autres aides, et aux châtimens qui les suivent s'il n'y répond pas : mais il ne faut appeler ni trop fort ni trop fréquemment. C'est une impolitesse choquante d'appeler de la langue en présence d'une personne à cheval, quand on est soi-même à pied.

La cravache est, selon l'occurrence, aide ou châtiment : elle est aide, lorsqu'on la fait siffler dans la main pour animer le cheval, lorsqu'on lui en fait légèrement sentir la pointe à l'épaule pour le relever, sur la croupe pour réveiller les mouvemens de cette partie, etc. Dans le manége, on tient la cravache du côté opposé à celui où l'on mène le cheval, parce que l'on ne doit jamais s'en servir alors que pour animer les parties de dehors. Il faut aussi la tenir de manière à ce qu'elle ne touche pas le cheval sans nécessité.

Le cavalier tire cinq aides particulières du mouvement de ses jambes : le pression des cuisses, celle des genoux et des jarrets ; celle des gras de jambes ; le pincer délicat de l'éperon, l'action de peser sur les étriers.

L'aide des cuisses et des jarrets se fait en les serrant des deux côtés à la fois pour chasser le cheval en avant, ou seulement d'un seul côté pour l'avertir qu'il s'abandonne trop sur ce côté. Cette aide, employée un peu vigoureusement, est souvent plus efficace que l'éperon pour les chevaux chatouilleux, qui se retiennent par pure malice ; celle des gras de jambes, qui se fait en les approchant du ventre, avertit le cheval qui n'a pas répondu à la première, que l'éperon n'est pas loin.

Le pincer délicat de l'éperon, qui ne doit faire qu'effleurer le poil sans piquer le cuir, est la plus expressive de toutes les aides ; et si le cheval n'y répond pas, on enfonce vigoureusement les éperons. Enfin, le peser sur l'étrier, quoique la plus douce de toutes les aides, suffit quelquefois pour les chevaux très sensibles et bien dressés. On pèse tantôt sur les deux à la fois, tantôt sur celui de dedans ou de dehors, selon le genre d'avertissement que l'on veut donner.

Lorsque le cheval ne répond à aucune aide, soit par malice ou par défaut de sensibilité, il faut le corriger sur-le-champ, et proportionner la vigueur du châtiment à la gravité de sa faute, mais surtout à la connaissance que l'on doit avoir de son naturel ; car il est des chevaux sensibles à la moindre punition, et l'on finirait par les rebuter et les avilir si on les châtiait outre mesure.

Les châtimens les plus en usage sont : la chambrière, la gaule ou la cravache, et l'éperon.

La chambrière est une longue courroie de cuir attachée au bout d'un manche qui doit avoir environ quatre pieds de long. On s'en sert pour donner les premières leçons aux jeunes chevaux que l'on veut dresser ; pour leur apprendre à piaffer dans les piliers ; pour donner du cœur à un cheval paresseux ; vaincre un cheval rétif ou ramingue qui se défend contre l'éperon, etc. : la chambrière est préférable au fouet dans ces divers cas, parce qu'étant obligé de s'en servir quelquefois vigoureusement, on ne craint pas pour le cheval les contusions et les meurtrissures que causerait la corde.

On frappe le cheval avec la gaule ou la cravache, sur le ventre et les fesses pour le pousser en avant, et sur l'épaule pour l'empêcher de ruer.

L'éperon se compose de trois pièces principales : le corps ou les branches, le collet et la mollette : le collet doit être un peu long, afin que le cavalier ne soit pas obligé de trop serrer le talon pour arriver au ventre de son cheval, et la mollette avoir cinq à six pointes bien aiguës.

On se sert des éperons avec un grand succès pour rendre un cheval sensible et fin aux aides : ce moyen doit être employé avec discernement ; il faut en user vigoureusement dans l'occasion, mais jamais sans nécessité. Pour bien donner de l'éperon, il faut approcher doucement le gras des jambes, et appuyer ensuite fortement la mollette contre le ventre, à environ quatre travers de doigt derrière les sangles ; car si l'on attaquait les flancs, cette partie étant beaucoup trop sensible, le cheval ruerait et s'arrêterait court au lieu d'avancer. Les cavaliers qui appliquent les éperons d'un seul coup étonnent et surprennent le cheval, qui ne répond pas alors aussi bien que lorsqu'il a été prévenu d'avance par l'approche insensible du gras de jambe. Le pincer délicat de l'éperon devient quelquefois un châtiment suffisant pour les chevaux extrêmement sensibles.

C'est dans l'emploi sagement combiné des aides et des châtimens que consiste presque entièrement l'art d'un bon écuyer ; mais, encore une fois, il faut user de ces divers moyens à tems et comme il faut. Il faut aussi aider et châtier sans faire de grands mouvemens ; rien n'est plus ridicule que ces mauvais cavaliers qui s'agitent en cent façons sur leur cheval, et suent, comme l'on dit vulgairement, sang et eau, sans pouvoir en venir à leur honneur ; tandis qu'un écuyer véritable fera tout ce qu'il voudra de son cheval, sans avoir, pour ainsi dire, l'air de s'en occuper.

CHAPITRE X.

PRINCIPES ÉLÉMENTAIRES DE L'ART DU MANÈGE.

Manière de monter et de se tenir à cheval.

Avant que de monter à cheval, il faut visiter d'un coup-d'œil tout son équipement ; cet examen, qui est l'affaire d'un instant quand on en a l'habitude, peut prévenir bien des accidens. On examinera d'abord si la sous-gorge n'est point trop serrée ou la muserolle trop lâche ; si le mors n'est pas trop haut, ce qui ferait froncer les lèvres, ou trop bas, ce qui le ferait porter sur les crochets ; si la gourmette porte bien à plat ; si la selle n'est ni trop en avant, ni trop en arrière ; si les sangles ne sont pas trop lâches, ce qui ferait tourner la selle sous le ventre, ou trop serrées, ce qui les ferait casser ou pourrait suffoquer le cheval ; si le poitrail est bien placé, la croupière ni trop ni pas assez tendue ; si les étrivières ne sont ni trop longues ni trop courtes, etc.

Cet examen fait, il faut s'approcher de l'épaule gauche du cheval, en lui disant *ho* pour l'avertir de crainte qu'il ne s'effarouche : on tiendra la gaule dans la main gauche, la pointe en bas ; on passera les rênes dans cette main après les avoir ajustées avec la main droite, ainsi qu'une poignée de crin prise à huit ou dix pouces au-dessus du garrot. Prenant alors l'étrivière avec la main droite, on levera la jambe sans baisser le corps, pour engager le pied dans l'étrier, en prenant garde de toucher le ventre du cheval : après avoir pris un second point d'appui en empoignant l'arçon de derrière avec la main droite, le plus avant possible, on s'élèvera à la hauteur de la selle sans ployer le corps ; on étendra la jambe droite, que l'on passera par dessus la croupe après avoir lâché l'arçon de derrière, avançant les hanches et creusant les reins, et l'on tombera en selle sans secousse et sans cesser de tenir le corps droit. Ces divers mouvemens doivent être exécutés avec grâce, aisance, sans précipitation, et sans toucher le cheval ni avec la pointe du pied gauche ni avec la jambe droite.

Après avoir lâché la crinière et enfourché la selle, il faut passer la gaule dans la main droite par dessus l'encolure du cheval ; prendre le bout des rênes avec la même main pour les égaliser, et les ajuster dans la gauche en les tenant séparées avec le petit doigt et laissant tomber le bouton sur l'épaule droite du cheval ; reployer le bout des doigts dans le creux de la main, les ongles en dessus, et étendre le pouce sur les rênes pour les assurer ; enfin, se raffermir sur le siége, la ceinture et les fesses éloignées de l'arçon de derrière, les reins pliés et fermes sans raideur.

La belle posture du cavalier ne lui donnant pas moins d'avantage pour gouverner son cheval, que de grâce, c'est la première qualité qu'un élève doit s'attacher à acquérir. La grâce ne consiste pas à se tenir à cheval immobile comme un terme et raide comme un piquet, ni à affecter une attitude étudiée : mais bien à savoir s'abandonner à propos ou résister aux divers mouvemens de son cheval ; à conserver cet équilibre et cet aplomb sans lesquels on ne peut plus être maître ni de soi ni de son cheval ; à conserver dans tous ses mouvemens le naturel, la liberté et l'aisance qui leur sont propres.

Le corps d'un cavalier peut se diviser en trois parties, dont deux, la partie haute et la partie basse doivent être mobiles, et la troisième immobile. La partie haute comprend la tête et le corps jusqu'à la ceinture. La tête doit être droite et haute sans affectation, libre entre les épaules, et regardant entre les oreilles du cheval ; la poitrine élargie, les épaules libres, parallèles, bien effacées, un peu renversées en arrière.

Les bras doivent tomber perpendiculairement le long du corps, sans y être collés ; les avant-bras tendus en avant sans raideur. La main de la bride gouverne l'avant-main : elle doit être placée à la hauteur du nombril, à quatre ou cinq travers de doigt du ventre, de manière que les phalanges qui lient les doigts à la main soient perpendiculaires à l'arçon ; la main droite doit être placée à la hauteur et près de la gauche ; la pointe de la gaule toujours tournée en bas, et tombant entre l'épaule du cheval et la cuisse du cavalier.

La partie moyenne du corps est immobile et forme naturellement le point d'appui du cavalier. Pour que cet appui soit parfait, il faut avancer la ceinture et les hanches ; tenir les cuisses tendues et tournées en dedans, retirer et fermer les genoux, et s'asseoir sur le croupion.

De la position de la partie basse du corps, dépend principalement cet aplomb si nécessaire à un homme de cheval; ces parties servent d'ailleurs à gouverner le corps et l'arrière-main. Il faut que les cuisses et les jarrets soient tournés en dedans, ainsi qu'il a été dit, afin que le plat de la cuisse soit pour ainsi dire collé le long des quartiers. La véritable position des jambes est de tomber d'aplomb, du genou en bas; et d'être tout à la fois libres et assurées : car sans cette assurance, elles ballotteraient contre le ventre du cheval et le tiendraient dans une inquiétude continuelle; trop écartées du ventre, elles ôteraient la facilité d'aider ou de châtier le cheval à propos; trop avancées, elles répondraient à la poitrine au lieu du ventre; trop en arrière, elles correspondraient aux flancs : enfin, si on les tenait trop raccourcies, on serait enlevé de la selle quand on peserait sur les étriers.

La pointe du pied doit être un peu tournée en dedans, un peu plus basse que le talon sans l'être trop, et déborder l'étrier d'un pouce ou deux tout au plus; tous les mouvemens des diverses parties du corps doivent être souples, lians, peu étendus. On met pied à terre d'après les mêmes principes que l'on a observés en montant à cheval, et on détache de suite la gourmette.

Les premières leçons d'équitation doivent avoir pour unique but d'apprendre à l'élève à se bien tenir en selle, et à s'y maintenir dans tous les mouvemens que son cheval pourra exécuter. Rien n'est plus efficace pour cela que la leçon du trot, parce que cette allure étant celle qui secoue le plus le cavalier, les autres ne sont qu'un jeu après celle-là. Après avoir acquis dans l'école cet aplomb et cette fermeté dont on vient de parler, il faut s'exercer sur de jeunes chevaux pleins d'ardeur et de vivacité, afin d'être bien sûr de soi.

Travail au pas et au trot.

Après s'être exercé plusieurs fois à monter et descendre de cheval, sans étriers ni éperons, le commençant se placera en selle, en observant, dans la position des diverses parties de son corps, les préceptes exposés dans l'article précédent, et mettra son cheval au pas sur la piste de la main droite. Pour cela, il baissera un peu la main gauche en faisant sen-

tir en même tems légèrement l'aide des jambes , mouvemens que l'on pourra accompagner d'un léger coup de gaule
sur l'épaule droite sans déranger autrement la main.

Tandis que le cheval marchera, en emploiera l'aide des
jambes avec justesse, c'est-à-dire bien également, afin de le
maintenir dans la ligne droite et de soutenir son pas; on
aura également soin de ne déranger aucune des parties du
corps, de la situation qui lui est propre, parce que l'on indui-
rait le cheval en erreur, et on le forcerait à se déranger de sa
ligne. Arrivé au bout de cette ligne, qui se trouve ordinairement marqué par un angle de mur ou de haie, le cavalier
aidera son cheval à bien prendre cet angle pour tourner
juste : pour cela, il portera la main gauche, et la tournera
ensuite de manière que le pouce soit dirigé de ce côté et le
petit doigt vers la droite, les ongles un peu en-dessus, afin
de faire agir la rêne droite plus ou moins selon la sensibilité
des barres; et aussitôt que le cheval aura obéi, on le main-
tiendra comme auparavant dans la ligne droite. Afin que ce
mouvement s'exécute avec justesse, il faut que la tête, les
épaules et les hanches passent successivement dans l'angle,
et faire sentir en même tems l'aide des jambes, mais particulièrement de la droite, afin que l'arrière-main ne soit pas
en retard.

Après avoir de nouveau parcouru une certaine distance en
ligne droite, on exécutera comme la première fois un à droite
pour se remettre dans la ligne parallèle à la première; et au
bout de cette ligne, on se disposera à tourner dans le sens inverse aux deux premières fois, c'est-à-dire en tournant un peu
les ongles en dessous et en pressant un peu plus de la jambe
gauche. De cette manière, on se trouvera placé sur la piste
gauche, et l'on tournera les coins dans le même sens jusqu'à
ce que l'on exécute un nouveau changement de piste ou de
main. Il est bon d'observer que lorsque le cheval tourne à
droite ou à gauche, l'épaule du cavalier, du côté opposé,
reste naturellement en arrière, ce qui donne mauvaise grâce
et ôte une partie de l'aplomb ; c'est ce qu'il faut éviter, en
avançant imperceptiblement cette partie jusqu'à ce que
l'on se soit replacé dans la ligne droite.

Lorsque l'on sera suffisamment exercé au pas, et que l'on
y aura acquis l'aplomb nécessaire, on passera à la leçon du
trot , la seule qui puisse donner ce degré de souplesse et
d'aplomb sans lequel on ne peut être parfait écuyer.

Pour partir au trot , il faut rassembler le cheval, rendre

la main et la reprendre sur-le-champ ; approcher les jambes un peu vivement et bien également. En cheminant, on rendra la main tout doucement jusqu'à ce qu'elle soit bien replacée; il faut surtout faire attention de ne pas se raidir au départ du cheval, ni pendant la durée de la reprise. En marchant ainsi au trot, il faut se rappeler la position que doivent avoir les trois parties du corps, tourner les cuisses sur leur plat et les abandonner ainsi que les jambes, à leur propre poids : ce n'est que par ce moyen que les mouvemens du cavalier se lieront parfaitement à ceux de son cheval.

On suit au trot les mêmes pistes qu'au pas; les tournans et changemens de mains s'opèrent de la même manière, avec cette seule différence que l'aide des jambes doit être un peu plus vigoureuse afin que le trot ne se ralentisse pas. Il ne faut jamais terminer la reprise du trot sans avoir remis le cheval au pas. A cet effet, pour passer de la première allure à la seconde, on exécutera un demi-arrêt, en ramenant un peu la main gauche et serrant légèrement les jambes pour que le cheval ne s'arrête pas ; et aussitôt qu'il aura obéi, on replacera les jambes et les mains. Il faut aussi commencer la leçon du trot par quelques exercices au pas , avec les changemens de main.

On ne peut parvenir à bien monter à cheval, qu'en répétant ces exercices et surtout celui du trot , jusqu'à ce que l'on soit parfaitement familiarisé avec les différens changemens de main, ainsi qu'avec les aides que l'on retire tant de cette partie que des jambes; et que l'on sache bien approprier ses attitudes et ses mouvemens à ceux du cheval. On exigera un trot plus franc et plus alongé à mesure que l'on fera des progrès, et l'on passera aux exercices suivans quand on se trouvera assez fort

Du trot sur le cercle.

Cette leçon est extrêmement utile pour confirmer un commençant dans les deux premières, et pour lui apprendre de plus en plus à se rendre maître de tous les mouvemens de son cheval.

Après avoir parcouru quelques pistes et exécuté quelques changemens de main, d'abord au pas, puis au trot sur la ligne droite, toujours sans étriers ni éperons, on se remettra au pas et l'on ramènera insensiblement là main sans s'arrêter, jusqu'à ce que l'on ne sente plus que légèrement la rêne droite, afin de ployer la tête, le cou et les épaules du cheval un peu en dedans. On le poussera ensuite au trot, en ayant soin de sentir toujours légèrement la rêne de dedans et la jambe de dehors.

Le tourner et les changemens de main s'exécuteront dans cette leçon de la même manière que dans celle du galop, dont il va être parlé; mais il faut faire attention de ne pas laisser perdre au cheval son pli au moment du rassembler : ce à quoi l'on parviendra assez aisément, en conservant bien la position des mains et des jambes, de manière à faire sentir toujours un peu plus la rêne de dedans et la jambe de dehors : le trot devra être franc, hardi et alongé.

Il est bon de faire remarquer que la leçon du trot sur le cercle fatigue horriblement les commençans qui la prennent sans y être suffisamment préparés d'avance par le trot en ligne droite. Mais rien n'est plus propre que cet exercice à assouplir à la fois le cheval et le cavalier, et à augmenter l'aplomb de celui-ci. La leçon doit finir comme elle a commencé, c'est-à-dire par le trot ordinaire et le pas.

Du travail au galop.

Cette leçon, quoique moins pénible que les deux précédentes, est plus difficile pour les commençans, et ne doit pas se prendre avant que l'on ne soit bien confirmé dans les autres.

Après quelques évolutions et changemens de main au pas et au trot, on saisira l'instant où l'on se sent le mieux d'aplomb, pour mettre son cheval au galop. Il est essentiel pour cela que le cavalier rende souples et moëlleuses les articulations de ses reins et de ses genoux, pour conserver cet aplomb, qui, sans cela, se perdrait infailliblement. C'est aussi dans cette allure que la division des trois parties du corps du cavalier est plus apparente, parce que celle du centre doit être parfaitement liée avec les mouvemens du cheval, et que les parties hautes et basses sont dans une activité continuelle pour maintenir l'équilibre de la masse entière.

Pour partir au galop à droite, on doit rassembler son cheval, renverser la main les ongles en l'air, pour tendre un peu la rêne gauche, ce qui forcera le cheval à plier un peu la tête de ce côté; et rendre plus libre l'épaule et par conséquent la jambe droite, qui doit partir la première : c'est ce que l'on appelle *galoper sur le pied droit*. On fera sentir en même tems l'aide des jambes, particulièrement de la droite; aussitôt qu'il aura obéi, on lui ramenera la tête un peu en dedans, en arrondissant la main, les ongles un peu en dessous, pour sentir la rêne droite; on tiendra les jambes toujours près du corps pour maintenir le cheval en action et entretenir le mouvement cadencé de l'arrière-main, c'est ce que l'on appelle *sentir le cheval entre les jambes*. La partie haute du corps doit être tenue un peu renversée, et il faut, dès que l'on sentira la vitesse se ralentir un peu, rendre la main et la reprendre sur-le-champ, sans changer le dégré de pression des jambes.

» Lorsque l'on sera arrivé au moment de tourner le coin à gauche, il faudra, sans déranger la main pour ne pas perdre le pli du cheval, se contenter de la porter un peu à gauche, et la jambe droite de l'avant-main se trouvera ainsi toujours portée en avant. Pour sortir du coin, on ramenera la main sur la droite, ce qui empêchera le second enlever de l'avanmain ; alors l'aide des jambes, employée également, chassera en avant le train de derrière; la jambe gauche de ce côté sera forcée de pirouetter sur le talon, pendant que l'avant-main se portera sur la nouvelle piste, c'est-à-dire sortira du coin pour prendre la nouvelle ligne. Les diverses aides de la main et des jambes doivent être, dans cette action, proportionnées à la vitesse du galop et combinées de manière à ce que cette vitesse ne se ralentisse pas d'un seul instant.

» Pour changer de main au galop à droite, on portera la main à droite et l'on fera sentir l'aide de la jambe de ce côté. Le cheval étant déjà plié, exécutera facilement cette évolution ; mais il n'en sera pas de même lorsqu'il s'agira de lui faire prendre la piste à gauche pour le galoper de ce côté. Ce changement de main doit commencer par un tems d'arrêt; pour le bien exécuter, on lâchera un peu la rêne à droite, et l'on ramenera la main à soi en diminuant la pression des jambes; par ce moyen on fera disparaître le pli du cheval ; ce qui remettra les épaules et les hanches de niveau entre elles. Le cheval ayant alors repris son aplomb comme s'il était au pas, on le rassemblera de nouveau ; on arrondira la main, les ongles un peu en dessous, en faisant sentir en même tems l'aide de la jambe afin de rendre libre l'épaule gauche, ce qui portera naturellement en avant la jambe de devant de ce côté. Lorsque le cheval aura obéi, on retournera la main, les ongles un peu en l'air, jusqu'à ce que l'on sente la rêne gauche, afin de ramener la tête en dedans. Les changemens de main de gauche à droite, et la prise des coins au galop sur le pied gauche s'exécutent de la même manière et par les mêmes moyens, en sens inverse que les changemens de main de droite à gauche et la prise des coins au galop sur le pied droit. »

Lorsqu'à l'aide de ces exercices répétés, on aura acquis la souplesse et la liberté nécessaires de la part des extrémités inférieures, on commencera à chausser l'éperon et à se servir des étriers. La hauteur à laquelle on placera ceux-ci doit être calculée de manière à ce qu'ils portent le poids naturel des jambes; les étrivières trop longues forceraient le cavalier à alonger les jambes outre mesure pour aller chercher les étriers, ce qui lui ferait perdre l'aplomb qu'il doit avoir en selle; trop courtes, elles l'obligeraient à baisser les genoux, ce qui porterait les talons trop en arrière, et contrarierait les mouvemens de toute la partie basse.

On répètera avec les étriers et les éperons, les leçons du pas et du trot, du trot sur le cercle et du galop, en ayant toujours le soin de commencer et finir chaque reprise par quelques exercices des leçons précédentes. C'est par ces divers exercices répétés avec persévérance et souvent, que l'on parviendra à se *dégrossir*. L'élève qui sera parfaitement confirmé dans ces premières leçons, ne pourra certainement pas se flatter d'être un écuyer consommé, mais il sera du moins en état de manier un cheval avec grâce, facilité; et s'il veut acquérir un peu plus de dextérité, il pourra passer à la leçon suivante.

De l'épaule en dedans, et de la croupe au mur.

Ces deux leçons sont excellentes pour achever d'assouplir un jeune cheval, quand il aura été suffisamment travaillé au trot; pour lui apprendre à marcher de côté, à passer les jambes l'une par-dessus l'autre sans se donner d'atteintes, à tourner court sans embarras ni difficulté; pour lui donner de la grâce, etc. ; elles ne sont pas moins nécessaires à un homme de cheval sous divers rapports.

S'il s'agit de dresser un jeune cheval à la leçon de l'épaule en dedans, lorsqu'il saura trotter librement aux deux mains sur le cercle et en ligne droite, d'un pas tranquille et égal, qu'on l'aura accoutumé à former des arrêts, demi-arrêts, et à porter la tête en dedans, il faudra le mener au pe-

tit pas lent et un peu raccourci , le long de la muraille, le ́
placer de manière que les hanches et les épaules se trouvent ́
sur deux lignes différentes.

La ligne des hanches doit être près de la muraille, et ́
celle des épaules un peu plus éloignée; le cheval plié à la
main où on le mène, c'est-à-dire qu'au lieu de le tenir tout-
à-fait droit de hanches et d'épaules sur la même ligne, il faut
lui tourner la tête et les épaules un peu en dedans comme
si on voulait effectivement le tourner, et sans lui laisser quitter cette attitude oblique et circulaire, le faire marcher en
avant le long du mur, en l'aidant de la jambe de dedans et
le soutenant légérement de celle de dehors. Or il est évident qu'il ne peut marcher dans cette position sans chevau-
cher la jambe de dedans par-dessus celle de dehors.

M. de la Guérinière, de qui j'emprunte en grande partie
cet article, regarde la leçon de l'épaule en dedans comme
la plus avantageuse de toutes celles que l'on peut employer
pour donner au cheval une parfaite souplesse et une entière
liberté dans toutes les parties. Cela est si vrai, dit-il, qu'un
cheval dressé d'après ces principes, et gâté après par quelque
mauvais écuyer, passant ensuite entre les mains d'un homme
habile, se rétablira presque aussitôt. Les principaux effets de
cette leçon , sont d'assouplir les épaules, de mettre le cheval sur les hanches, et de le disposer à fuir les talons.

Pour exécuter les changemens de main dans la leçon de
l'épaule en dedans, il faut, sans effacer le pli de la tête et
du col, redresser les épaules et les hanches, quitter le mur,
et faire marcher le cheval diagonalement, jusqu'à ce qu'il
soit arrivé sur la nouvelle piste qu'on veut lui faire parcourir. Là, il faut lui placer la tête à gauche s'il était auparavant
sur la piste droite, les épaules en dedans et détachées de la
muraille comme auparavant, et le conduire dans cette nouvelle direction, jusqu'à ce que l'on juge à propos de changer encore de main.

Lorsque le cheval commencera à obéir aux deux mains à
la leçon de l'épaule en dedans, on lui apprendra à bien prendre les coins , ce qui, dit encore M. de la Guérinière, est le
plus difficile de cette leçon. Il faudra, pour cela, faire entrer les épaules dans le coin sans déranger la tête; et à mesure qu'elles en sortiront, y faire entrer les hanches à leur
tour, afin qu'elles passent partout où les épaules auront passé.
C'est avec la rêne de dedans et la jambe du même côté, que
l'on pousse le cheval en avant dans les angles ; mais lors-

qu'on le tourne sur l'autre ligne, il faut que ce soit avec la
rène de dehors, en portant la main en dedans pendant qu'il
a la jambe levée et prête à retomber, afin que, par ce mouvement, la jambe du dehors puisse passer par-dessus celle
de dedans ; il faudra en même tems le pincer du talon de
dedans.

La leçon de l'épaule en dedans devra être répétée jusqu'à
ce que le cheval prenne bien les coins et exécute tous les
changemens de main librement, sans difficulté et sans se
défendre. Le trot sur un cercle élargi est tout à la fois le
meilleur moyen d'assouplir, et en même tems de châtier les
chevaux qui se défendent de la susdite leçon par malice.

La leçon de la croupe au mur dérive naturellement de la
précédente, car, lorsque le cheval marche l'épaule en dedans à droite ou à gauche, il se dispose en même tems à
fuir les talons à la main du côté opposé. Ainsi, pour donner
cette leçon, après avoir placé le cheval au commencement
de la piste droite, on le mettra d'abord à l'air de l'épaule en
dedans de ce côté ; puis on lui tournera la croupe au mur,
de manière à ce que les épaules et les hanches soient placées en ligne presque droite en travers de la piste.

Dans cette posture, on excite tout doucement le cheval
à faire quelques pas de côté, en soutenant la rène droite
et légèrement la jambe du même côté. Si le cheval fait avec
docilité quelques pas en chevauchant bien la jambe droite
par-dessus la gauche, on l'arrêtera pour le flatter, afin
de lui faire comprendre que l'on est content de lui ; puis on
recommencera pour s'arrêter encore au bout de quelques pas,
et ainsi de suite jusqu'au bout de la piste. Après l'avoir laissé
reposer là un instant, on sentira la rène et la jambe gauche
afin de changer de main, et on le ramenera ainsi, toujours
de côté, au point d'où l'on était parti.

Comme cette leçon embarrassera et fatiguera beaucoup le
cheval dans les commencemens, s'il n'y est pas encore dressé,
on le mènera d'abord tout doucement, l'arrêtant fréquemment pour le flatter quand il aura obéi, et évitant de le rebuter dans le cas contraire. Si, allant bien à une main, il
refuse obstinément de marcher la croupe au mur à la main
opposée, ce sera un signe que l'épaule de ce côté n'est pas
assez assouplie, et il faudra le remettre à la leçon de l'épaule
en dedans.

M. de la Guérinière pense que, bien que la leçon de l'é-
paule en dedans et celle de la croupe au mur, qui doit en

être inséparable, soient excellentes pour donner à un cheval la souplesse, le beau pli et la belle posture qu'il doit avoir pour manier avec grâce et légèreté, il ne faut pas pour cela abandonner la leçon du trot sur la ligne droite et sur des cercles ; il faut toujours revenir à ces premiers principes, pour l'entretenir et le confirmer dans une action hardie et soutenue de l'épaule et des hanches. Par ce moyen, on distrait le cheval et on le délasse de la sujétion dans laquelle on est obligé de le tenir pendant la leçon de la croupe au mur et de l'épaule en dedans.

Cet auteur veut donc que, de trois petites reprises que l'on fera chaque jour, la première commence par la leçon de l'épaule en dedans au pas; et, après deux changemens de main sur la même piste, on le mettra la croupe au mur des deux mains, et on terminera par une piste au pas en ligne droite : la deuxième reprise doit être consacrée à un trot hardi et soutenu; la troisième et dernière sera semblable à la première. En combinant ainsi ces trois leçons d'épaule en dedans, de trot et de croupe au mur, on verra croître, pour ainsi dire à vue d'œil, la souplesse et l'obéissance du cheval, ainsi que l'adresse du cavalier.

Des arrêts, demi-arrêts, du reculer et des changemens de main.

Cette leçon est nécessaire à un commençant pour lui apprendre de plus en plus à manier son cheval en tous sens : elle n'est pas moins utile pour placer un jeune cheval sur les hanches, et le rendre léger à la main. Si un cheval en marchant se servait également des épaules et des hanches, il chercherait dans la bride un appui propre à contre balancer la faiblesse naturelle de l'avant-train, et peserait beaucoup trop à la main.

On parvient à prévenir ce défaut qui nuit beaucoup à l'assurance du cheval et fatigue extrêmement le cavalier, et à donner au cheval une bouche légère, en l'habituant à avancer les pieds de derrière et les jarrets sous le ventre en marchant, et à prendre son principal point d'appui dans les hanches; c'est ce que l'on appelle mettre un cheval sur les hanches. Rien n'est plus propre à cela que la pratique des arrêts, des demi-arrêts et du reculer.

L'arrêt consiste à retenir avec la main de la bride, la tête du cheval et les autres parties de l'avant-main, en chassant en même tems délicatement les hanches avec les gras des jambes, en sorte que tout le corps du cheval reste en équilibre sur les pieds de derrière : mouvement bien plus difficile à exécuter de la part du cheval, que celui de tourner, qui lui est plus naturel.

Pour bien marquer un arrêt, il faut prendre l'instant où le cheval est bien animé, et faire sentir délicatement l'aide des jambes en même tems que l'on mettra les épaules un peu en arrière, et raffermir la bride de plus en plus jusqu'à ce que le cheval soit tout-à-fait arrêté. Il faut pendant que l'on exécute ce mouvement, serrer un peu les coudes près du corps, afin d'avoir plus d'assurance dans la main de la bride ; il faut aussi que le cheval soit droit, afin que les hanches soient égales sans quoi l'arrêt serait faux. L'arrêt au trot doit se faire en un seul tems, les pieds de derrière droits et n'avançant pas plus l'un que l'autre ; mais au galop, dont le mouvement est plus étendu que celui du trot, il faut arrêter le cheval en deux ou trois tems, à mesure que les pieds de devant retombent à terre, afin qu'en se relevant il se trouve sur les hanches. Pour cela, en retenant la main, on l'aide un peu des jarrets ou des gras des jambes pour le faire couler les hanches sous lui.

Il est bon d'habituer un cheval que l'on dresse, à marquer des arrêts aussitôt qu'il devient léger au trot et tourne facilement aux deux mains : mais d'abord rarement et avec précaution, car en arrêtant subitement un cheval jeune ou faible des reins, on risquerait de forcer cette partie ainsi que les jarrets, et de ruiner l'animal pour toujours. Le cavalier doit aussi prendre garde que la partie haute de son corps ne fasse un mouvement en avant au moment où le cheval s'arrête, inconvénient qu'il préviendra en affermissant d'avance les reins. Chaque fois que l'on arrête un cheval, il ne faut pas oublier de le caresser et de le flatter.

Les avantages de l'arrêt bien fait, sont de rassembler les forces d'un cheval, de lui assurer la bouche, la tête et les hanches, et le rendre léger à la main ; mais autant ce moyen est efficace quand on l'emploie à propos, autant il est nuisible si on l'emploie à contre-tems. En résumé, le tems d'arrêt faisant passer tout l'effort dans les reins et les jarrets, fatigue extrêmement ces parties chez les chevaux qui les ont naturellement faibles, et les ruine bientôt. Il est peu de chevaux assez vigoureux pour supporter cette action fréquemment répétée. La plus grande preuve qu'un cheval puisse donner de ses forces et de son obéissance, est de former un arrêt ferme et léger après une course rapide; ce qui dénote évidemment une bouche et des hanches excellentes, qualités précieuses autant que rares.

Le demi-arrêt consiste à attirer légèrement à soi la main de la bride, les ongles un peu en dessus, sans arrêter tout-à-fait le cheval, mais seulement en retenant et soulevant le devant lorsqu'il s'appuie sur le mors ou que l'on veut le ramener ou le rassembler, Cette action produit à peu près les mêmes effets que l'arrêt entier, sans rebuter ni fatiguer autant le cheval; aussi doit-on la répéter de préférence et l'employer fréquemment, surtout envers les chevaux qui ont la mauvaise habitude de s'appuyer trop sur la main. Quant à ceux qui sont naturellement disposés à se retenir, il faut, en même tems qu'on leur fait marquer un demi-arrêt, les animer des gras des jambes et quelquefois même des éperons, de crainte qu'ils ne s'arrêtent tout-à-fait.

L'action de la main de la bride pour reculer un cheval, est la même que pour marquer un arrêt; en sorte que, pour accoutumer un cheval à reculer facilement, il faut, après avoir marqué l'arrêt, retenir la bride les ongles en dessus comme si l'on voulait en marquer un second : lorsque le cheval aura obéi, c'est-à-dire qu'il aura fait deux ou trois pas en arrière, il faudra lui rendre la main pour soulager les barres; autrement une trop longue pression de la part du mors les engourdirait, et le cheval, au lieu de reculer, forcerait la main ou ferait une pointe.

Pour bien reculer, il faut, à chaque pas que le cheval fait en arrière, le tenir prêt à avancer de nouveau; c'est un grand défaut de reculer trop vite, parce que le cheval, précipitant ainsi ses forces en arrière, court risque de s'acculer ou de se renverser, surtout s'il a les reins faibles. Il faut encore qu'il recule droit sans se traverser, afin de plier également les deux hanches sous lui; s'il s'obstine à ne pas vouloir reculer, ce qui arrive presque généralement à ceux qui n'y ont pas été dressés, il faut qu'un homme à pied lui donne de petits coups de gaule sur les genoux et les boulets, en même tems que le cavalier tire la bride à lui; mais il ne faut pas oublier de le flatter à chaque signe d'obéissance que l'on en obtient.

Lorsqu'un cheval recule, il a toujours une jambe de derrière sous le ventre; il pousse la croupe en arrière et il est à chaque mouvement tantôt sur une hanche, tantôt sur l'autre; mais il ne peut bien exécuter cette action, et on ne doit la lui demander que lorsqu'il commence à s'assouplir et à obéir à l'arrêt : parce que l'on a plus de liberté pour tirer les épaules à soi quand elles sont libres et souples que quand elles sont encore raides et engourdies. Cette leçon occasionant toujours un effort plus ou moins douloureux de la part des reins et des jarrets, il faut en user modérément dans les commencemens, surtout envers les chevaux qui ont ces parties naturellement faibles. Elle devient, par la même raison, un châtiment pour les chevaux qui n'obéissent pas bien à l'arrêt ; mais d'un autre côté, c'est un bon moyen pour mettre un cheval sur les hanches, lui ajuster les pieds de derrière, lui assurer la tête, et le rendre léger à la main.

On appelle *changer de main* l'action de changer de piste en marchant, ou de placer le cheval sur un autre pied. Pour bien exécuter ces changemens, il faut arrondir un peu la main et la porter du côté où l'on veut aller, en aidant en même tems le cheval de la jambe de ce côté et le soutenant légèrement de l'autre ; tout cela doit se faire avec précision, sans secousse et sans ralentir aucunement l'allure du cheval. Beaucoup de personnes sont dans l'usage de passer alternativement les rênes et la gaule ou la cravache, d'une main dans l'autre à chaque changement ; mais cette pratique n'est pas nécessaire, surtout pour les commençans, pour qui elle ne servirait qu'à augmenter l'embarras qu'ils manquent rarement d'éprouver quand il leur faut changer de main. C'est à l'aide de ces changemens fréquemment répétés, ainsi que des arrêts et demi-arrêts, qu'un cavalier parviendra à se former aisément une bonne main, que l'on accoutumera un cheval neuf à aller à toutes mains, et a exécuter sans difficulté ni embarras toutes les évolutions que l'on désirera.

Les bornes étroites de ce Manuel ne me permettant de donner qu'une étendue très circonscrite à chacune de ses parties, je crois devoir terminer ici ce que j'avais à dire sur l'équitation. Le petit nombre de leçons qui forment la matière de ce dernier chapitre me semblent suffisantes pour mettre tout homme qui n'aura pas la prétention de devenir un écuyer consommé, en état d'être lui même son propre maître. Quant aux personnes qui voudraient acquérir des connaissances plus approfondies, elles ne les puiseraient pas dans les traités même les plus complets, si elles n'y joignaient en même tems les leçons pratiques des meilleurs maîtres.

VOCABULAIRE DE QUELQUES TERMES D'HIPPIATRIQUE ET DE MANÈGE,
DONT L'EXPLICATION NE SE TROUVE PAS DANS LE COURS DE CE
MANUEL.

Abandonner son cheval, le laisser aller de toute sa vitesse sans lui retenir la bride, ne pas le soutenir assez. On dit aussi que le cheval s'abandonne.

Acculer (s'). On dit qu'un cheval s'accule, quand il recule en marchant de côté, et que les hanches marchent avant les épaules.

Acheminer un cheval. Assouplir et façonner son cheval, le préparer à un air quelconque de manège. On dit d'un cheval qui montre des dispositions, de la bonne volonté, qui connaît bien la bride et répond aisément aux aides, qu'il est *bien acheminé*.

Aides. Voyez à l'avant-dernier chapitre leur définition. On dit d'un cavalier qu'il *a les aides fines,* quand il aide son cheval avec grâce, aisance, et par des mouvemens presque imperceptibles. La même chose se dit d'un cheval prompt à obéir aux aides.

Air. Se dit de la belle attitude d'un cheval dans les diverses évolutions qu'il exécute, et de la cadence qu'il observe dans ses mouvemens, selon le genre d'allure tant naturelle qu'artificielle où il est placé. On appelle *airs de manége*, certains airs ou allures artificielles inventées pour faire briller tout à la fois la grâce et la souplesse du cheval, et l'adresse de l'écuyer. On nomme les airs bas ou relevés, selon qu'ils se détachent plus ou moins de terre.

Allures. Voyez dans la première partie l'article consacré aux allures du cheval.

Appui. On appelle ainsi la sensation que produit la bride dans la main du cavalier, et réciproquement l'action que celle-ci exerce sur les barres du cheval, par l'intermédiaire du mors. Un cheval *n'a point d'appui* quand il ne peut supporter l'action du mors et quand il donne des coups de tête comme pour s'en débarrasser ; il en a trop, quand il s'apesantit sur la bride ; il a de l'appui *à pleine main,* quand, sans peser ni battre la main, il laisse dans la main du cavalier le sentiment d'une pression douce et toujours égale, ce qui est l'effet d'une excellente bouche. La même chose se dit de la main du cavalier, eu égard à l'effet qu'elle produit sur la bouche du cheval.

Appuyer les éperons. Les faire sentir vigoureusement.

Armer (s'). Se dit du cheval qui se défend de l'action du mors. *Voyez* dans l'avant-dernier chapitre, l'article relatif au choix de la bride.

Asseoir un cheval sur ses hanches. Le rendre ferme sur cette partie pour alléger l'avant-main. On dit aussi du cavalier *s'asseoir sur la selle* ou *en selle*, c'est-à-dire s'affermir dans les arçons.

Assiette. Attitude du cavalier sur la selle. On dit *perdre l'assiette, avoir une bonne assiette*, etc.

Attaquer. Faire sentir au cheval les éperons ou la chambrière.

Avertir un cheval. Lui faire sentir les aides pour le ranimer, ou lui indiquer ce que l'on veut qu'il fasse.

Balancer. Se dit d'un cheval qui jette la croupe à droite et à gauche en marchand.

Ballottade. Air de manège. C'est un saut élevé, dans lequel le cheval, ayant les quatre pieds en l'air, à une égale hauteur, présente les fers de derrière comme s'il voulait ruer, sans cependant lâcher la ruade. Voyez *Capriole*.

Battre à la main. Voyez *Main*.

Bidet. Cheval de très petite taille dont on se sert surtout pour courir la poste ; le double bidet est un peu plus haut que le simple bidet.

Bringue. Petit cheval maigre et de très chétive apparence.

Brouiller un cheval. Se dit d'un cavalier qui, ne sachant pas accorder les mouvemens de la main avec ceux des jambes, désoriente son cheval au point qu'il ne sait à quelle aide obéir.

Cadence. Mesure régulière et écoutée que le cheval observe dans ses mouvemens. On dit d'un cheval qu'il soutient ou ne soutient pas sa cadence, qu'il perd ou conserve sa cadence, etc.

Capriole. Air de manège. C'est un saut analogue à la ballottade, avec cette différence, que le cheval étant en l'air,

lâche la ruade avec la promptitude de l'éclair, et de toute
la force dont il est capable.

Changement de main. *Voyez* le dernier article du chapitre
dernier.

Charge. On désigne sous ce nom les remèdes que l'on applique à l'extérieur, dans la vue de fortifier. Ce sont ordinairement des cataplasmes ou des onguens.

Confirmer un cheval dans un air de manège, une allure,
une leçon. C'est l'y maintenir jusqu'à ce qu'il soit parfaitement dressé.

Courbette. Air de manège dans lequel le cheval lève le devant en reployant les jambes en dessous, et ployant fortement les hanches sous lui.

Croupade. Autre air de manège plus relevé que le précédent, et dans lequel le cheval, étant en l'air, trousse et retire les pieds de derrière sous le ventre, presque à la même
hauteur que ceux de devant.

Débourrer un cheval. Commencer à l'assouplir.

Dedans. Côté sur lequel l'on travaille un cheval; ainsi,
lorsqu'on le travaille à main gauche ou à main droite, toute
la partie de ce côté se nomme *le dedans*; la partie opposée
s'appelle *le dehors*: il est évident que, dans le manège, la
partie du cheval qui regarde le mur ou la barrière est celle
que l'on doit appeler *le dehors*.

Défendre. On dit qu'un cheval se défend, lorsqu'au lieu
d'obéir aux aides, il cherche à s'affranchir de leur sujétion
par tous les moyens en son pouvoir.

Dérober. Lorsque le cheval, en galopant, redouble tout-
à-coup de vitesse pour chercher à couler entre les jambes
de son cavalier, on dit qu'il cherche à se dérober sous son
homme.

Doubler. Tourner son cheval sans changer de main.

Ebrouer (s'). Sorte de mouvement que le cheval fait en
secouant la tête et soufflant fortement à travers ses naseaux
pour se moucher.

Ecouté. Synonyme de soutenu.

Ecouter son cheval. Être attentif à ne pas le déranger de
son allure quand il va bien : — écouter ses mouvemens.

Emmiellure. Remède adoucissant que l'on applique à l'extérieur sous forme de cataplasme ou d'onguent.

Epizooties. On appelle ainsi les maladies qui affectent à la fois un grand nombre de bestiaux.

Escapade. Trait de fougue et d'emportement de la part d'un cheval.

Estrapade. Saut dans lequel le cheval lève la croupe plus haut que le devant, en détachant une ruade avec violence pour jeter son cavalier par dessus sa tête : c'est un saut fort dangereux pour le cavalier.

Estrapasser un cheval. C'est le fatiguer outre mesure par des exercices de manège trop violens ou trop prolongés.

Faire les forces. Se dit des chevaux qui ouvrent la bouche en remuant la mâchoire inférieure de droite à gauche, et de gauche à droite.

Falquer. Se dit d'un cheval qui coule les hanches basses et trides à l'arrêt du galop.

Fermer un changement de main. Le terminer pour reprendre l'autre main.

Forger. Se dit des chevaux qui attrapent en marchant le fer de la jambe de devant avec celui de derrière du même côté.

Goûter le mors. Se dit d'un cheval qui commence à obéir aux effets de la bride.

Harper. Se dit d'un cheval qui précipite les hanches en marchant, au lieu de ployer le jarret ; défaut qui provient ordinairement d'éparvins secs.

Main. Ce terme s'emploie en manège dans une foule de circonstances : tantôt il a rapport au pied du cheval, tantôt à la main du cavalier. C'est ainsi que l'on dit travailler un cheval *à main droite* ou *à main gauche*, selon qu'on le met sur l'un ou sur l'autre pied. — *Travailler de la main à la main*, tourner le cheval d'une piste avec l'aide de la main seule, sans employer les jambes. — *Rendre* ou *retenir la main*, c'est baisser la main de la bride pour adoucir l'action du mors, ou exécuter le contraire. On dit d'un cavalier qui a la main rude et tient la bride trop ferme, qu'il *s'attache à la main ;* — d'un cheval qui, par ignorance ou désobéissance, tire la bride en levant le nez en avant, qu'il *tire à la* main ; — de celui qui s'appuie sur le mors comme sur une cinquième jambe, qu'il *pèse à la main ;* — de celui qui donne des coups de tête comme pour secouer la bride, qu'il *bat à la main*, défaut très ordinaire chez les chevaux qui ont la tête mal placée ou les barres trop tranchantes. — *Être dans la main ou dans les talons ;* se dit d'un cheval parfaitement dressé, qui obéit dans toutes les circonstances avec une égale facilité aux aides de la main et des jambes : c'est le beau idéal de la perfection d'un cheval.

Manège. Ce mot s'emploie pour désigner tout à la fois les divers exercices d'école que l'on enseigne aux chevaux, et le lieu où on les dresse à ces exercices. On dit, dans la première acception, qu'un cheval est bien ou mal dressé à tel ou tel manège: il y a manèges de guerre et manèges d'école. Le manège où l'on exerce les chevaux est un espace d'environ cent cinquante pieds de longueur sur cinquante de largeur, plus ou moins, et choisi dans un terrain ferme, uni et plat : il y en a de clos et couverts, et d'autres qui ne le sont pas.

Mezair. Mot dérivé de l'italien *mezzo aerie,* demi-air, pour désigner un air de manège ni bas ni relevé : c'est une espèce de demi-courbette.

Mis. Signifie en terme de manège, *dressé.* On dit qu'un cheval est bien ou mal mis.

Montoir. On appelle le côté gauche du cheval, *côté du montoir ;* et côté de *dehors du montoir*, le côté droit. On dit qu'un cheval est facile ou difficile au montoir, selon qu'il se laisse ou non monter facilement.

Mouton. Le saut de mouton diffère de l'estrapade en ce que le cheval ne rue pas dans le premier, ce qui le rend moins dangereux pour l'homme.

Parer, faire une *parade.* Arrêter son cheval avec art à la fin d'une reprise.

Passade. Faire des passades. C'est mener un cheval en ligne droite en changeant aux deux bouts, de droite à gauche et de gauche à droite, pour revenir au point de départ, passant et repassant toujours sur la même ligne.

Passage. C'est un trot de parade, cadencé, très écouté et raccourci.

Pesade. Air de manège, dans lequel le cheval se dresse

et se tient ferme sur les pieds de derrière comme s'il voulait sauter, mais sans bouger de place.

Piaffer. Se dit d'un cheval qui manie ses jambes en cadence, comme s'il marchait, mais sans bouger de place et en se tenant bien dans la main et les jambes de son cavalier. Le piaffer donne beaucoup de grâce à un cheval bien dressé.

Pirouette. Évolution dans laquelle le cheval tourne sur lui-même, de la tête à la queue, sans changer de place, la jambe de derrière de dedans faisant dans cette circonstance l'office d'un pivot sur lequel tourne le reste de la masse.

Piste. Ce mot sert à désigner la ligne qu'un cheval suit en marchant. Il va d'une piste quand il marche droit, c'est-à-dire quand ses épaules sont sur la même ligne que ses hanches, et que ses pieds de derrière suivent ceux de devant : il va de deux pistes quand les hanches ne suivent pas la ligne des épaules, comme quand il marche de côté.

Porter. Se dit de la manière dont le cheval porte l'encolure en marchant : *porter haut, porter bas.* Ce mot signifie aussi faire aller : *porter un cheval* en avant, à droite, à gauche, de côté, etc.

Raccourcir un cheval. Ralentir son allure en retenant la bride.

Ramener. C'est faire baisser le nez à un cheval qui le porte au vent et tire à la main.

Rassembler. C'est raccourir un cheval pour le mettre sur les hanches et le préparer à obéir aux aides ; ce qui se fait en retenant doucement le devant avec la main de la bride, en même tems que l'on chasse les hanches sous lui.

Renfermer. C'est mettre un cheval dans la main et dans les talons après l'avoir rassemblé.

Reprise. Se dit d'une leçon que l'on répète après avoir laissé reposer le cheval, ou autrement, la durée de chaque exercice qu'on lui fait faire.

Ruade. Mouvement impétueux dans lequel le cheval, baissant la tête et levant le derrière, alonge subitement, de toute la force dont il est susceptible, les jambes de derrière en faisant voir les fers.

Saccade Se dit d'une secousse violente que le cavalier

donne à la bouche de son cheval, en tirant la bride brusquement.

Soutenus. Se dit des mouvemens relevés, écoutés, cadencés et bien réguliers.

Surmener un cheval. C'est l'excéder de fatigue dans un voyage, dans une course.

Terre à terre. Sorte de galop tride et bas qui se fait aux deux pistes.

Traversé. On appelle un cheval *bien traversé*, celui qui a de l'étoffe, les côtes larges et bien couvertes.

Traverser (se). Se dit d'un cheval qui, au lieu d'aller droit quand on veut le remettre sur la piste, se jette tantôt sur un talon, tantôt sur l'autre, et marche de biais.

Trépigner. Se dit d'un cheval qui, étant au repos, frappe la terre du pied par impatience ou excès d'ardeur.

Tride. Adjectif employé pour désigner des mouvemens précipités dans lesquels un cheval abaisse promptement et vivement les hanches sous lui. On dit qu'un cheval a la *course tride* quand il galope court et vite de hanches.

Volte. Air de manège dans lequel un cheval, marchant sur deux pistes de côté, décrit deux cercles parallèles.

FIN DU VOCABULAIRE.

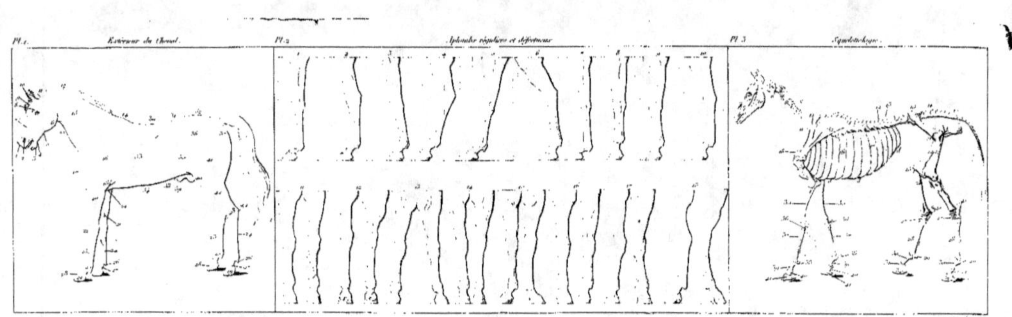

Pl. 1.
Extérieur du cheval.
Pl. 2.
Aplombs réguliers et défectueux.
Pl. 3.
Squelette du cheval.

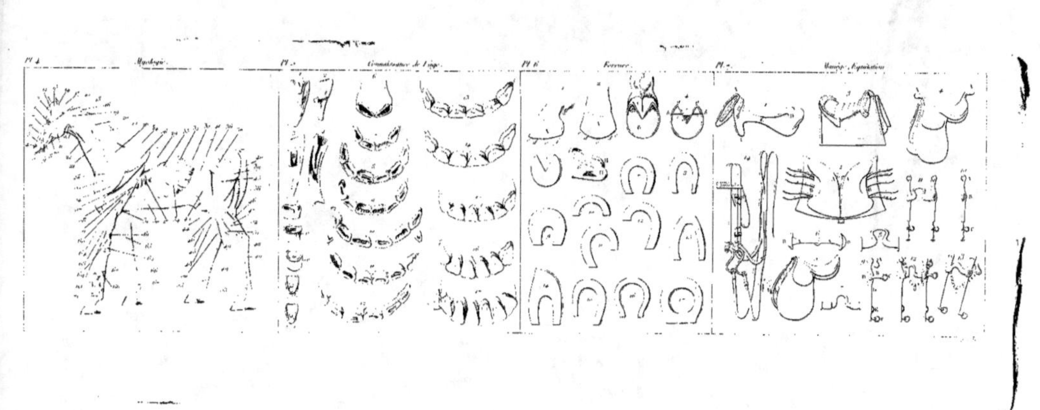
Pl. 4. Myologie.
Pl. 5. Connaissance de l'âge.
Pl. 6. Ferrure.
Pl. 7. Manège, Équitation.

EXPLICATION DES PLANCHES.

—

PLANCHE PREMIÈRE.

EXTÉRIEUR DU CHEVAL.

1. Le bout du nez.
2. Ouverture des naseaux.
3. Le menton.
4. La barbe.
5. Le canal.
6. La ganache.
7. Le chanfrein.
8. Les salières.
9. Le front.
10. Le toupet.
11. La nuque.
12. La crinière.
13. L'encolure.
14. Le garrot.
15. Le gosier.
16. L'épaule.
17. Le poitrail.
18. Le coude.
19. L'ars.
20. Le bras.
21. La châtaigne.
22. Le genou.
23. Le canon.
24. Le nerf ou tendon.
25. Le boulet.
26. Le fanon.
27. Le paturon.
28. La couronne.
29. Le sabot.
30. Le dos.
31. Les reins.

32. La croupe.
33. Les côtes.
34. Le ventre.
35. Le flanc.
36. Les hanches.
37. La fesse.
38. Le fourreau.
39. Le scrotum.
40. Le grasset.
41. La cuisse.
42. La jambe.
43. Le jarret.
44. La pointe du jarret.

PLANCHE DEUXIÈME

APLOMBS DU CHEVAL.

1. Aplomb régulier de devant, vu de profil.
2. — de derrière, vu de profil.
3. Cheval sous lui du devant.
4. — sous lui du derrière.
5. — campé du devant.
6. — campé du derrière.
7. — bas jointé.
8. — droit jointé.
9. — brassicourt.
10. Genoux creux.
11. Aplomb régulier du devant, vu de face.
12. — de derrière, vu de face.
13. Cheval trop ouvert du devant.
14. — serré du devant.
15. — panart.
16. — cagneux.
17. Genoux de bœuf.
18. Cheval clos ou crochu.

PLANCHE TROISIÈME.

SQUELETTE DU CHEVAL.

Os de la tête.

1. Frontal.
2. Pariétal.

3. Occipital.
4. Temporal.
5. Os du nez.
6. Lacrymal.
7. Zygomatique.
8. Grand maxillaire.
9. Petit maxillaire.
10. Maxillaire inférieur.

Os du tronc.

De 11 à 11. Vertèbres du cou. { A atloïde.
B axoïde.
C ligament cervical.

De 12 à 12. Vertèbres du dos.
De 13 à 13. Vertèbres des reins.
14. Sacrum, os de la croupe.
15. Coccygiens, os de la queue.

16. Côtes sterna^les.......... { *ddd* Prolongement cartilagineux des côtes.

17. Côtes asternales.
18. Sternum.
19. Ilion.
20. Ischion.
21. Bubis.

Os des membres postérieurs.

22. Fémur, os de la cuisse.
23. Rotule.
24. Tibia, os de la jambe.
25. Calcaneum.
26. La poulie.
27. Os irréguliers du jarret.
28. Grand métatarsien, os du canon.
29. Sésamoïdes.
30. Premier phalangien, os du paturon.
31. Deuxième phalangien, os de la couronne.
32. Troisième phalangien, os du pied.

Os des membres antérieurs.

33. Scapulum, os de l'épaule.
34. Humérus, os du bras.
35. Cubitus, os de l'avant-bras.

36. Carpiens, os du genou.
37. Grand métacarpien, os du canon.
38. Sésamoïdes.
39. Premier phalangien, os du paturon.
40. Deuxième plalangien, os de la couronne.
41. Troisième phalangien, os du pied.

PLANCHE QUATRIÈME. — MYOLOGIE.

MUSCLES APERCEVABLES SUR L'ÉCORCHÉ.

Muscles de la tête.

1. Le lacrymo-palpébral (orbiculaire des paupières).
2. Le temporo-maxillaire (crotaphite).
3. Le grand susmaxillo-nasal (pyramidal).
4. Le naso-transversal (transversal).
5. Le labial (orbiculaire des lèvres).
6. Le susmaxillo-labial (releveur de la lèvre antérieure).
7. Le susnaso-labial (maxillaire).
8. L'alvéolo-labial (molaire externe).
9. Le zygomato-labial (zygomatique).
10. Le maxillo-labial (releveur de la lèvre postérieure).
11. Le zygomato-maxillaire (masseter).
12. Le fronto-auriculaire (premier de l'oreille externe).
13. Le temporo-auriculaire externe (portion du premier de l'oreille externe).
14. Le cervico-auriculaire externe (troisième muscle de l'oreille externe).
15. Le cervico-auriculaire interne (quatrième muscle de l'oreille externe).

Muscles de l'encolure.

16. Le dorso occipital (tendon du long complexus).
17. L'atloïdo-mastoïdien (grand droit).
18. L'axoïdo-atloïdien (grand oblique).
19. Le cervico-mastoïdien (splexius).
20. Le dorso mastoïdien (tendon du long transversal).
21. Le mastoïdo-huméral (commun à la tête, au cou et au bras).
22. Le sterno maxillaire (sterno maxillaire).
23. Le sous-scapulo-hyoïdien (hyoïdien).

Muscles du thorax et de l'encolure.

24. Le dorso et le cervico-acromien (trapèze).

25. Le cervico-sous-scapulaire (releveur propre de l'épaule).
26. Le trachelo-sous capulaire (dentelé de l'épaule).
27. Le costo-sous-scapulaire (grand dentelé).
28. Le sterno-scapulaire (petit pectoral).
29. Le dorso-huméral (grand dorsal).
30. Le sterno-trochinien (grand pectoral).
31. Le sterno-huméral (commun au bras et à l'avant-bras).

Muscles du thorax et de l'abdomen.

32. Le dorso et le lombo-costal (long dentelé).
33. Les intercostaux (intercostaux).
34. Le costo-abdominal (grand oblique).
35. L'ilio-abdominal (petit oblique).

Muscles des membres postérieurs.

36. Le grand ilio-trochantérien (grand fessier).
37. Le moyen ilio-trochantérien (moyen fessier).
38. L'ischio-tibial moyen (biceps de la jambe).
39. L'ischio-tibial externe (long vaste).
40. L'ischio-tibial interne (demi-membraneux).
41. L'ilio-aponévrotique (fascialata).
42. L'ilio-rotulien (droit antérieur).
43. Le trifémoro rotulien (vaste externe et interne et le crural).
44. Le sous-pubio-tibial (court adducteur de la jambe).
45. Le tibio-prémétatarsien (fléchisseur du canon).
46. Le bifémoro-calcanien (premier extenseur du canon ou jumeau.
47. Le péronéo-calcanien (extenseur latéral du canon).
48. Le péronéo-phalangien (fléchisseur oblique du pied).
49. Le fémoro-phalangien (sublime ou perforé).
50. Le tibio-phalangien (profond ou perforant).
51. Le fémoro-préphalangien (extenseur latéral du pied).
52. Le péronéo-préphalangien (extenseur antérieur du pied).
53. Le tarso-phalangien (suspenseur du boulet).

Muscles des membres antérieurs.

54. Le grand scapulo-trochitérien (long abducteur).
55. Le sus-acromio-trochitérien (antépineux).
56. Le sous-acromio-trochitérien (postépineux).
57. Le petit scapulo-huméral (court abducteur).

58. Le long scapulo-olécranien (long extenseur de l'avant-bras).
59. Le grand scapulo-olécranien (gros extenseur de l'avant-bras).
60. L'externe scapulo-olécranien (court extenseur de l'avant-bras).
61. L'épitrochlo-suscarpien (fléchisseur externe du canon).
62. L'épicondilo-suscarpien (fléchisseur oblique du canon).
63. L'épicondilo-métacarpien (fléchisseur interne du canon).
64. L'épitrochlo-prémétacarpien (extenseur droit antérieur).
65. Le cubito-métacarpien oblique (extenseur oblique antérieur).
66. L'épicondilo-phalangien (sublime ou perforé).
67. Le cubito-phalangien (profond ou perforant).
68. L'épitrochlo-préphalangien (extenseur antérieur du pied).
69. Le cubito-préphalangien (extenseur oblique du pied).
70. Le carpo-phalangien (suspenseur du boulet).

PLANCHE CINQUIÈME.

CONNAISSANCE DE L'AGE.

Fig. 1. Dent incisive de remplacement vierge, sur laquelle la cavité conoïde A est mise à découvert.

Fig. 2. Dent incisive caduque — C collet de la dent caduque.

Fig. 3. Dent incisive sur laquelle le cornet dentaire extérieur B est mis à découvert.

Fig. 4. Dent incisive sur laquelle on distingue la cavité dentaire intérieure et la cavité dentaire extérieure.

Fig. 5. Dent incisive coupée transversalement, de trois lignes en trois lignes à peu près, sur laquelle on distingue les différentes formes de la dent à mesure qu'elle s'use et qu'elle sort de l'alvéole.

o o, portions de dents sur lesquelles on distingue les deux rubans d'émail, l'extérieur nommé émail d'encadrement, l'intérieur ou l'émail central.

Fig. 6. Mâchoire d'un poulain, à sa naissance ou du 6 au 8me jour.

Fig. 7. Mâchoire d'un poulain de 30 à 40 jours.

Fig. 8. Mâchoire d'un poulain de 6 à dix mois.

PLANCHE SIXIÈME.

FERRURE.

Fig. 14. Fer à la Florentine.
Fig. 15. Fer à la Turque.
Fig. 16. Fer à dessolure.

PLANCHE SEPTIÈME.

Fig. 1. A Le garrot ou l'alcade de l'arçon de devant.
     B. Les mamelles.
     C. Les pointes de l'arçon.
     D. L'arçon de derrière.
     E. Les bandes.
Fig. 2. A. Les panneaux ou coussinets.
     B. Les quartiers.
Fig. 3. Selle dite *à la royale.*
Fig. 4. Selle dite *à palettes* A.
Fig. 5. Selle de chasse.
Fig. 6. Mors à simple canon.
Fig. 7. Canon à liberté de langue, à talons roulans en
     olive.
Fig. 8. Canon à gorge de pigeon.
Fig. 9. Branche à bascule.
     A. Crochet mobile.
     B. Montant tournant sur son axe en D, ce qui per-
     met d'écarter ou de rapprocher à volonté l'œil C.
     F. L'anneau du touret.
Fig. 10. Branche à degres.
     C. Anneau ou douille glissant à volonté le long d'une
     tige à crans, ce qui permet de raccourcir et d'a-
     longer à volonté la grande branche.
Fig. 11, 12, 13. Mors de diverses formes.

TABLE DES MATIÈRES.

—

DESCRIPTION ET TRAITEMENT DES MALADIES LES PLUS ORDINAIRES DES CHEVAUX.

CHAP. VII. PHARMACIE VÉTÉRINAIRE DOMESTIQUE.

TROISIÈME PARTIE.

CHAP. IX. DES MOYENS DONT ON SE SERT POUR DRESSER LES CHEVAUX.

FIN DE LA TABLE.

TOUL, IMPRIMERIE DE Vᵉ BASTIEN.